Felix Bühlmann

Aufstiegskarrieren im flexiblen Kapitalismus

Felix Bühlmann

Aufstiegskarrieren im flexiblen Kapitalismus

VS VERLAG FÜR SOZIALWISSENSCHAFTEN

Bibliografische Information der Deutschen Nationalbibliothek
Die Deutsche Nationalbibliothek verzeichnet diese Publikation in der
Deutschen Nationalbibliografie; detaillierte bibliografische Daten sind im Internet über
<http://dnb.d-nb.de> abrufbar.

1. Auflage 2010

Alle Rechte vorbehalten
© VS Verlag für Sozialwissenschaften | GWV Fachverlage GmbH, Wiesbaden 2010

Lektorat: Katrin Emmerich / Sabine Schöller

VS Verlag für Sozialwissenschaften ist Teil der Fachverlagsgruppe
Springer Science+Business Media.
www.vs-verlag.de

Umschlaggestaltung: KünkelLopka Medienentwicklung, Heidelberg
Druck und buchbinderische Verarbeitung: Rosch-Buch, Scheßlitz
Gedruckt auf säurefreiem und chlorfrei gebleichtem Papier
Printed in Germany

ISBN 978-3-531-17219-4

Danksagung

Dieses Buch geht aus einer im Dezember 2008 an der Universität Lausanne ein-gereichten Doktorarbeit hervor. Mein Dank gebührt meinen Betreuern Prof. Eric Widmer (Université de Genève) und Prof. Dominique Joye (Université de Lau-sanne). Auch die Kommentare der Jury-Mitglieder Prof. Eva Nadai (Fachhoch-schule Nordwestschweiz) und Prof. Mike Savage (University of Manchester) erlaubten mir meine Gedanken zu schärfen und stringenter zu formulieren. Profi-tiert habe ich zudem von den Programming-Skills von Jean-Claude Ziswiler und dem kritischen Lektorat von Ladina Fessler. Schliesslich bedanke ich mich bei meinen Kollegen und Kolleginnen des Centre Pavie der Universität Lausanne und des Centre for Research on Socio-Cultural Change an der Universität Man-chester – die zahlreichen stimulierenden Diskussionen und Gespräche mit Ihnen haben mir geholfen manches klarer zu sehen.

Inhalt

Abbildungsverzeichnis

Tabellenverzeichnis

1 Aufstiegskarrieren in der Schweiz

1.1 Die Moderne und die Institutionalisierung von Biographie

Jede historische Epoche bringt ihre ganz eigenen und typischen Biographiemuster hervor. Diese entstehen in Abhängigkeit von demographischen und ökonomischen Bedingungen, werden geformt von den institutionellen Strukturen, in welchen sich die Individuen bewegen und den Entscheidungen, die die Akteure an den Scheidepunkten ihrer Biographie treffen. Gemäß Martin Kohli hat die Biographie nie eine fundamentalere Rolle gespielt als in den modernen Gesellschaften (Kohli, 1985). Mit dem demographischen Wandel, der Standardisierung der Familienzyklen und der Rationalisierung von Arbeit verwandelt die Moderne den Lebenslauf in eine eigene soziale Institution (Kohli, 1985). Deshalb müssen wir Modernisierung immer auch als ein Prozess der Institutionalisierung des Lebenslaufs verstehen.

Kohli analysiert den Übergang zu einem modernen Lebenslaufregime in vier Dimensionen (Kohli, 1985). Im Zuge einer *Verzeitlichung* des Lebenslaufs seien, erstens, gewichtige biographische Ereignisse institutionell immer stärker an spezifischen Alterslimiten gekoppelt worden. Als Beispiel zitiert er den Eintritt in den Arbeitsmarkt, das durchschnittliche Heiratsalter oder das Pensionierungsalter. Sogar der Tod ereile die modernen Menschen in einem stärker eingegrenzten Altersfenster, während er in vormodernen Zeiten sich über den ganzen Lebenslauf verstreut ereignen konnte. Mit der *Chronologisierung* des Lebenslaufes rückt Kohli, zweitens, die zur Verzeitlichung parallel sich entwickelnde Ablaufordnung der biographischen Ereignisse in den Blick. Rechtliche Altersgrenzen oder die Generalisierung der Schulpflicht beispielsweise hätten biographische Ereignisse zusehends in eine chronologische Ordnung gestellt. Moderne Gesellschaften setzen eine formale Ausbildung voraus um in das Beschäftigungssystem einzutreten oder verlangen von den Arbeitnehmern eine gewisse Anzahl Beschäftigungsjahre, damit sie von Pensionsrechten profitieren können. Drittens erlaubt die *Standardisierung* des Lebenslaufes dem Individuum das eigene Leben als Biographie zu fassen und es langfristig zu planen. So führt dieses veränderte Verhältnis der Akteure zu ihrem eigenen Leben beispielsweise zum Aufkommen des autobiographischen Genres in der Kunst und Literatur. Schließlich bilde sich an der Schwelle zur Moderne ein dreiteiliger Normalle-

benslauf heraus, der sich aus der Vorbereitung und Ausbildung, aktiver Erwerbsbeteiligung und der Pensionierung zusammensetze.

In funktionalistischer Tradition hält Kohli die Standardisierung des Lebenslaufes für eine Antwort auf historische Probleme, die sich gegen alternative
Antworten durchgesetzt hätten. Genauer: die Institutionalisierung der Biographie
sei eine Replik auf die Bedürfnisse der wirtschaftlichen und gesellschaftlichen
Rationalisierung. Der institutionalisierte Lebenslauf übernimmt also Funktionen,
die in der Vormoderne von lokalen Gemeinschaften, der Familie oder ständi-
schen Berufsvereinigungen ausgeübt wurden. Dank der Standardisierung des
Lebenslaufes können die Akteure ortsunabhängig kontrolliert werden. Zudem
habe die Standardisierung des Lebenslaufes zur Regulierung wirtschaftlicher und
familiärer Nachfolgeregelungen beigetragen, die sich mit der Rationalisierung
des Wirtschaftslebens in gänzlich neuer Form stellten. Chronologisch organisier-
te Karrieresysteme würden also mit helfen, das durch das Entstehen des freien
Arbeitsmarktes geschaffene Chaos zu domestizieren. Beispielsweise indem sie
den Firmen erlaubten den Übergang ihrer Angestellten ins Pensionsalter und die
interne Nachfolge rational zu lösen.

Das vorliegende Buch geht von diesen Erörterungen der "longue duree" aus.
Es spinnt sie allerdings weiter, nuanciert sie, kontextualisiert sie. So verdienst-
voll Kohli's Analyse nämlich ist, so hat sie auch die Tendenz zu verwischen und
einzuebnen; im sozialstrukturellen Vakuum zu operieren. Ergänzend dazu sind
deshalb Studien vonnöten die internen Differenzierungen des standardisierten
Lebenslaufs nachgehen und diese sozial und politisch verorten. Eine solche sozi-
alstrukturelle Rückbindung trägt in der Folge wieder zu einer Präzisierung des
Gesamtbildes und dem Verständnis der langsamen historischen Verschiebungen
bei. Es schärft zudem den analytischen Blick für die Mechanismen die einer
möglichen Entstandardisierung des Lebenslaufs Ende des 20. Jahrhunderts zu
Grunde liegen. Welches sind also, so möchte ich zuerst fragen, besonders relevante Varianten der institutionalisierten Biographie? Wie sind diese sozial veror-
tet? Und welche Bedeutung haben sie politisch?

1.2   Die Aufstiegskarriere als modaler Berufsverlauf

Wenn die Lebensläufe durch die Modernisierung in der beschriebenen Weise
standardisiert wurden, so kann die *männliche Aufstiegskarriere* als eine der spezifischen Varianten der Standardbiographie gelten (Bourdieu, 1983: 123). Für
jede Klasse und jedes Milieu sind gewisse berufliche, familiäre und gesundheit-
liche Lebensverläufe typisch. Klassen sind deshalb immer auch "Klassen von
biographischen Verläufen" (Bourdieu, 1979; Miles & Savage, 2004). Richten wir

den Blick auf die berufliche Dimension biographischer Verläufe, so fällt auf, dass in der Literatur mobile Karrieren und der damit verbundenen ambitionierten Habitus typischerweise als Mittelklassenphänomen verstanden werden. Die Arbeiter stünden vor schier unüberwindbaren Aufstiegsbarrieren und pflegten deshalb kaum Illusionen, ihrem Elend sozial entfliehen zu können (Beaud & Pialoux, 2004). Genauso wenig würden sich die herrschenden Klassen für den Aufstieg interessieren. Deren soziale Strategien seien eher auf die Verwaltung ihrer Privilegien und die Abwehr von Emporkömmlingen ausgerichtet (Bourdieu, 1979). Es seien deshalb traditionellerweise Gruppen und Individuen aus der Mitte die eine so genannte "Karriere" anstreben. Aufstiegskarrieren gelten zudem als männliche Projekte. Ihre historische Entstehung sei konstitutiv mit dem Ausschluss von "verheirateten Frauen" und später von "Müttern" vom Arbeitsmarkt einhergegangen (Wecker, 1988).

Kurzum: das Streben nach individueller sozialer Mobilität und sozialem Erfolg ist in erster Linie bei den männlichen Sprösslingen qualifizierter Arbeiter, kaufmännischer Angestellter und niederer Beamter vorherrschend (Vester, 2001). Wie Vester es für den Deutschen Fall exemplarisch zeigt, sind die modernen Fraktionen der Mittelklassen und insbesondere die Söhne des "leistungsorientierten Arbeitermilieus" und des "modernen Angestellten-Milieus", von sozialem Streben angetrieben. Die Identitäten der jüngeren Generationen dieser Gruppen wiesen in die Zukunft; sie würden sich über Positionen und Rollen definieren, die sie später im Leben einnehmen wollen. Sie streben gleichsam nach einer besseren persönlichen und gesellschaftlichen Zukunft, nach "Möglichkeiten" und "Perspektiven", nach einer mit Prestige und Vergütungen verbundenen beruflichen Position. Um diese zu erreichen, vertrauen sie auf die Wirkkraft von Ausbildungstiteln und Leistungsmechanismen, die in ihren Augen dem Talent, dem Wissen und der Leistung gemäß entlöhnen (Bourdieu, 1983; Offe, 1970). Kaum verwunderlich, wenn dieser Sichtweise eine ausgeprägte Leistungs- und Berufsorientierung entspringt, im Zentrum derer die Aufstiegskarriere steht - als Vehikel, durch welches sie ihre Träume einer aufsteigenden Mobilität zu verwirklichen hoffen (Vester, 2001:515).

1.3 Eine politische Lektüre der Aufstiegskarriere

Aus historischer Warte können die jeweils typischen Biographiemuster stark variieren. Zu gewissen Zeiten allerdings kommen bestimmte biographische Varianten zu einer dominanten Stellung und reflektieren die typischen Rationalitäten und Gouvernementalitäten des herrschenden wirtschaftlichen und politischen

Regimes. Ich argumentiere im Folgenden, dass die Aufstiegkarriere in diesem Sinne von hervorragender Bedeutung für die Nachkriegsperiode war.

Die erste Hälfte des 20. Jahrhunderts war in ihrem sozialstrukturellem Wandel geprägt durch eine Kombination von starkem numerischen Wachstum und Diversifizierung der Mittelklassen (Mills, 1951; White, 1956). Als Konsumenten und Bürger, wurden die Mittelklassen zum Ziel politischer und kommerzieller Aufmerksamkeit. Gleichzeitig unterlag die Binnenstruktur der Mittelklassen einem grundsätzlichen Wandel, zuungunsten des traditionellen Kleinbürgertums (Kleinunternehmer, Händler, Detailhändler, etc.) Die modernen Fraktionen der angestellten Mittelklassen - insbesondere die Ingenieure, Manager und später die Sozial- und Gesundheitsprofessionen - wuchsen in ihrer Zahl, gewannen an politischem Einfluss und begannen allmählich die Werte, Ideale und Aspirationen der gesamten Mittelklassen zu dominieren. Die modernen Segmente der Mittelschichten, von Mendras (1988) als die *"constellation centrale"* der Nachkriegszeit bezeichnet, "verkörpern" gemäss Castel, *"den mobilsten und dynamischsten Kern der Gesellschaft, die hauptsächlichen Verfechter von Werten der Modernität, Fortschritt, Mode und Erfolg"* (Castel, 1999: 587). Sie schafften es, ihr Verständnis von sozialem Erfolg in breiten gesellschaftlichen Kreisen durchzusetzen, nicht zuletzt vermittels ihres wachsenden Einflusses auf das öffentliche und politische Leben (Castel, 1999). Mittelstandspolitik, so zeigt beispielsweise Boltanski (1982), beruht in der Regel auf einem dreifaltigen Argumentationsmuster, im Rahmen dessen sich ihre politischen Vertreter als "stabilitätsfördernde", "gesellschaftstragende" oder "vernünftige" Kräfte darstellen, die die Allgemeinheit vor den Extremen schützt. Diese ideologisch wirkungsvolle Argumentationsfigur erlaubt es den Mittelklassen, partikuläre in allgemeine Interessen zu verwandeln (Boltanski, 1982: 63). Eingebettet in solche Argumentationsmuster, oblag der Aufstiegskarriere die praktische Beweisführung der möglichen Überwindung der Klassengrenzen mittels Generalisierung der sozialen Mobilität.

In dieser Qualität partizipierte die Aufstiegskarriere als Institution an der liberalen politischen Utopie einer kapitalistischen Bewältigung der sozialen Ungleichheit. Dieses politische Projekt äußerte sich in Formeln wie jener der "nivellierten Mittelstandsgesellschaft" von Schelsky (1975) oder in der Rede von der "Verflüssigung der sozialen Strukturen" der US-Amerikanischen Mobilitätsforschung. Ein möglichst hoher Anteil von sozial aufsteigenden bzw. absteigenden Biographieverläufen trägt, so diese Amerikanischen Soziologen, zu einer stetig sich durchmischenden, ausgeglichenen und deshalb stabilisierten und in ihrer Hierarchisierung besser legitimierten Gesellschaft bei (Lipset & Bendix, 1952). Sozialer Aufstieg sei dem Abbau der auf Ungleichheiten basierende Spannungen zwischen den Klassen förderlich und streue ganz allgemein Sand in das Getriebe politischen Klassenaktivismus; beispielsweise, indem die fähigsten und ambitioniertesten Vertreter der Arbeiterklasse "abgeschöpft" würden. Parkin schreibt: *Elevation into the middle classes represents a personal solution to the problems of low status, and as such tends to weaken collectivist efforts to improve the lot of the underclass as a whole* (Parkin, 1972: 50). Indes, diese Hoffnungen und Versprechen wurden rasch in Zweifel gezogen. Forscher zeigten wie die vermeintlich die Chancengleichheit fördernden Bildungsinstitutionen zugleich als mächtige Reproduktionsmaschinen wirkten (Bourdieu & Passeron, 1964). Doch damit nicht genug: In den 1980er, diagnostizierten sozialwissenschaftliche Beobachter einen grundlegenden Wandel wirtschaftlicher bzw. organisatorischer Strukturen, sekundiert von einer Veränderung der normativen Diskurse über Arbeit und Berufskarrieren (Boltanski & Chiapello, 1999). Diese Beobachter konstatieren nicht nur ein Verpuffen der an die Karriere gekoppelten politischen Versprechen. Sie prophezeien gar ein allmähliches Verschwinden der Aufstiegskarriere selbst - zumindest in ihrer bisherigen Form.

1.4 Das Ende der "Trente glorieuses"

In den meisten westlichen Ländern gab der so genannte Öl-Schock das Signal zum Ende der Blütenzeit eines wirtschaftlichen Regimes, dem die bürokratischen Grossunternehmen und innerhalb derer die Aufstiegskarriere zentrale Pfeiler waren. Die nachfolgenden wirtschaftlichen Ein- und Umbrüche in den Jahren 1982/83 und 1991-1994 bestätigten eine geschichtliche Epochenbildung, die die Aufschwungs- und Wohlstandsjahre von 1950 bis 1975 von den krisenhaften Jahren ab 1975 schied. Um dieser neuen Periode konzeptuell habhaft zu werden, mobilisierten eminente Soziologen wie Richard Sennett oder Luc Boltanski in den 1990er Jahren Begriffe wie "neuer Kapitalismus" oder "neuer Geist des Kapitalismus".

In der Schweiz löste die Krise von 1974 einen im Vergleich zu anderen europäischen Ländern scharfen Deindustrialiserungsschub aus (Levy et al, 1997) - die Uhrenindustrie, die Maschinenindustrie und die Baubranche erlitten empfindliche Rückgänge. Ende der 1980er läutete eine Liberalisierung der Dienstleistungs- und Finanzmärkte, eine neue wirtschaftliche Ära ein: die historisch seit den 1920er Jahren etablierte Bande zwischen Banken und Industrie lockerte sich und gab den Weg frei für die Ablösung zinsorientierter durch börsenorientierte Finanzierungsmodelle (Mach, 2006; Schnyder et al, 2005). Die Unternehmen in der stark exportorientierten Schweiz reagierten darauf mit einer verstärkten Shareholder-Value Orientierung, mit Auslagerungen, Fusionen, Übernahmen und internen Reorganisationen (für eine Übersicht siehe: Honegger et al., 2002). Das erste mal seit der großen Wirtschaftskrise der 1930er bedrohte die

Krise der frühen 1990er breitere Kreise der Schweizer Wohnbevölkerung: Die Arbeitslosenrate schwoll auf über 5% an und mehr als 18% der Bevölkerung erlebte in den 1990ern eine kürzere oder längere Zeit der Arbeitslosigkeit in den (Honegger et al., 2002).

Was hieß dies nun für die Unternehmen und deren Organisationsstrukturen? Diverse Studien insinuieren dass die Reorganisationen zu Verkürzungen der Karriereleitern führten, dass vormals klar definierte Aufgabenprofile sich auflösten und durch polyvalente und amorphe Projektprofile ersetzt wurden (Boltanski and Chiapello, 1999). Individuellere Beurteilungsmethoden, basierend auf technologisch optimierten Kontrolltechniken, beschleunigten zudem die Erosion traditioneller Beförderungsmechanismen. Und der Bedeutungsverlust des Dienstalters oder die Aushöhlung progressiver Lohnsysteme trage zur weiteren Entstandardisierung von Berufsverläufen bei (Power, 1997). Es komme dazu, dass die großen bürokratischen Unternehmen, bestrebt sich schlank und effizient zu organisieren, zunehmend Bereiche und Funktionen auslagerten, die sie nicht länger als ihre Kernaufgaben betrachten. Auf diesem Wege trügen sie zur Reduktion des Anteils der Grossunternehmen bei und schwächten somit die Fundamente auf die die Aufstiegskarrieren bisher bauten. Schließlich soll die verstärkte Sharholder-Value Orientierung Unternehmen dazu veranlassen, sich paternalistischer, aber rein effizienzpolitisch gesehen irrationaler Karriereversprechen zu entledigen. Stattdessen würden sich neue, skrupellosere Einstellungs- und Entlassungsmaximen durchsetzen, die auf der individuellen Ebene zu einer Zunahme von Karrierenbrüchen beitrügen (Osterman, 1996; Capelli, 1999). Diese Erosion der strukturellen Fundamente der Karriereorganisationen würde verstärkt durch einen allmählich bröckelnden normativen Support für Karrieren (Boltanski & Chiapello, 1999). Boltanski und Chiappello behaupten, dass mit dem Aufkommen der schlanken und flexiblen post-fordistischen Firma die Versprechen für eine sichere und erfolgsgekrönte Karriere - die im organisierten Kapitalismus an ambitionierte Jungmanager abgegeben wurde - durch Aussichten auf eine Abfolge von kreativen und stimulierenden Projekten ersetzt würde. Weil die modernen Unternehmen einem konstanten Druck ausgesetzt sind sich flexibel und fit zu präsentieren, können sie den Forderungen nach langfristiger Sicherheit ihrer Angestellten und Manager nicht mehr nachkommen. Doch auch der Erfolg schillere nun in neuen Farben: er zeichne sich nicht mehr durch Beförderungen in vermeintlich rigiden und mechanistischen Organisationshierarchien aus, sondern durch die Teilhabe an möglichst weit reichenden und grenzüberschreitenden Netzwerken.

1.5 Die Erosion der Aufstiegskarriere?

Wie wirkt sich nun dieser Wandel auf die Aufstiegskarrieren aus? Die Antworten in der sozialwissenschaftlichen Literatur sind relativ breit gestreut. Sie reichen von jenen, die denken, dass den traditionellen Karrieren lediglich weitere Formen zur Seite gestellt werden (Dany, 2001), bis zu jenen, die das Ende der Aufstiegskarriere vorhersehen (Capelli, 1999). Gemeinsam ist den meisten Kommentatoren die Ansicht, dass die alten - sprich regelmäßigen, loyalen und bürokratischen Karrieren - langsam verdrängt werden. Auffälligerweise zeichnen manche Autoren, nicht zuletzt um die Novität der sich entwickelnden Karrieren zu betonen, ein verzerrtes, karikaturistisches Bild der "traditionellen Aufstiegskarriere". Dieser wird unterstellt, sich ausschließlich in einer einzigen Organisation abzuspielen, aus individueller Sicht vollständig plan- und voraussehbar zu sein und zugleich vollständig von den Strukturen und Regelungen dieser Unternehmen geprägt zu sein. Man rekurriert also auf betont klassische Karrierebeschreibungen (Mannheim, 1952) oder karikaturistische Überzeichnungen (Whyte, (1963 [1956]) - trotz den Schatten des Zweifels, die Studien schon in den 1950er auf diese Vorstellungen geworfen haben (Becker & Strauss, 1956; Wilensky, 1961). In seiner klassischen und im heutigen Kontext amüsant zu lesenden These zum "Organization Man" als einer historischen Perversion des freien Amerikanischen Kleinunternehmers höhnt Whyte damals: *"Organization man worked his way up through the hierarchical layers of the large corporation. Each step on the career path was planned and known in advance, loyalty to the organisation being repaid by job security and steady progress up the corporate ladder"* (Gunn & Bell, 2002: 190).

Die Verkünder des Niedergangs der meritokratischen Aufstiegskarriere bezweifeln den Fortbestand einiger ihrer Kernelemente: Arthur and Rousseau (1996) formulieren beispielsweise die Hypothese, dass die Dominanz der "organisational career" zunehmend von der so genannten "boundaryless career" verdrängt wird. Dieser neue Karrieretyp zeichne sich durch eine Zunahme von Wechseln über Firmengrenzen hinweg aus, sei weniger von organisatorischen Strukturen abhängig und falte sich entlang individueller Entscheidungen auf. Die französische Soziologin Dany andererseits meint, dass zeitgenössische Erfolgskarrieren nicht mehr ausschließlich nach vertikalen Koordinaten verlaufen. Um den Zusammenprall zwischen traditionellen Erwartungen und neuen Realitäten abzufedern, würden Personalmanager neben den traditionellen hierarchisch ausgerichteten Karriereversprechen neue, so genannt subjektive Karrieren ausloben. Diese folgen horizontalen Linien und erlauben es dem mittleren Kader und den Angehörigen liberaler Professionen Befriedigungsquellen jenseits traditioneller Erfolgsdefinitionen anzuzapfen. Wieder andere, wie zum Beispiel Monika Wohlrab-Sahr, verfechten die These, dass Rhythmus und Regelmäßigkeit von Aufstiegskarrieren im aktuellen Kontext zunehmend entstandardiert würden. Sie glichen sich langsam den ehemals typisch weiblichen, von Unterbrüchen und Unregelmäßigkeiten durchzogenen Verläufen an. (Wohlrab-Sahr, 1995). Zwei Fragen drängen sich im Anschluss an diese Thesen auf: Wie waren die jetzt in Ablösung begriffenen traditionellen Aufstiegskarrieren aufgestellt: haben sie jemals existiert und wenn ja, waren sie tatsächlich durch weitgehende Loyalität und Regelmäßigkeit gekennzeichnet? Zweitens fragt sich wie sich die Erfolgskarrieren im Laufe der strukturellen Umbrüche der 1970er, 80er und 90er gewandelt haben. Verändert sich beispielsweise ihr typischer Rhythmus oder die Chronologie der Positionen? Und wenn ja, wie interpretieren die Karrierewilligen den Wandel und mit welchen Strategien begegnen sie den sich verändernden Umständen?

1.6 Argumentationsstruktur

Um der Aufstiegskarriere in der Schweiz und ihrem Wandel habhaft zu werden, entwickle ich zu Beginn ein theoretisches Modell der Aufstiegskarriere, fußend auf der Literatur zur sozialen Mobilität und der Lebenslaufsoziologie. Dieses Modell illustriert wie das Zusammenspiel von sozialen Strukturen und subjektive Deutungsmustern Aufstiegskarrieren generieren kann. Diese Aufstiegskarrieren versuche ich dann in ihren „objektiven" Sequenzen und „subjektiven" Phasen zu verstehen. Daran anknüpfend formuliere ich im folgenden Kapitel meine Forschungsfragen. Ich frage wie sich der wirtschaftliche und soziale Strukturwandel auf die Aufstiegskarrieren niederschlägt und stelle anschliessend die Methoden vor, die ich zur Ergründung dieser Einflüsse am viel versprechensten halte. In vier empirischen Kapiteln präsentiere ich im Folgenden die Kernelemente meines theoretischen Modells: den Wandel wirtschaftlicher und sozialer Strukturen (Kapitel 4), die Ausdifferenzierung und Dynamik objektiver Aufstiegskarrieren (Kapitel 5), die Entwicklung der subjektiven Karrierewahrnehmung (Kapitel 6) und schließlich die Deutungsmuster, die Karrieren begleiten und reflektieren (Kapitel 7). Abschließend fasse ich die Funktionsweise von Aufstiegskarrieren in der Schweiz zusammen und zeige auf, was die Befunde für die gegenwärtigen Mechanismen des sozialen Aufstiegs bedeuten.

2 Ein theoretisches Modell der Aufstiegskarriere

Zum Einstieg formuliere ich eine erste Definition der Aufstiegskarriere und lege eine vorläufige konzeptuelle Ordnung aus. Mein theoretisches Modell wurzelt in einer konstruktivistischen Wissenschaftskonzeption, wie sie von den Chicagoer Pionieren der Biographieforschung (Thomas & Znaniecki, 1958 [1918]) erstmals artikuliert und dann von ihren Nachfolgern des symbolischen Interaktionismus verfeinert wurde (Hughes, 1958, Becker 1963). Diese Autoren präsentierten Biographieforschung als Übungsfeld um die lähmenden Oppositionen zwischen sozialer Struktur und sozialem Sinn und artverwandten Gegensatzpaaren wie "objektiv/subjektiv" oder "kollektiv/individuell" zu überwinden (Corcuff, 1995). In den letzten Jahrzehnten fanden eine ganze Reihe namhafter Autoren ähnliche Positionen und machten sie auch für andere Felder der sozialwissenschaftlichen Forschung fruchtbar. Ihre Grundannahme, die ich mir im Folgenden zu eigen mache: soziale Strukturen sind die geronnen Produkte des langfristigen Zusammenspiels individueller Handlungen; soziales Handeln umgekehrt wird von eben diesen sozialen Strukturen geprägt (Berger & Luckmann, 1969 [1966]; Giddens, 1986 [1984]); Bourdieu, 1980; Fischer & Kohli, 1987).

Das in den folgenden Zeilen skizzierte Karrieremodell ist idealtypisch zugespitzt. Es erlaubt mir die konkreten geschichtlichen und kontextuellen Varianten zu vergleichen und zu verstehen. Gewisse Aspekte sind herausgehoben, andere ausgespart oder abgeschwächt, um ein deutlicheres und heuristisch wertvolleres Bild zu zeichnen. Es ist eine eklektische Mischung von Konzepten und Ideen aus verschiedenen theoretischen und geschichtlichen Zusammenhängen. Zudem kombiniert das Modell Aspekte der Aufstiegskarriere welche mit unterschiedlicher Tiefe und Schärfe beforscht wurden. Ein weiterer Grund für dessen vorläufigen Charakter – erst im Fortgang der empirischen Kapitel soll das Modell dann allmählich aus seiner provisorischen Form heraustreten.

Schließlich funktioniert das Theoriemodell auch als Lesehilfe für den Text. In den empirischen Kapiteln "Wirtschaftlicher und sozialer Strukturwandel" (Kapitel 4), "Objektive Aufstiegskarrieren" (Kapitel 5), "Subjektive Aufstiegskarriere" (Kapitel 6) und "Biographische Deutungsmuster Aufstiegswilliger" (Kapitel 7) nehme ich Elemente des Modells wieder auf.

2.1 Die Theoretische Verortung

In einer methodologischen Notiz zur Studie "The Polish Peasant in Europe and America" merken Thomas und Znaniecki an: *"[...] the human personality is both a continually producing factor and a continually produced result of social evolution, and this double relation expresses itself in every elementary social fact"* (Thomas & Znaniecki, 1958 [1918]:1831). Dieser Blick auf das Zusammenspiel von objektiven Strukturen und subjektivem Handeln gilt mittlerweile als dominierendes Prinzip moderner Sozialwissenschaften. Davon zeugen Formeln wie "Institutionalisierung versus Verinnerlichung", die Berger und Luckmann in ihrem Klassiker zur sozialen Konstruktion der Wirklichkeit verfechten, aber auch die Konzepte "Encode-Fashion versus Enact-Constitute" in Giddens Strukturierungstheorie (1984) oder das Begriffspaar "Feld und Habitus" in der Handlungstheorie von Bourdieu (1980). Solche Ansätze werden gemeinhin unter dem Etikett des "Konstruktivismus" zusammengefasst. Um Biographieverläufe zu verstehen, bietet sich eine konstruktivistische Herangehensweise ganz besonders an. Ihr Studium hat, wie das frühe Beispiel von Thomas und Znaniecki zeigt, maßgeblich zur Verbreitung des Ansatzes in den Sozialwissenschaften beigetragen. Corcuff (1995) beschreibt die Grundprinzipien des konstruktivistischen Ansatzes wie folgt: Soziale Phänomene, zu denen auch Karrieren zählen, gründen erstens auf "Vorkonstruktionen der Vergangenheit" (Corcuff, 1995: 17), die dem Akteur im Laufe der Sozialisation oder in Form von Opportunitätsstrukturen in späteren Lebensabschnitten als eigenständige und unabänderliche Kräfte begegnen (Eisinger, 1973). Zweitens werden diese Vorkonstruktionen ständig reproduziert, d.h. von den Akteuren angeeignet, verändert oder durch neu entstandene Konstruktionen verdrängt (Corcuff, 1995; Fischer & Kohli, 1987). Drittens öffnet die Verknüpfung des historischen Erbes mit der individuellen Reproduktions- und Umformungsarbeit ein Feld des künftig Möglichen, das im Zeitenlauf wiederum zu den Vorkonstruktionen für die folgenden Generationen gerinnt (Corcuff, 1995).

Epistemologisch grenzt sich ein solches Verständnis sozialer Phänomene von strukturalistischen und individualistischen Denktraditionen ab (Corcuff, 1995; Passeron, 1990). Die Vertreter des Strukturalismus, von Durkheim inspiriert, behaupten, dass Handlungen *"before all possibilities of tactical or strategic choice, are already structured by norms, social definitions, representations, or more generally even, socially conditioned 'typical chances' of biographical development or orientation"* (Passeron, 1990:18). Die Art und Weise, wie Individuen die Welt begreifen, in welchen Kategorien sie denken, ist in dieser Perspektive irrelevant; das Handeln wird allein von soziale Strukturen bestimmt, deren Wirkweise der spontanen und profanen Erkenntnis zudem meist verborgen

bleibt. In der individualistischen Tradition beruht die Erklärung sozialer Phänomen exklusiv auf der Beobachtung und Rekonstruktion der individuellen Motive.
Institutionen werden als Aggregationen dieser individuell motivierten Aktionen
betrachtet. (Corcuff, 1995). Zuweilen ergänzt wird dieses Postulat mit der Idee,
dass die Akteure und ihre individuellen Strategien "rationellen" Prinzipien gehorchen, die im Extremfall einer Kosten-Nutzen-Logik entsprechen (Becker,
1964). Als Alternative zu diesen entgegengesetzten, und zu gleichen Teilen in-
adäquaten Ansätzen, beruht mein heuristisches Modell auf dem Zusammenspiel
der folgenden drei Elemente: (1) Karriereverläufe, (2) soziale Strukturen, sowie
(3) individuelle Deutungsmuster.

Zu erst zu den Karriereverläufen selbst: Karrieren können als soziale Institutionen betrachtet werden. Institutionen, im Verständnis von Luckmann und
Berger, sind sich wiederholende Handlungen, die sich historisch zu relativ stabilen kulturellen Modellen verdichten (Berger & Luckmann, 1969 [1966]: 56). An
dieser Definition kritisiert zum Beispiel Schmeiser, dass jedes Handeln als Institution gelte, *das nicht situativ, spontan, einmalig oder abweichend ist* (Schmeiser, 2006: 54). Um den Nutzwert der Definition zu steigern, plädiert er dafür, sie
mit erklärenden Elementen zum Zustandekommen dieser Stabilität und Regelmäßigkeit zu ergänzen. Biographieverläufe gerinnen zu stabilen Institutionen, so
könnte man in diesem Sinne hinzufügen, weil sie durch *strukturelle Mechanismen* kanalisiert werden: durch das Erziehungscurriculum, durch Rentensysteme
oder durch gesetzliche Alterslimiten (Kohli, 1985). Zudem, so fügt Kohli an,
verhärten sich diese Handlungsmuster zu *kulturellen Orientierungsmodellen* und
beeinflussen als solche die individuellen Strategien und Handlungsmuster. Karrieren sind also Aneignungen von kulturellen Biographiemustern und ihre Verarbeitung zu individuellen Plänen, Projekten oder Bilanzen. Kurzum: die Institutionalisierung von Biographieverläufen führt zur Entstehung relativ stabiler Sys-
teme sozialer und mentaler Strukturen. Mittels konformer Aneignungen der Institutionen reproduzieren die Akteure die Strukturen ständig. Aneignungsstrategien
können aber auch variieren und wiederum zu Veränderungen dieser Institutionen
führen. Im Laufe der Zeit verfestigen sich diese gewandelten Institutionen erneut
zu Modellen, die eine zeitlich begrenzte Stabilität genießen.

Geschaffen werden diese stabilen Verläufe zum einen von sozialen Strukturen: Ohne Zweifel strukturieren wohlfahrtspolitische Regulierungen des Arbeitsmarktes, Familienstrukturen oder die Strategien der dominierenden Wirt-
schaftsakteure die heutigen Lebensläufe mit. Als besonders relevant betrachte
ich die Entwicklung des Beschäftigungssystems und den Wandel der Familienstrukturen. Die Segmentierung des Arbeitsmarktes oder die Rekrutierungs- und
Beförderungsstrategien der Grossunternehmen ließen Karrieren historisch erst
entstehen. Die weitere Verbreitung des bürgerlichen Familienmodells stützte

männliche Aufstiegskarrieren, indem es Frauen - und vor allem Mütter - vom Arbeitsmarkt fernhielt und die Männer von Aufgaben entlastete, die ihrer Karriere potentiell in die Quere kommen konnten. Diese beiden Institutionen ebnen den Weg für die Karriere als institutionelles Modell.

Drittens, im Zusammenspiel mit den Strukturen, tragen individuelle Deutungsmuster individuelle Deutungsmuster, persönliche Entscheidungen und Strategien zur Entstehung von Karrieren bei: In der Literatur werden solche Deutungsmuster als *biographische Scripts* (Barley, 1989) oder *biographische Habitus* (Bourdieu, 1980) diskutiert. Die individuellen Deutungsmuster umfassen Pläne und Projekte, aber auch retrospektive Bilanzen im Rahmen derer sich die Akteure die Lebenslaufstrukturen aneignen und uminterpretieren. Im Unterschied zu den strukturellen Aspekten von Aufstiegskarrieren sind die karrierespezifischen Deutungsmuster noch kaum erforscht. Symptomatisch deshalb, dass Kohli's strukturelle Theorie der Institutionalisierung des Lebenslaufes erst kürzlich durch eine Geschichte der „inneren" Institutionalisierung ergänzt wurde (Schmeiser, 2006). Im nächsten Abschnitt vertiefe ich die Analyse der durch das Zusammenspiel von Strukturen und Deutungsmuster erzeugten Biographieverläufe.

2.2 Karriereverläufe

Die Begriffe „Berufsverlauf" oder "Berufsbiographie" bezeichnen die Abfolge der Positionen die eine Person im Laufe ihres Berufslebens versieht, unabhängig davon wie diese miteinander verbunden sind. „Karrieren" dagegen sind Sequenzen von Positionen, die nach Verdienst, Arbeitsbedingungen, Macht oder Prestige *geordnet* sind (Spilerman, 1977). Deshalb gilt es Karrieren auch von „Jobs" oder „Berufen" abzugrenzen. Einen "Job", so wie sich der Begriff auch im Deutschen eingebürgert hat, nenne ich eine Arbeitsstelle, die nicht mit vorausgehenden oder folgenden Stellen in funktionaler oder hierarchischer Verbindung steht. Ein "Beruf" wird von einer Gruppe ausgeübt, die sich durch einen gemeinsamen Bildungsweg, durch bestimmte Arbeitstechniken und durch bestimmte Denkweisen auszeichnen. (Miles & Savage, 2004). Im Unterschied zu diesen zwei statischen Kategorien meint der Begriff Karriere eine Abfolge von Stellen, die durch einen *sozial bedeutungsvollen Link* verbunden sind. Dabei kann es sich um horizontale, hierarchische oder auch geographische Verbindungen handeln (Becker, 1952). Aufstiegskarrieren schließlich zeichnen sich, in Abgrenzung zu dieser allgemeinen Karrieredefinition, durch hierarchisch aufsteigende Mobilität, regelmässige Wechsel und Loyalität zu einem Unternehmen aus. Hughes unterscheidet zwischen „objektiven" und „subjektiven" Karrieren: *"[...] a career consists, objectively, of a series of status and clearly defined offices. [...] unless complete disorder reigns, there will be typical sequences of position, achievement, responsibility, and even of adventure". [...] Subjectively, a career is the moving perspective in which the person sees his life as a whole and interprets the meaning of his various attributes, actions, and the things which happen to him"* (Hughes, 1937: 409-410). Ich konzeptualisiere die objektive und die subjektive Karrieren im Folgenden als zwei sich ergänzende Facetten des gleichen Phänomens.

2.2.1 Objektive Aufstiegskarrieren

Die Angestellten, die eine Aufstiegskarriere verfolgen wechseln ihre Stelle regelmässig. Sie unterscheiden sich von freien Berufsleuten, wie Ärzten, Anwälten oder Pfarrern, welche das über das gesamte Berufsleben hinweg in relativ sicheren Stellungen (häufig auch selbständig) verharren, um meist derselben Organisation oder Gemeinde zu dienen (Hall, 1949). Zudem grenzen sie sich historisch von Berufsgruppen ab deren Berufsverläufe auf den Verbleib in derselben Position ausgerichtet waren, in der sich ihr Salär mit dem Dienstalter inkremental erhöht (Stovel et al, 1996). Im Gegensatz zu unqualifizierten Arbeitern, die ebenfalls häufig die Arbeitsstelle wechseln, ist die Mobilität der Aufsteiger hierarchisch geordnet. Ihre Stellenwechsel gehen in der Regel mit höherem Prestige, mehr Verantwortung und einem besseren Salär einher (Mannheim, 1952).

Ein zentraler Produktionsmechanismus der Aufstiegskarriere ist das Senioritätsprinzip (Weber, 1972 [1921]). Wilensky folgend (1961), unterscheide ich zwischen einem funktionellen und einem hierarchischen Aspekt des Senioritätsprinzip: funktional hat der aufstiegswillige Angestellte die grundlegenden Aufgaben zu beherrschen, um zur nächst höheren bzw. anspruchsvolleren Position aufsteigen zu können. Ein Beispiel dafür ist die so genannte "line of progression" von Doeringer und Piore in welcher *"work on one job develops the skills required for the more complex tasks on the job above it, and those at one point in the line constitute the natural source of supply for the next job along the line"* (1971: 58). Hierarchisch garantiert das Senioritätsprinzip, dass die Führungsaufgaben auf einer höheren Hierarchiestufe den erfahrensten und leistungsstärksten Anwärtern zufallen. In beiden Fällen entstehen langsame, aber stetig aufwärts gerichtete Berufsverläufe, im Laufe derer die Aufstiegskandidaten nach und nach höhere Positionen besetzen.

Laut Theoretikern segmentierter Arbeitsmärkte verlaufen Aufstiegskarrieren in der Regel innerhalb einer einzigen großen Unternehmung. Die Firmen würden die Aufstiegswilligen quasi automatisch durch die verschiedenen Funk-

tionen und über die verschiedenen Hierarchiestufen schleusen (Althauser, 1989).
Nicht nur fördern die Firmen interne Karrieren mittels Karriereleitern; die Mehrheit der aufstiegslustigen Arbeitnehmer packen die Möglichkeiten die ihnen
geboten werden. Das dreifaltige Versprechen von Erfolg, Vorhersehbarkeit und
Sicherheit scheint auf die zukünftigen Eliten eine starke Anziehungskraft auszu-
üben. In den 1950ern spitzte Wythe die Kontrollhoheit der Großfirmen karikatu-
ristisch zur These des "Organization Man" zu. Er beschreibt eine Situation in der
Grossfirmen eine Gruppe von Arbeitnehmenden mittels regelmäßigen Lohner-
höhungen, Karriereversprechungen und loyalisierende Pensionsysteme zur Treue
anhalten (Erikson & Goldthorpe, 1992).

Eine Aufstiegskarriere ist aber nicht auf das Erklimmen von leitergleich geordneten Sequenzen von Berufspositionen zu reduzieren. Auch der Rhythmus
zählt! In ihrer Studie der englischen Lloyd's Bank beobachten Stovel et
al.:"*Early moves were keyed to subsequent moves, so that managers and clerks
could assess their chances for promotion and act in accordance with these as-
sessments*" (Stovel et al, 1996: 392). Wohlrab-Sahr hält es für eines der Kenn-
zeichen der Aufstiegskarriere *"daß nicht das bloße Vorhandensein von Zertifika-
ten, sondern die zeitliche Struktur der Biographie selber – das Timing von Karriereetappen, die Kontinuität des Ablaufmusters- als 'biographisches Signal'
betrachtet wird, das zur Zuschreibung von Erfolg führt und wieder zur
Anschlußbedingung für neuen Erfolg wird"* (Wohlrab-Sahr, 1995: 234). Schnelle
Wechsel und Beförderungen im Karrierefrühling sind also essentiell für das
Erkennen und Anerkennen von Talent und Potential. Sie fungieren als Vorbedin-
gungen für weitere Aufstiegsschritte. Oder anders gesagt: Karrieren werden
durch Altersnormen reguliert. Das Alter beim Erreichen bestimmter hierarchischen Positionen verrät den Karrierewilligen, ob ihre Laufbahn sozial als erfolgreich eingestuft wird oder nicht[1].

2.2.2   Die Merkmale der subjektiven Aufstiegskarriere

Hughes' Definition der subjektiven Karriere ist weit und verunmöglicht es, zwischen "allgemeinen Deutungsmustern" und "biographischen Deutungsmustern"
zu unterscheiden[2]. Ich möchte dagegen meine Definition der subjektiven Karrie-

---

1   Spilerman beispielsweise, macht sich die Altershomogenität in bestimmten hierarchischen
Positionen zu Nutze, um festzulegen ob in einer bestimmten Firma Karriereleitern vorhanden sind
(Spilerman, 1977).
2   Ohne Zweifel sind alle individuellen Bedeutungsmuster in gewissem Sinne auch biographische
Bedeutungsmuster oder zumindest biographisch verortbar. Ich halte es jedoch für sinnvoll, Repräsen-
tationen wie "Projekte" oder "Bilanzen" als "biographisch" zu benennen und sie von nicht unmittel-

re enger fassen und auf die individuellen Deutungen, Kategorien und Interpretationen der Ereignisse und Phasen des Berufsverlaufes beschränken. Mit dem
engeren Gebrauch des Begriffs lässt sich fast fugenlos an das analytische Programm anschließen, das Schütze (1983) formuliert hat, um individuelle Biographieverläufe mittels vertieften biographischen Interviews zu erfassen. Als ersten
Schritt schlägt Schütze vor, die Wahrnehmung der zeitlichen Verlaufsstrukturen
der Akteure selbst zu beleuchten. Bevor wir verstehen können was ein biographisches Ereignis oder eine biographische Phase für einen Akteur bedeutet, müssen wir zuerst die aus seiner Sicht signifikanten Ereignisse und deren Sequenzierung identifizieren. Schütze schreibt *"to the interrogation 'how does the actor of
biography interpret his life history?' can in my opinion only then be given a
satisfactory answer, if the researcher is able to embed the interpretative-
theoretical efforts of the actor in the context of the factual processual course of
his life"* (Schütze, 1983: 284).

Dieser Ansatz ergänzt die Analyse objektiver Berufsverläufe: Die individuelle Auswahl und Hierarchisierung der Ereignisse und Phasen einer Karriere
kann den Blick des Forschers auf Aspekte lenken, an die er selbst nicht gedacht
hätte bzw. die in der einschlägigen Literatur nicht erwähnt werden (Kelle &
Kluge, 2001). Zweitens können die subjektiven Verläufe in der Interpretations-
phase fruchtbar mit den objektiven Verläufen verglichen werden. Forscher die
subjektive Aufstiegskarrieren untersucht haben sind eher rar, das Wissen über
die subjektiven Wahrnehmungen von Karrieren ist immer noch spärlich. Um das
Konzept der subjektiven Karriere mit empirischer Substanz zu füllen, greife ich
vorerst auf "sensitizing concepts" in Form von Fragen und Vermutungen zurück
(Blumer, 1954; Kelle & Kluge, 1999)[3].

Für die Standardisierung ist der Forscher in quantitativen Ansätzen in der
Regel gezwungen, den Beginn und das Ende der untersuchten Periode auf theoretischen Überlegungen beruhend festzulegen. Die qualitative Vorgehensweise
hingegen bietet die Gelegenheit, den subjektiven Beginn einer Berufsperiode und
die spezifische Sequenzierung des Berufsverlaufes zu untersuchen. Im ersten
Teil meiner Untersuchung der subjektiven Karriere fokussiere ich auf die Anfangsphase von Karrieren. Haben Karriereziele „schon immer" bestanden oder

---

bar biographischen Deutungsmustern - zum Beispiel die Haltung zur zeitgenössischen Kunst oder die
Meinung zur Atomenergie - zu unterscheiden.
3   Blumer definiert diese sensibilisierenden Konzepte folgendermaßen: „Whereas definitive
concepts provide prescription of what to see, sensitizing concepts merely suggest directions along
which to look. The hundreds of our concepts – like culture - institutions, social structures, mores, and
personality – are not definitive concepts but are sensitizing in nature. They lack precise reference and
have no bench marks which allow a clean-cut identification of a specific instance and of its content.
Instead they rest on a general sense of what is relevant" (Blumer, 1954: 7)

sind sie eher "unterwegs" entstanden? Welche Ereignisse, Wendepunkte oder Erfahrungen tragen zur Entstehung des Wunsches aufzusteigen bei? Welche Positionen funktionieren als Fundamente, Sprungbretter oder gar Katapulte von Karrieren? Theoretisch ist klar: eine Karriere ist immer auch von - strukturell gerahmten - individuellen Entscheiden abhängig. Jede Entscheidung wiederum ist geprägt von der Wahrnehmung des bisherigen Verlaufs und der Zukunfts-möglichkeiten. Ein weiterer essentieller Aspekt von Berufsverläufen ist der Rhythmus. Der Rhythmus, der als Erfolgsindikator (Wohlrab-Sahr, 1995: 234) wirken kann, wird nicht nur von den Firmen, sondern auch von den Individuen dazu benützt ihr Zukunftspotential abzuschätzen. Für die Akteure zählt nicht ein "objektiv gemessener" Karriererhythmus - über den Messwert verfügen sie so-wieso kaum -, sondern ihre eigene Wahrnehmung des Rhythmus. Deshalb richte ich meinen Blick auf die individuelle Wahrnehmung von Karriererhythmen. Schließlich versuche ich die späteren Karrierephasen zu verstehen. Wie interpre-tieren die Akteure das Ende ihrer Karriere? Enden Karrieren wirklich abrupt mit der Pensionierung? Oder ist dieser Übergang adäquater als ein langsamer, all-mählicher Ausklang zu beschreiben? Welche Ereignisse und Rhythmen geben dem Übergang ihre Form: formale Veränderungen oder informellen Abmachun-gen zwischen der Firma und ihren Angestellten?

2.3 Soziale Strukturen

Betrachten wir Aufstiegskarrieren als eine Variante der standardisierten Biogra-phie, dann kann angenommen werden, dass ihre Entstehung ähnlichen strukturel-len Faktoren geschuldet ist. Zwei davon stehen im Folgenden im Zentrum: Die Veränderungen des Beschäftigungssystems und die Generalisierung des bürger-lichen Familienmodells im frühen 20. Jahrhundert.

2.3.1 Bürokratische Großunternehmen

Nur in genuin modernen Organisationen – den bürokratischen Großunternehmen – konnten regelmäßige, loyale und aufsteigende Berufsverläufe überhaupt ent-stehen. Ich möchte zwei Theorien einander gegenüberstellen, die die Beziehung zwischen Aufstiegskarrieren und bürokratischen Grossunternehmen thematisie-ren:

Firmen haben Karriereleitern eingeführt um ihre Effizienz zu steigern und damit gegenüber ihren Konkurrenten einen Vorteil zu erlangen - so lautet im Kern die These der funktionalistischen Organisationsforschung. Doeringer und

Piore argumentieren, dass Karriereleitern entstehen, weil Firmen versuchen das firmenspezifische Wissen und die dafür erforderlichen Ausbildungen möglichst optimal zu organisieren (1971). Durch den Aufbau unternehmensgebundenen Fachwissens könnten die Ausbildungskosten auf die Arbeitnehmer überwälzt und so die Gesamtkosten der Ausbildung reduziert werden. Deshalb hätten die Arbeitgeber ein Interesse die Fluktuation zu verringern und Anreize zu schaffen der Firma treu zu bleiben, beispielsweise in Form von Karriereleitern, progressiven Lohnskalen oder firmeninternen Pensionssystemen (Doeringer & Piore, 1971: 14). Als willkommener Nebeneffekt würden Karriereleitern Sicherheit unter den Arbeitnehmern schaffen und das Konkurrenzstreben eindämmen. Dies wiederum führe zu einem Vertrauensklima, das die erfolgreiche Pflege und Weitergabe des internen Wissens befördere (Althauser, 1989: 153). Dazu kommt, dass bei einer internen Rekrutierung die Firmen Aufstiegskandidaten besser beurteilen und auswählen und so das mit externen Berufungen verbundene Risiko minimieren könnten (Doeringer & Piore, 1971). Schließlich tragen Karrieren dazu bei geographisch ferne oder kulturell heterogene Firmenteile zu einer einheitlichen Kultur zu verschweißen (Althauser, 1989).

Konflikttheoretiker argumentieren, dass Karrieren den Großunternehmen dazu dienten, gewisse Arbeitnehmergruppen zu kontrollieren und zu disziplinieren. Miles und Savage meinen beispielsweise, dass *"the elaboration of the 'career' can be seen as depending both on the construction of forms of inspection, examination and control to regulate job movements and to decide who should be promoted, but also the construction of particular forms of 'selfhood', as individual employees themselves come to recognise the 'career' as something which they should engage in"* (Miles & Savage, 2004: 82). Langfristig ausgerichteten Karriereversprechen der Firmen insbesondere für jüngere, aufstiegswillige Arbeitnehmer wirken als subtile Form der Kontrolle. Eine britische Fallstudie zeigt, dass junge Karrierekandidaten ihrem Bildungsniveau höhnende Routine-Aufgabe akzeptieren um ihre Aufstiegschancen nicht zu kompromittieren. Firmen animieren Karrierewillige sanft dazu, eine „enthusiastische" bzw. „begeisterte" Ausstrahlung zu verströmen (bzw. genuin enthusiastisch zu werden), indem sie auf eine im gegenteiligen Fall beschränkte Halbwertszeit der Zusammenarbeit hinweisen. Kurzum: Karriereleitern sind mächtige Techniken um professionelle "Selfs" zu schaffen, die mit den für die Firma nützlichen Merkmalen gesegnet sind (Grey, 1994).

Historisch, so argumentieren die Konflikttheoretiker, waren Karriereleitern immer auch ein Mittel um Kämpfe zwischen verschiedenen Arbeitnehmergruppen zu regulieren. Sie funktionierten als Beschwichtigungsmaßnahmen gegenüber Streikdrohungen von Angestellten (König et al, 1985). Progressiven Lohnerhöhung, das Senioritätsprinzip oder Pensionssysteme wurden von den Firmenleitungen eingeführt, um gewisse Gruppen für ihre politische Treue zu entlöhnen und andere auszuschließen. Die Forderung nach langfristig angelegten Karriereleitern geht in vielen Fällen auf männliche Angestellte zurück, die in den Krisenjahren der Zwischenkriegszeit um ihren Lebensstandard fürchteten. Sie ließen sich ihre politische Gefolgschaft von den Firmen mit Lohn- und Karriereversprechungen entgelten und konnten sich so kulturell von den Arbeitern abgrenzen (König et al., 1985; Miles & Savage, 2004). Frauen – und stärker noch verheiratete Frauen oder gar Mütter – wurden durch solche formelle und informelle Mechanismen von Aufstiegskarrieren ausgeschlossen (Christe et al., 2005; Wecker et al., 2001).

Doch welche organisatorischen Neuerungen beförderten die Entfaltung von Aufstiegskarrieren? Sicherlich die horizontale und vertikale Differenzierung der Grossunternehmen nach dem Vorbild staatlicher Bürokratien. Wie beispielsweise Chandler in seiner historischen Analyse der amerikanischen Grossunternehmen zeigt, vergrößerten sich nicht einfach die Unternehmen. Ihr Wachstum ging mit einer Zunahme der Divisionen und einer Multiplikation der Hierarchiestufen einher (Chandler, 1990). Dies hatte zwei Konsequenzen: Die horizontale Differenzierung machte eine Kontrolle jeder Einheit notwendig und führte zum Aufkommen von Managern die diese Aufgabe an der Spitze der Einheiten übernahmen. Nur aufgrund dieser, simultan funktionalen und vertikalen Differenzierung, bekamen Karrieren eine Richtung und eine Ordnung. Solche bürokratische Großorganisationen stellten ihren Angestellten an spezifische Kompetenzen und Verantwortlichkeiten gebundene Positionen zur Verfügung (Weber, 1972 [1921]: 127). Verglichen mit vormodernen Organisationstypen überwinden bürokratische Organisationen unscharfe und generalistische Positions- und Berufsprofile. Die so geförderte Spezialisierung schuf für die jungen Arbeiternehmern die Voraussetzungen um ihr Berufsleben als eine kontinuierliche Bewegung von einer klar definierten Position zur nächsten wahrzunehmen. Im Gegensatz zu früheren Verfahren der Stellenvergabe, häufig auf askriptiven Kriterien wie der sozialen Herkunft oder dem Alter basierend, rekrutieren die modernen Großbürokratien ihre Angestellten gemäß dem „Leistungsprinzip" (Offe, 1970). Allerdings: Die Definition von Leistung und der Kriterien die diese messen, ist immer auch im Brennpunkt sozialer Kämpfe. "Leistung" ist historischen und kulturellen Variationen unterworfen. Die Messverfahren für "Leistung" und "Verdienst" haben sich im letzten Jahrhundert stark gewandelt und insbesondere individualisiert. Während beispielsweise das Senioritätsprinzip eine recht ungefähre Messung von Verdienst ist, die kollektiv angewandt wurde, zielen gegenwärtige Methoden der Leistungsmessung viel stärker auf die persönlichen Eigenschaften einer Person (Power, 1997).

2.3.2 Das bürgerliche Familienmodell

Das Prinzip der wechselseitig voneinander abhängigen "linked lives" ist zentral für die Lebenslaufsoziologie (Elder, 1995:111). Es besagt, dass *"personal actions have consequences for others, and the actions of others impinge on the self"* (Elder, 1995: 112). Die Abhängigkeiten zwischen verheirateten Ehepartnern gehören mithin zu den stärksten dieser Verwebungen. Männliche Berufsverläufe ergänzen sich über funktionale oder herrschaftlich Verbindungen typischerweise mit bestimmten weiblichen Biographiewegen. Historisch scheint es gar, dass männliche Aufstiegskarrieren erst zu dem Zeitpunkt möglich werden, als das bürgerliche Familienmodell, das den Frauen die alleinige Hausfrauenrolle zuschreibt, über die Klassengrenzen hinweg sich auszubreiten anhob. Die Entstehung der Aufstiegskarriere ist also an die Aufteilung zwischen dem männlichen Alleinverdiener und der weiblichen Hausfrau gebunden.

In den 1950er hielten die Vertreter des damals dominierenden Strukturfunktionalismus diese ungleiche Arbeitsteilung zwischen den Geschlechtern für „funktional", da sie in ihren Augen den Zusammenhalt des Familienverbandes sicherte. Der Mann war als Familienoberhaupt für das wirtschaftliche Wohlergehen der Familie verantwortlich und angehalten, im Arbeitsmarkt das dafür notwendige Einkommen zu erarbeiten. Die Frau, für die so genannte Integration der Gruppe zuständig, kümmerte sich, um die Teilnahme aller Gruppenmitglieder, um die Schlichtung der Konflikte und das Sichern der Beziehungsqualität in der Gruppe (Parsons & Bales, 1955). Diese naive und a-historische Legitimierung männlicher Herrschaft wurde in der Zwischenzeit heftig kritisiert. Es drängt sich deshalb auf, die Verbindung zwischen männlichen Berufskarrieren und weiblicher Hausarbeit mit alternativen Ansätzen zu thematisieren:

Die funktionalen Erfordernisse von Aufstiegskarrieren ins Zentrum stellend, konstatieren beispielsweise Bonetti und Gaulejac (1982), dass Aufstiegskarrieren im Vergleich mit anderen Berufsverläufen ein hohes intellektuelles, zeitliches und emotionales Engagement voraussetzen. Zu Beginn der Karriere würden die Kandidaten beschworen ihren Einsatz und Enthusiasmus zu manifestieren. Diesen Enthusiasmus würden die Vorgesetzten als „Potential" deuten und die einsatzwilligsten und enthusiastischen der Kandidaten befördern (Grey, 1994; König et al., 1985). Im Alltag bedeutet dies oftmals lange Präsenz zu markieren und an Abenden und Wochenenden zu arbeiten. Dies macht es den Aufstiegaspiranten schwierig nach der Arbeit abzuschalten, sich auszuruhen und generell sich außerberuflichen Dingen zu widmen. In späteren Phasen, wenn die ersten Sprossen im Unternehmen erklommen sind, nehmen indes die Anforderungen nicht ab. Der soziale Druck und die Verantwortung die mit der höheren Position einhergehen, erfordern nicht selten noch mehr Engagement, welches psychologisch noch schwieriger zu verdauen ist. Solche konstant hohen zeit- und energieintensiven Engagements konfligieren mit dem Einsatz der vonnöten ist, um eine Familie zu gründen und Kinder aufzuziehen. Das bürgerliche Familienmodell war die Lösung, die sich historisch für dieses Problem zwischen familiärem und beruflichem Engagement durchgesetzt hat. Der Mann arbeitet 100 Prozent, leistet gar Überstunden und verfolgt eine Karriere, während seine Frau das familiäre Sozialleben organisiert, sich um Haushalt und Familie kümmert, die Kinder aufzieht und sich, wenn noch etwas Zeit übrig bleibt, freiwillig engagiert.

Strukturell war dieses Modell auch ein Resultat des Ausschlusses der Frauen vom Arbeitsmarkt. In fast allen westlichen Ländern waren die Frauen (bzw. verheiratete Frauen oder Mütter) in der Zwischenkriegszeit Ziel politischer Kampagnen gegen „Doppelverdienerinnen" und wurden vom Arbeitsmarkt verdrängt (Ziegler, 1996). Viele der von diesen Maßnahmen betroffenen Frauen waren im öffentlichen Dienst tätig (Christe, 2005). Zum Teil waren aber auch Frauen in qualifizierten Positionen mit Karrierepotential betroffen (König et al., 1985). Männliche Karrieren und die Feminisierung der Haushalts- und Familienarbeit bedingen einander deshalb nicht nur über die direkte Paarinteraktion, sondern darüber hinaus auch strukturell: der Ausschluss der Frauen aus qualifizierten Positionen verbesserte die Karrierechancen für Männer.

Kulturell waren diese strukturellen Umwälzungen mit zwei neuen sozialen Figuren verknüpft: mit dem Alleinernährer und mit der Hausfrau (Magnin, 2002; Joris, 1990). In vormodernen Familienorganisationen waren Produktion und Reproduktion weniger scharf getrennt, die Rollen und Aufgaben der Geschlechter waren sich ähnlicher und diffuser verteilt. Erst im bürgerlichen Haushalt setzte sich die Trennung zwischen familiärer und beruflicher Arbeit durch. Dies führte zu einer geschlechtsspezifischen Differenzierung zwischen Hausfrau und Ernährer. Im 20 Jahrhundert, erfuhr dieses Modell in den meisten westlichen Ländern eine steigende Generalisierung, so dass zuerst bürgerliche Unternehmer oder höhere Beamte und später auch einfache Angestellte und Arbeiter ihre Familien mit ihrem Gehalt ernähren konnten. Magnin schreibt: *„In den 1950er-Jahren wurde es schlicht zu einer Frage männlicher Ehre, eine Familie allein ernähren zu können und deren materielle Grundlage durch den Tausch von Arbeitskraft gegen Lohn zu sichern. Denn dies legitimierte die Position des Ehemannes als Familienoberhaupt"* (Magnin, 2002: 392). Analog dazu formten moralische, wissenschaftliche und politische Diskurse die Figur der Hausfrau bei (Joris, 1990). Spätestens in den 1930er Jahren wurde sie ein für Frauen aller Klassen wichtiges Leitmodell. In der ersten Hälfte des 20. Jahrhunderts zählten die Milieus, in denen die Männer eine aufsteigende Karriere anstrebten, zu den Ersten, die diesen vormals bürgerlichen Lebensstil zu imitieren begannen, nicht zuletzt deshalb, weil es sich diese Kreise am ehesten leisten konnten (König et al., 1985)

2.4 Individuelle Deutungsmuster

Im Zusammenspiel mit den sozialen Strukturen bestimmen die individuellen Deutungsmuster den Verlauf von Aufstiegskarrieren. In diesem Abschnitt stelle ich eine phänomenologische Konzeptualisierung von biographischen Deutungsmustern dem Bourdieu'schen Ansatz gegenüber. Anschliessend beschreibe ich einige der für Aufstiegswillige als typisch beschriebenen Deutungsmuster und versuche sie als "sensitizing concepts" fruchtbar zu machen.

2.4.1 Biographische Deutungsmuster

Karrieren verdichten sich zu kulturellen Modellen *"innerhalb derer die Individuen sich orientieren und ihre Handlungen planen"* (Kohli, 1985: 3). Zwei Theorien subjektiver biographischer „Pläne" oder biographischer „Orientierungen" machen sich die Deutungshoheit streitig. Die Vertreter eines ersten Ansatzes verstehen biographische Deutungsmuster als so genannt „biographische Skripte", die sensibel auf biographische Ereignisse reagieren und sich im Laufe eines Lebens stark verändern können (Barley, 1989; Fischer & Kohli, 1987). Exponenten eines zweiten Ansatzes schreiben den in frühen Entwicklungsphasen entstandenen Deutungsmustern eine privilegierte Bedeutung zu. Fundamentale Dispositionen prägten die Wahrnehmung, Denkweisen und Strategien der Individuen über die ganze Biographie hinweg.

Steven Barley definiert, sich auf das Erbe der Chicago School of Sociology berufend, biographische Skripts als *"plans for recurrent patterns of action that define, in observable terms, the essence of actor's roles"* (Barley, 1989: 53). Er sagt weiter: *"like all scripts, careers should therefore offer actors interpretative schemes, resources, and norms for fashioning a course through some social world"* (Barley, 1989: 53). Diese interpretativen Schemata, in Form von biographischen Plänen oder Bilanzen, geben dem Akteur Orientierung und Anleitung. Solche Skripte umfassen auch soziale und biographiespezifische Normen, beispielsweise der Reihenfolge der Karriereschritte oder deren Timings betreffend. In ihnen eingeschrieben sind Ressourcen, wie zum Beispiel das Wissen über die jeweils aktuellen individuellen Opportunitätsstrukturen oder wie man sich in bestimmten Karrieresituationen verhalten sollte, um Pläne realisieren zu können[4]. Der Begriff des biographischen Skripts ist verwandt mit jener des "biographischen Schemas" von Fischer und Kohli (1987). Ihre Theorie, sich dem Auftrag Barley's anschliessend, die institutionelle mit der interaktiven Sphäre in Bezug zu setzen, thematisiert die Veränderungen der biographischen Orientierungen im Zuge der Biographie selbst. Fischer und Kohli verweisen auf den changierenden doppelten Zeithorizont, konstituiert aus Erfahrungen und Zukunftsentwürfen, der es den sozialen Akteuren erlaubt ihr künftiges Leben mehr oder weniger bewusst und zeitlich mehr oder weniger ausgreifend zu planen. So verändern sich biographische Deutungsmuster in Abhängigkeit von biographischen Ereignissen ständig, ohne dass diese Ereignisse a priori chronologisch hierarchisiert werden können. Die frühen biographischen Ereignisse sind für die biographischen Deutungsmuster nicht per se wichtiger als spätere Veränderungen; im Laufe der Berufssozialisation und in späteren biographischen Phasen können sich neue Deutungsmuster herausbilden oder schon vorhandene nochmals stark verändern.

Bourdieu bezeichnet mit dem Begriff Habitus ein *"système de dispositions durables et transposables, structures structurées prédisposées à fonctionner comme des structures structurantes, c'est-à-dire en tant que principes générateurs et organisateurs de pratiques et de représentations [...]"* (Bourdieu, 1980: 88). Mit dieser Definition stellt er die relative Zähigkeit und Langlebigkeit früher biographischer Prägungen in den Vordergrund. Frühe sozialisatorische Erfahrungen überschatten in ihrer Bedeutung spätere Ereignisse der sekundären Sozialisation, die lediglich zur Feinausrichtung der ersteren beitragen[5]. Er schreibt: *"à la différence des estimations savantes qui se corrigent après chaque expérience selon les règles rigoureuses de calcul, les anticipations de l'habitus, sortes d'hypothèses pratiques fondées sur l'expérience passée, confèrent un poids démesuré aux premières expériences"* (Bourdieu, 1980: 90). Weiter unterscheidet Bourdieu zwischen psychologisch tiefer verankerten biographischen Dispositionen und oberflächlichen, unmittelbar beobachtbaren Wahrnehmungen, Denk- und Verhaltensweisen. Die letzteren entspringen der ständigen Konfrontation zwischen den stabilen Dispositionen und den sich wandelnden sozialen Strukturen. Historisch sind die Entstehungsbedingungen des Habitus nur selten mit dem Kontext identisch in dem er "realisiert" wird[6]. Deshalb argumentiert Bourdieu,

---

4   Ich denke beispielsweise an Kontaktstrategien, an den Umgang mit sozialen Netzwerken oder die Wahl der richtigen Aus- und Weiterbildung.

5   Im Einklang mit dieser Position schreiben beispielsweise Berger und Luckmann: „[...] die Inhalte dessen, was in sekundärer Sozialisation gelernt wird, mit viel weniger subjektiver Unausweichlichkeit befrachtet ist als die der primären Sozialisation" (Berger & Luckmann, 1966, 152).

6   Dieses Zusammenfallen von Dispositionen und Realisierungsbedingungen ist laut Bourdieu nur einer von vielen möglichen Fällen. Er schreibt: *"Il suffit d'évoquer d'autres formes possibles de la relation entre les dispositions et les conditions pour voir dans l'ajustement anticipé de l'habituts*

dass die sozialen Praktiken nur verstanden werden können *"à condition de mettre en rapport les conditions sociales dans lesquelles s'est constitué l'habitus qui les a engendrées et les conditions sociales dans lesquelles il est mis en oeuvre"* (Bourdieu, 1980: 94). Im Falle eines Auseinanderdriftens von Entstehungs- und Realisierungsbedingungen passen die Akteure ihre biographischen Repräsentationen an. Die fehlende Übereinstimmung erzeugt dann "unendlich viele und (wie die jeweiligen Situationen) relativ unvorhersehbare Praktiken von dennoch begrenzter Verschiedenartigkeit" (Schwingel, 1995: 64).

2.4.2 Dimensionen der Deutungsmustern von Aufstiegswilligen

Welches sind nun die typischen Inhalte der Deutungsmuster von sozialen Aufsteigern? In der Literatur wird der ambitionierte Habitus mit Eigenschaften wie "strebsam", "fortschrittsgläubig", "planungsfreudig" oder "leistungsorientiert" beschrieben.

Mannheim nennt den Willen und die Absicht Karrieremöglichkeiten zu ergreifen *"Streben"* (Mannheim, 1952). Solches Streben nach Macht, Einfluss oder Prestige gerinnt in der Sprache der Aufstiegskandidaten zu Ausdrücken wie *"jemand werden"*, *"weiterkommen "* oder *"einen Vorteil erringen"* (Berner, 1999: 7). Becker und Strauss kritisieren die Mannheim'sche Verwendung des Begriffs als zu eng und weisen darauf hin, dass sich eine ganze Reihe von Berufen - Becker bezieht sich beispielsweise auf die Lehrer - eher durch horizontales denn vertikales Streben auszeichnet (Becker, 1952; Becker & Strauss, 1956). Schein schließlich zeigt, dass mehrere Typen des Strebens unterschieden werden können. Er grenzt hierarchisches Streben von Streben nach fachlichen Herausforderungen, bzw. Streben nach Autonomie ab (Schein, 1971).

Fortschrittsglauben? Sozialen Gruppen, die sich in einer kollektiven sozialen Abwärtsbewegung befinden - denken wir an die Bauern oder ans Kleingewerbe - wird gern ein rückwärtsgewandter und verlustgeprägter Habitus zugeschrieben. Die aufsteigenden Mittelklassen hingegen, die sich nach dem Krieg kollektiv emanzipierten, werden umgekehrt gern als besonders zukunftsorientiert taxiert (Bourdieu, 1979). Schwedische Ingenieure, um ein Beispiel von Berner zu nehmen, stilisieren sich als Männer die der *"Zukunft ins Auge blicken"* oder als eine Gruppe *"die effektiv etwas tut um ihre Träume zu realisieren"* (Berner, 1999). Oft ist individuelles Streben mit einem kollektiven, zuweilen auf das Gemeinwohl ausgerichteten Projekt verbunden und wird durch dieses legitimiert

aux conditions objectives un « cas particulier du possible » et éviter ainsi d'universaliser inconsciemment le modèle de la relations quasi circulaire de reproduction quasi parfaite [...] » (Bourdieu, 1980, 105)

(Berner, 1999). Die Karrierewilligen glauben, durch das Verfolgen persönlicher Karriereprojekte zum kollektiven Fortschritt beizutragen.

Forscher vermuten auch, dass Aufstiegswillige Vorstellungen von ihrem zukünftigen Werdegang etnwickeln, die den zeitlichen Rhythmus und die Abfolge der verschiedenen Etappen mit einschließt. Gun und Bell beispielsweise behaupten, dass solche Karriereaspiranten langfristige Pläne haben "*where each step on the career path was planned and known in advance*" (Gun & Bell, 2002: 190). Andere, etwas vorsichtiger formulierend, meinen, dass Manager zwar langfristig ausgerichtete Strategien haben, sich zugleich aber bewusst sind, dass sie jederzeit Möglichkeiten ergreifen würden, die nicht in diesen Plänen figurieren (Raymond, 1982). Wieder andere denken, dass Karrieren von einem "biographischen Inkrementalismus" - einem Denken in kleinen Schritten - gesteuert werden. Die Kontingenz der heutigen Arbeitswelt, so das Argument, habe ein langfristiges Planen per se unmöglich gemacht (Schmeiser, 2006).

Schliesslich behaupten Autoren wie Berner oder Offe, dass die Deutungsmuster der Karrierewilligen vom Glaube an das Leistungsprinzip durchtränkt seien (Offe, 1970; Berner, 1999). Die Karrierewilligen glaubten, dass jeder nach seinen - objektiv messbaren - Leistungen beurteilt und vergolten werde. Die, die hart arbeiten und über die erforderlichen Kompetenzen verfügen, würden in ihrer Karriere gemäß Leistungskriterien befördert. Abgeleitet davon, würden sie die Welt als in einen praktischen und einen theoretischen Bereich getrennt wahrnehmen. Sie sähen die praktische Welt hierarchisch der theoretischen Welt übergeordnet und überlegen. Dieser Anti-Intellektualismus sei besonders in den Kreisen verbreitet, die den Erfolg nicht über einen schulischen Titel erringen, sondern sich praktisch emporarbeiten, so Boltanski (1982).

3 Forschungsfragen und Methoden

Die Aufstiegskarriere gilt als emblematischer Biographieverlauf für die Periode von 1950 bis 1975. Wie es die Ausdrücke "Wirtschaftswunder" oder "trente glorieuses" suggerieren, gilt dieser Zeitabschnitt als Ära eines aussergewöhnlichen wirtschaftlichen Aufschwungs. Der wirtschaftlichen Blüte wurde mit der Krise der 1970 Jahre aber ein abruptes Ende gesetzt. Sowohl französische (Boltanski und Chiapello, 1999; Castel, 1995; Menger, 2002; Bouffartige, 2001b), britische (Lash & Urry, 1987) oder amerikanische (Sennett, 1998; Ostermann, 1996; Capelli, 1999, Ehrenreich, 2001; 2006) Sozialwissenschaftler halten diese Krise für eine Zäsur zu einem "Neuen Kapitalismus" (Sennett, 1998), einem "Disorganized Capitalism" (Lash & Urry, 1987) oder einem "Neuen Geist des Kapitalismus" (Boltanski und Chiapello, 1999). Parallel dazu, sind die 1970er auch die Arena bedeutender kultureller Veränderungen. Die Geschlechterbeziehungen werden - zumindest vordergründig und formell - neu gefasst. Die Emanzipationsbewegung der Frauen, wie auch der Wandel traditioneller Männlichkeiten unterspülen zunehmend die Fundamente des Modells des männlichen Alleinverdieners. Dazu gesellen sich eine allmähliche Abwertung der sozialen Figur der "Hausfrau" und die strukturell erhöhte Nachfrage nach weiblicher Arbeitsmarktpartizipation.

Im Lichte dieser Diagnosen braucht es kaum Wagemut zu vermuten, dass auch die männliche Aufstiegskarriere von diesem Umbruch betroffen wurde. "*Flexible capitalism*" meint Sennett, "*has blocked the straight roadway of career, diverting employees suddenly from one kind of work into another*" (Sennett, 1998: 9). Boltanski und Chiapello meinen: "*La lutte menée dans les années 1990 a donc pour objet d'éliminer en grande partie le modèle d'entreprise forgé à la période antérieure, [...] en délégitimant la hiérarchie, la planification, l'autorité formelle, le taylorisme, le statut de cadre et les carrières à vie dans une même firme*"(Boltanski & Chiapello, 1999: 133). In diesem Kapitel entwickle ich die Fragen und Forschungsstrategien die mir erlauben werden, diese Hypothesen über den Zusammenhang von Strukturwandel und Erosion der Aufstiegskarrieren empirisch zu fassen und in den schweizerischen Kontext zu übertragen. Ich verhandle deshalb in einem ersten Schritt den in der Literatur diagnostizierten Wandel des Beschäftigungssystems und des bürgerlichen Familienmodells. Daraus leite ich im nächsten Abschnitt meine Forschungsfragen ab und diskutiere die theoretischen Konzepte und die empirischen Methoden mit denen ich dieser Veränderungen habhaft zu werden gedenke. Dies schließt auch die strategische Herangehensweise und die Definition einer möglichst adäquaten Stichprobe mit ein. Abschließend präsentiere ich die verwendeten Daten.

3.1 Der Wandel des Beschäftigungssystems

Eine erste Hypothese, die Veränderungen betreffend, geht davon aus, dass die neuen managerialen Eliten, die hauptsächlichen Verfechter und Vertreter von Flexibilisierungen und Reorganisationen, die divisional gegliederten und hierarchisch integrierten Grossunternehmen zunehmend als ein Hindernis für effizientes Wirtschaften betrachten. Zum einen hätte die zunehmend individuelle und differenzierte Nachfrage nicht mehr durch Massenproduktion befriedigt werden können. Zum anderen habe die verschärfte Konkurrenz zwischen den Unternehmen den Rationalisierungsdruck erhöht. Auf diese Veränderungen hätten die Firmen mit einer *Verkürzung der Karriereleitern* reagiert (Bouffartigue & Gadea, 2000: 93) um die Organisationen zu verschlanken und zu entbürokratisieren. Je weniger die Angestellten hierarchischen Positionen zugeordnet sind, umso flexibler können sie neuen oder rapide sich verändernden Aufgaben zugeteilt werden. Die Reduktion der Anzahl hierarchischer Stufen stellt die Möglichkeit von Berufsverläufen mit regelmäßigen Promotionen ganz direkt in Zweifel. Es ist insbesondere damit zu rechnen, dass sich den jungen Karriereaspiranten weniger Opportunitäten bieten werden, sich in einer frühen Karrierephasen als künftige Manager zu empfehlen.

Eine zweite Hypothese sieht hierarchische Formen der Arbeitsorganisation durch *alternative Organisationsformen*, wie zum Beispiel Team- oder Projektarbeit ersetzt. Die Angestellten würden neu in multiplen und ununterbrochen sich fortsetzenden Projekt-Ketten arbeiten. Die projektleitende Person kann in parallelen oder nachfolgenden Projekten ohne weiteres ihren Projektmitarbeitern untergeordnet sein. Im Unterschied zu hierarchischen Stufen sind Projekte von beschränkter zeitlicher Dauer, nicht unmittelbar in vertikalen Begriffen klassifizierbar und auch selten als klar definierte Positionen angelegt. Im Vergleich zu bürokratischen Organisationen, in denen jeder Posten durch klar spezifizierte Aufgaben definiert war, bedeutend diese polyvalente Arbeitsorganisation eine wesentliche Richtungsänderung. In auf Teams und Projekten bauenden Organisationen sind die Kategorien weder klar, formal definiert noch von längerer Dauer und führen zu einer Individualisierung der Prüfungssituationen im Berufsverlauf, die mit einem Verlust an sozialer Sichtbarkeit und Legitimation einhergeht.

Die Vorhersagbarkeit und Sicherheit, die die klassischen Karrieren mitdefinierten, gehen so verloren.

Drittens wohnen wir, laut Boltanski und Chiappello, einer *Neudefinition der Beförderungsmechanismen* bei. Die Kriterien würden zunehmend auf individuell angepassten Bewertungsmethoden beruhen, ermöglicht durch neue Bewertungstechniken, die der Übertragung finanzbuchalterischer Methoden auf das Personalmanagement entspringen (Power, 1997). Dieses System erlaube es die exakte Produktivität einzelner Unternehmenseinheiten oder einzelner Arbeitnehmer zu messen, und die gewonnen Informationen den zentralen Entscheidungsinstanzen zugänglich zu machen. Für die Angestellten bedeute dies eine verstärkte Kontrolle. Diese Methoden würden die Erosion traditioneller Beförderungsmechanismen beschleunigen und dadurch zur Entstandardisierung der Karriereverläufe beitragen. Im Falle des Seniorität-Prinzip operierten die Unternehmen mit diskreten Thesen: je länger ein Arbeitnehmer in einer Position gearbeitet hat, desto grösser ist seine Erfahrung und sein Wissen bzw. desto bessere Leistungen erbringt er in einer höheren Position. Mit den neuen, individualisierten Messverfahren gibt man sich gegenüber solchen diskreten Leistungseinschätzungen misstrauisch. Daraus ergibt sich eine individualisierende Wirkung die mit den Karriereautomatismen bricht, die ab die in den 1930er zu einem Aufkommen und der Institutionalisierung von Aufstiegskarrieren geführt haben (König et al., 1985). Das gleiche gilt für die progressiven Entlöhungssysteme: heutzutage reflektieren die Saläre immer weniger regelmäßige Erhöhungen. Sie hängen von den aktuellen Leistungen ab. Auch die Voraussehbarkeit der Lohnentwicklung nimmt deshalb ab.

Autoren wie Sennett behaupten, die bürokratischen Großfirmen seien seit Mitte der 1970er dazu übergegangen, Dienstleistungen und Aufgaben auszulagern, die sie nicht mehr zu ihrem Kerngeschäft zählen (Sennett, 1998). Diese Auslagerungen würden beispielsweise Reinigungsdienste, Restauration oder Lagerung betreffen; aber auch Gebiete mit einem höheren Anteil an höher Qualifizierten wie Informatik, Controlling oder Personalverwaltung. Als Folge davon sei insbesondere der Bereich der Unternehmensdienstleistungen stark gewachsen: zum Beispiel die Beratungstätigkeiten in den Bereichen Management, Buchhaltung, Technologie oder Recht. Die Auslagerungen würden auch erklären, wieso in den 1980er zum ersten Mal seit dem frühen zwanzigsten Jahrhundert der Anteil der Grossunternehmen mit über 500 Angestellten abgenommen habe, während zugleich die Klein- und Kleinstunternehmen proportional an Bedeutung gewonnen hätten. Aus diesen Beobachtungen sind mehrere Konsequenzen für die Aufstiegskarrieren ableitbar: wenn Grossunternehmen verschwinden, dann verschwinden auch die langen Karriereleitern und damit die Karrierechancen. Neu geschaffene Netze von Klein- und Großfirmen würden nicht mehr

durch eine gemeinsame Firmenkultur zusammengehalten sondern durch buchal-
terische Bande gekittet: dies gilt beispielsweise für Holdings, also durch finanzielle Koordinationsmechanismen zusammengehaltene Unternehmensgebilde
(Boltanski & Chiapello, 1999).

Schließlich erwähnen bestimmte Autoren, dass die verschärfte Konkurrenz -
besonders in Branchen mit internationalem Konkurrenz- und Lohndruck - den
Umgang der Unternehmen mit dem Personal veränderten. Die so genannte Finanzialisierung der Wirtschaft trüge zu einem Verschwinden einer paternalisti-
schen, familienorientierten Firmenkultur bei (Williams et al., 2001). Weil auf
Grund der Liberalisierung der Finanzmärkte in den 1990er zunehmend institutionelle Investoren im Management von Firmen mitmischten, sei der Druck ge-
stiegen den Shareholder-Value - also die Erträge für das Aktionariat - zu steigern. Capelli beschreibt die Wirkung auf Karrieren wie folgt: *"New financial
institutions such as junk bonds made possible hostile takeovers of companies that
were not maximizing shareholder value. Any resources that companies may have
devoted to other causes, such as protecting employees from business risks, were
quickly transferred to the goal of the shareholder value"* (Capelli, 1999: 151).
Die Unternehmen rationalisierten also beispielsweise ihre Rekrutierungs- und
Entlassungspraktiken und wurden dabei zunehmen blind gegenüber informellen
Vereinbarungen zwischen Arbeitgebern und Arbeitnehmern. "Implizite Verträge" zwischen Unternehmen und Arbeitnehmern wurden aufgekündigt, die "soziale Verantwortung" über Bord geworfen. Als Folge davon könnten Aufstiegskarrieren, die häufig aufgrund solcher impliziten Verträge überhaupt erst zustande kamen, erodiert und einer eng buchhalterischen Logik geopfert worden sein.

3.2 Die Erosion des bürgerlichen Familienmodells

Das bürgerliche Familienmodell erreichte den Höhepunkt seiner Verbreitung und
seiner normativen Gültigkeit in den 1930ern und 40ern. Schon während und
unmittelbar nach dem 2. Weltkrieg stieg die Arbeitsmarktpartizipation verheirateter Frauen und Mütter an und die Hausfrauenfigur schien ihren einstigen Glanz
einzubüssen. Allerdings blieb die Arbeitsmarktpartizipation von verheirateten
Frauen vorerst den Arbeiterklassen vorbehalten; und der politische Kampf für
eine Überwindung des Hausfrauenmodells beschränkte sich in den 1950ern und
60ern auf eine kulturelle Avantgarde (Magnin, 2002).

Die 1960er und 1970er brachten eine Fortsetzung und gar Verstärkung des
Trends, der sich in den 1950er angekündigt hatte. Die kulturellen Umwälzungen
der späten 60er, der feministische Kampf und eine erhöhte Nachfrage des Arbeitsmarktes beförderten die graduelle Erosion des bürgerlichen Familienmodells

weiter; eine zumindest formale Besserstellung der Frauen konnte konstatiert werden. Obwohl das bürgerliche Familienmodell nicht von der Bildfläche verschwindet gesellen sich ihm, im Zuge der "Pluralisierung der Familienformen" (Widmer et al, 2003; De Singly, 1993) weitere Möglichkeiten der Familiengestaltung zur Seite. Der Anteil der verheirateten Frauen und Mütter, die aktiv am Wirtschaftsleben teilnehmen, nahm ständig zu und als Folge davon auch die so genannten „Dual-Earner" oder „Dual-Career" Paare (De Singly, 1993). Dies ist teilweise durch den steigenden Anteil von Teilzeitarbeit erklärlich, welche sich vor allem in der Schweiz zur typischen Form der weiblichen Arbeitsmarktpartizipation entwickelte (Sutter, 2005). Zweitens verlor das kulturelle Modell der Hausfrau nicht nur bei akademisch gebildeten Frauen, sondern auch bei einer weiter gefassten Mittelschicht seinen Charme. Während nicht arbeiten zu müssen im frühen 20. Jahrhundert eine Gabe der Mittelklasse Männer an ihre Gattinnen war, so wurde die Kategorie mit der Zeit abgewertet und ist heute gar zur Chiffre für ausgenutzte und kulturell zurückgebliebene Frauen geworden (De Singly, 1993: 95). In den 1960ern und 70ern stiegen außerdem die Scheidungs- und Trennungsraten dramatisch an. Ein wachsender Anteil von Familien konnte zu den "a-typischen" Familien gezählt werden, beispielsweise Alleinerziehende oder Patchworkfamilien. Im gleichen Zeitraum hatten sich die funktionalen Anforderungen an die Erfolgskarrieren kaum verändert: sie erforderten immer noch einen ausgeprägten zeitlichen und intellektuellen Einsatz und belasten die Karrierekandidaten auch emotional.

Es stellt sich die Frage, ob die Anforderungen sich verändernden Familienstrukturen an die Männer, die eine Aufstiegskarriere machen wollen, sich nicht zunehmend in die Quere kommen. Insbesondere jüngere Frauen könnten sich vermehrt gegen eine unausgeglichene Verteilung der Haushalts-Aufgaben und die alleinige Kindererziehung wehren und so die Familienvorstellungen traditionell ausgerichteter Karriereaspiranten untergraben, bzw. deren Wunsch einer Befreiung von der Familienarbeit verunmöglichen. Vielleicht sind aber die sozialen Aufsteiger nicht die ersten, die das bürgerliche Familienmodell tatwirksam in Frage stellen. Gerade weil - gemäß den verbreiteten Mustern der Homogamität und der weiblichen Hypogamität - deren Partnerinnen ebenfalls nicht den sozial privilegiertesten Schichten entstammen, akzeptieren diese die traditionelle Hausfrauenrolle vielleicht eher als andere Frauen. Denkbar sogar, dass Männer mit Karriereambitionen das "Problem" zu umgehen suchen, indem sie ihre Partnerinnen aus speziell traditionellen Milieus wählen. Oder ziehen es die Karrierekandidaten vor Single zu bleiben, bzw. die Familiengründung biographisch aufzuschieben bis gewisse wichtige Karriereentscheide gefallen sind und die erfordernisreichsten Phasen vorüber sind? Dies würde heißen, dass die Karrierekandidaten später als die durchschnittlichen Männer heiraten und ihre Kinder zu einem

späteren Zeitpunkt geboren würden. Es ist aber genauso vorstellbar, dass der
Willen beider Partner am Arbeitsmarkt zu partizipieren oder gar eine Karriere
anzustreben, zu Beziehungs-Konflikten oder zu Trennungen führt. Sind deshalb
die Trennungs- und Scheidungsraten von karrierewilligen Paaren höher sind als
jene des Durchschnitts?

3.3 Forschungsfragen

Der Wirtschaftliche Strukturwandel bildet den Ausgangspunkt der Theorien über
den neuen Kapitalismus. Es drängt sich auf, in einem ersten Teil zu erörtern wie
dieser im Falle der Schweiz verlaufen ist. Im Zentrum wird zuerst eine Diskussion der verschiedenen Krisen und ihr Einfluss auf die Aufstiegskarrieren stehen.
Muss auch für die Aufsteiger die Ölkrise der 1970er als ein markanter Einschnitt
verstanden werden? Oder war es erst die Krise in der Folge der Liberalisierungen
anfangs der 1990er, die die Gruppe erreichte? Ein zweiter Punkt betrifft die zeitlichen Verlaufsformen des Wandels: handelt es sich tatsächlich um einen plötzlichen und krisenhaften Umbruch? Oder können die Transformationen adäquater
als schleichender, ja unsichtbarer Prozess verstanden werden? Drittens geht es
um den Inhalt der Veränderungen: Haben sich die Karriereleitern verkürzt, können wir von einer De-kategorisierung der Arbeit sprechen? Verlieren die Großfirmen wirklich an Einfluss, halten neue Rekrutierungs- und Beförderungspraktiken Einzug? Mittels empirischer Analysen möchte ich eruieren, ob diese Veränderungen stattfinden und wie sie historisch eingebettet werden können. Zudem
möchte ich verstehen, was sie im schweizerischen Kontext – im Vergleich zum
französischen oder amerikanischen – tatsächlich bedeuten. Schließlich möchte
ich auch den Wandel der Familienstrukturen diskutieren, der, obzwar nur am
Rande Thema der Literatur des neuen Kapitalismus, nicht vernachlässigt werden
darf. Wie verändert sich das bürgerliche Familienmodell? Wie entwickelt sich
die Partizipation der Partnerinnen der Aufsteiger am Arbeitsmarkt und was bedeuten diese Veränderungen für die Karrieren der Aufsteiger? Welches sind die
Konfliktherde zwischen Karriere und Familienleben und wie äußern sie sich?
    Danach frage ich nach den Rhythmen und Sequenzen der objektiven Auf-
stiegskarriere. Ich interessiere mich insbesondere für deren Richtung, Regelmäßigkeit, Loyalität und Rhythmus. Dazu möchte ich eine Typologie von objektiven Karrieren bilden. Ich erörtere welche Typen sich als besonders regelmässig,
loyal oder erfolgreich auszeichnen. Bedingen sich Regelmäßigkeit und Loyalität
gegenseitig oder sind es voneinander unabhängige Phänomene? Es geht darum,
erste Vermutungen darüber anzustellen welche Faktoren die Regelmäßigkeit
oder den Erfolg von Karrieren beeinflussen. Zweitens möchte ich verschiedene

Kohorten herausarbeiten und die Regelmäßigkeit, Loyalität und den Erfolg ihrer Karrieren im zeitlichen Verlauf vergleichen. Dies wird mir dann erlauben auf die Auswirkungen einzugehen, die dem Strukturwandel seit den 1970er zugeschrieben wird.

Komplementär dazu bin ich an den subjektiven Karrieren interessiert. Ich möchte erfahren, wie Karriereziele entstehen und wann und wie die Aufstiegwilligen ihre Karriere in Angriff nehmen. Weitere Fragen betreffend der subjektiven Karrieren sind: in welche zeitliche Phasen teilen die Befragten ihre Karrieren ein und welche Ereignisse, Übergänge und Phasen halten sie für besonders richtungweisend? Diese Phasen können erklären in welchen biographischen Momenten die Aufstiege typischerweise stattfinden und von welchem Rhythmus sie geprägt sind. Schließlich will ich prüfen, ob diese Phasen und Rhythmen je nach Karrieretypus oder nach Kohorte variieren und wie diese Variationen erklärt werden können.

Ein dritter Fragesatz hebt auf die individuellen biographischen Deutungsmuster an. Welches sind die Projekte und biographischen Bilanzen der Aufsteiger? Ich interessiere mich für ihre Ambitionen, ihre Fortschrittsvorstellungen, ihre Zeit- und Rhythmusvorstellungen, sowie ihre Gerechtigkeitsprinzipien. Zweitens möchte ich den Wandel der Deutungsmuster im Verlauf der Biographie untersuchen. Bleiben die Deutungsmuster, einmal ausgebildet und stabilisiert, dieselben bis ins hohe Alter – so wie es das Konzept des Habitus suggeriert? Oder verändern sie sich im Rhythmus von wichtigen biographischen Ereignissen und Phasen? Haben strukturelle Faktoren, womöglich mit den wirtschaftlichen Umbrüchen zusammenhängend, einen Einfluss auf diese Deutungsmuster?

Die vierte Fragestellung zielt auf die wirtschaftlichen Umbrüche von 1970 bis 2000. Es sollen spezifische Muster der Betroffenheit identifizieren werden: welche Gruppen sind in welcher Art und Weise von den Krisen betroffen? Welches sind die Manifestationen dieser Betroffenheit? Handelt es sich um Arbeitslosigkeit, eine Abnahme der Regelmäßigkeit oder „nur" um ein diffuses Gefühl der Bedrohung? Welches sind die Charakteristiken der Karriereverläufe in der Krise gemäß Kohorte und Karriere-Typ? Welche Rolle spielen die soziale Herkunft der Aufsteiger und der wirtschaftliche Sektor? Wie interpretieren diese Gruppen das Geschehen, welches sind ihre typischen Reaktionsstrategien? Sind sie politisch oder psychologisch? Sind sie eher defensiv – um gewisse Standards und Privilegien abzusichern – oder eher offensiv und angriffig?

3.4 Forschungsstrategien

Karrieren wurden in der Soziologie oft als Nebenprodukt der Mobilitätsforschung studiert. Zugleich waren sie ein zentrales Forschungsfeld des symbolischen Interaktionismus. Mobilitätsforschung und Interaktionismus waren aber nicht nur durch unterschiedliche Fragen angetrieben, sondern entwickelten auch unterschiedliche Antworten was die Konzeptualisierung und Generalisierung von Sequenzialität betrifft.

3.4.1 Der individuelle Ansatz in der Mobilitätsforschung

Die amerikanische Mobilitätssoziologie, in den 1950ern durch Lipset und Bendix (1952; 1959) initiiert, war lange von der Idee des "status attainment" von Blau und Duncan (1967) dominiert.[7] Lipset und Bendix interessierten sich für die Mobilitätsraten und wollten die Offenheit einer Gesellschaft messen, indem sie "reine Mobilität" von "struktureller Mobilität" unterschieden (Lipset & Bendix, 1959). Mit dem Aufkommen der neuen Methode der Pfadanalyse, richteten die Forscher, insbesondere Blau und Duncan, den Blick auf erklärende Faktoren und Mobilitätsmechanismen. Mit der von ihnen verfochtenen status attainment analysis untersuchen sie, welchen Einfluss bestimmte Variablen (typischerweise der Status des Vaters oder der höchste erreichte Bildungstitel) auf das Erreichen eines bestimmten Berufsstatus haben und wie die Variablen den Einfluss der sozialen Herkunft modulieren (Blau and Duncan, 1967: 9).

Blau und Duncan definierten Karrieren als Berufs- oder Positionswechsel, die durch individuelles Erfolgsstreben, dem Streben nach "achievement", ausgelöst werden (Blau & Duncan, 1967). Sie gingen davon aus, dass Mobilität geschichtlich immer weniger von strukturellen Faktoren wie der Familie oder der Schule abhängen würde. Andererseits, beschrieben sie das Streben nach Erfolg und sozialem Aufstieg als eine Art anthropologische Grundkonstante des amerikanischen Wesens, tief im "american creed" verankert. Duncan und Blau konzeptualisierten die Sozialstruktur als eine graduelle, vertikale Schichtung von Berufspositionen. Aus der Kombination von Vertikalität und Berufspositionen

---

7   Erstaunlicherweise schrieb das erste ernsthafte Buch zur US-amerikanischen Mobilität Sorokin, ein damals erst kürzlich in die US eingewanderter Russe, dessen theoretische Ideen noch klar in der europäischen Soziologie wurzelten (Sorokin, 1927). Sorokins Mobilitätsmodell verbindet strukturelle und individuelle Faktoren und schreibt den reproduktiven Institutionen wie der Familie oder der Schule eine wichtige Rolle zu. Obwohl öfter als ein Meilenstein der Mobilitätsforschung bezeichnet, hatte Sorokin kaum Einfluss auf die weitere Entwicklung in Nordamerika (Cuin, 1993).

resultierte die Vorstellung der Karriere als einer individuell motivierten Bewegung entlang einer graduellen Berufsskala. Diese simple Modellisierung von Mobilität und Karriere erlaubte es ihnen, eine große Anzahl Individuen mittels nationalen Umfragen zu untersuchen (Blau & Duncan, 1967; Cuin, 1993). Im speziellen die Kategorisierung per Beruf, gestattete ihnen eine klare Einteilung jedes Individuums und eine national Standardisierung über die Volkszählungsdaten. Gleichzeitig brachte dieses Vorgehen ihnen eine Reihe von Kritiken ein, die meistens ihre Konzeptualisierung der Berufsskala betrafen. Kritiker monierten, dass Berufe allein keine sinnvolle Messung der sozialen Position einer Person sein können und dass die Bedeutung des Berufs in Abhängigkeit des Kontexts (Firmentyp, Branche oder die Professionalisierung der Berufsgruppe) stark variieren könne (Goldthorpe, 1985: 178). Zweitens kritisierten gewisse Forscher, dass in der Konzeption von Duncan und Blau der Aufstieg nur über individuelle Eigenschaften (soziale Herkunft, Bildungstitel oder ethnische Zugehörigkeit) beschrieben wird, ohne strukturelle Faktoren zu berücksichtigen.

Methodisch waren zwei Instrumente dominierend: die Mobilitätstabelle und die Pfad-Analyse. Beide stellen den Beruf des Vaters mit dem Beruf des Sohnes in Beziehung; und konfrontierten in einer intra-generationellen Perspektive die berufliche Position eines Akteurs mit seiner beruflichen Position zu einem späteren biographischen Moment. Dabei wurden Verläufe lediglich in Form eines Vergleiches von zwei biographischen Zeitpunkten betrachtet, wobei man den früheren als ursächliche Erklärung für den späteren gebraucht. Spilerman moniert deshalb: *"In that paradigm [...] little attention is given [...] to the linkages which exist among jobs; in short, work positions are not views as components of coherent career lines"* (Spilerman, 1977: 552).

3.4.2 Neo-strukturelle Repliken

Spätestens Mitte der 1970er sah sich die Status-Attainment-Theorie in ihrer Dominanz von strukturellen Theorien sozialer Stratifikation und Mobilität herausgefordert. Die Vertreter dieses Ansatzes plädierten dafür, soziale Mobilität wieder vermehrt strukturell zu erklären. Sie gruppierten sich grob gesagt um drei konzeptuelle Zugänge (Caroll and Mayer, 1986): soziale Klassen (Goldthorpe, 1980), segmentierte Arbeitsmärkte (Doeringer & Piore, 1971; Kalleberg & Sorenson, 1979; Althauser, 1989) und Organisationen (Baron & Bielby, 1980).

Die Klassentheoretiker richteten ihren Fokus auf die Formierung demographisch und soziokulturell homogener Klassen qua Mobilitätsprozesse. Ihre Methoden und Forschungsstrategien unterschieden sich nicht grundsätzlich von jenen, die Mobilität als individuell gesteuerten Prozess verstanden haben. Sie bedienten sich ebenfalls Mobilitätstabellen und log-linearer Modelle, ergänzt durch eine verstärkt klassentheoretische Interpretation (Goldthorpe, 1980; Erikson & Goldthorpe, 1992). Die Arbeitsmarktsoziologen, als zweite Denkströmung des neo-strukturalistischen Ansatzes, beobachteten eine Zweiteilung des Arbeitsmarktes (Kalleberg & Sorensen, 1979). Einer der Sektoren, würde hohe Löhne, bessere Arbeitsbedingungen und langfristige Karriereversprechungen bieten, während es dem zweiten Sektor an all diesen Eigenschaften mangele. Doeringer und Piore behaupteten, dass die Firmen für den so genannt primären Arbeitsmarkt Karriereleitern bereitstellen und es Arbeitnehmern erleichtern, sich in einer Stelle die notwendigen Kompetenzen anzueignen um nach einigen Jahren zur nächsthöheren Hierarchiestufe aufzusteigen (Doeringer & Piore, 1971: 58).

Die Organisationstheoretiker schließlich argumentierten, dass die Erforschung von einzelnen Organisationen es erlauben würde die mikro- mit den makrosoziologisschen Aspekten sozialer Mobilität zu verbinden. (Baron & Bielby, 1980: 738). Die diesem Ansatz folgende Beforschung von Organisationen zeichnet sich im Vergleich zur Klassen- oder Arbeitsmarktforschung durch eine grössere Vielfalt aus. Es war der einzige Ansatz der mit Karrieren als sequenzielle Abfolgen von Positionen arbeitete. Die Studien dieser Forscher beschränkten sich zwar oft auf einzelne Grossunternehmen oder Einheiten der öffentlichen Verwaltung, hantierten aber mit feineren Instrumenten und Kategorien (Gitelman, 1966; Spilerman, 1977; Van Maanen, 1977; Rosenbaum, 1979; 1984 Grandjean, 1981; Fligstein, 1987). Deshalb war es diesen Forschenden möglich Berufe und Hierarchieebenen in relationalen Begriffen zu verstehen. Sie konnten beispielsweise den Einfluss des Alters, des Dienstalters oder der informellen Faktoren (zum Beispiel soziale Beziehungen) auf den Aufstieg untersuchen; Mechanismen beschreiben, die dem analytischen Blick großer Umfragen zweifellos entgangen wären. Umgekehrt bedingten solche Untersuchungen eine Beschränkung auf spezifische wirtschaftliche Branchen, auf bestimmte Berufe, geographische Regionen oder Organisationen und verunmöglichten breitere Generalisierungen.

Der strukturellen Kritik des individuellen Mobilitätsansatzes gebührt das Verdienst, gezeigt zu haben, dass Karrieren nicht als individuell motivierte Bewegungen entlang einer eindimensionalen Karriereleiter verstanden werden können. Sie umschifften erfolgreich notorische Probleme im Umgang mit den Kategorien und der Sequenzialität der Karrieren. Je spezifischer die Kategorien wurden und je näher die Studien an den Unternehmen waren, desto mehr machten die Kategorien Sinn und desto mehr rückten die Karrieren wirklich als Sequenzen in den Blick. Zugleich hatten diese Analysen die Tendenz breitere Fragen der Karrieremobilität auszuschließen. Sie taten sich schwer ihre Befunde zu generalisieren, beispielsweise auch Karrieren zwischen Unternehmen in ihre Analysen einzuschließen. Resultat: Der strukturelle Ansatz verwandelte sich zunehmend in eine Organisationssoziologie, die individuelle Karriereverläufe aus dem Blick verlor.

3.4.3 Karrieren als Erbe der Chicago School of Sociology

Seit ihren Anfängen verstand es die Chicago School of Sociology die strukturellen mit den individuellen Aspekten der Karriere zu verbinden, ohne den sequenziellen Charakter von Karrieren zu verleugnen[8]. Der Karrierebegriff, eingesetzt um eine Reihe von Lebenslaufphänomenen zu konzeptualisieren, ist ein begrifflicher Nachfolger des "Life-History-Konzepts" und deshalb fast konstitutiv mit der Chicago School of Sociology verbunden (Thomas & Znaniceki, 1958 [1918]).

Auch wenn "Karriere" als ein allgemeines Konzept entwickelt wurde, mittels dessen diverse soziale Prozesse erhellt werden konnten, so waren es die Anwendungen auf Berufe und Professionen von Hughes und seinen Schülern, die am meisten Aufsehen erregten (Hughes, 1958). Der Beitrag von Hughes und seinen Erben war doppelt: einerseits schrieben sie Studien zu einzelnen Berufen und deren typischen Karriereformen. Beispiele sind hier Hall (1949) zu Karrieren von Medizinern, Becker (1952) zu Lehrern in Chicago, Becker, Geer, Hughes, und Strauss (1961) zu Medizinstudenten ergänzt durch eine Reihe etwas exotischer Studien zum Beispiel über Armeegeneräle (Reissman, 1956) oder Totengräber (Habenstein, 1955). Andererseits, versuchte die Gruppe um Hughes, vor allem in späteren Jahren, ihre Studien zu generalisieren und theoretisch anzureichern; die Arbeiten von Becker über Karrieremechanismen (1952), von Becker und Strauss (1956) über Karrieren und Sozialisation, und von Hughes (1958) zu Karrierephasen und "Turning points" seien hier genannt.

Anders als die Mobilitätstheoretiker dehnten die Soziologen aus Chicago den Karrierebegriff auch auf informelle, horizontale oder absteigende Bewegungen aus. In ihren Augen war die hierarchische Karriere nur einer unter vielen Karrieretypen. Deshalb machten es sich beispielsweise Becker und Strauss (1956) zu einer besonderen Herausforderung, die fehlende Wirklichkeitsnähe des in ihren Augen zu einfach gestrickten "bürokratischen Karrieremodells" von Mannheim oder Weber anzukreiden. Als Antwort auf deren rein formale Karrierekonzeption erwiderten sie: *"posts at any rank may be filled from the outside;*

---

8   Für eine reichhaltige Übersicht über die institutionelle und theoretische Entwicklung der Chicagoer Soziologie, siehe: Bulmer, 1986.

people get frozen at various levels and do not rise. Moreover, career movements may be not only up but down or sideways, as in moving from one department to another at approximately the same rank" (Becker & Strauss, 1956: 254). Und im Gegensatz zur Mobilitätsforschung, waren Becker und Strauss auch an den individuellen Interpretationen und Strategien der Akteure interessiert. Sie zeigten zum Beispiel, dass sozialer Aufstieg psychologisch schwierig zu verdauen sein kann. Beziehungsweise, dass längst nicht alle Amerikaner, wie dies die Mobilitätsforschung implizit insinuierte, ihr Leben der Suche nach Erfolg zu widmen gewillt sind (Becker & Strauss, 1956)

Im Vergleich zur Mobilitätsforschung war der Ansatz der Chicagoer Soziologen vorsichtiger und setzte bei den Individuen und deren Interaktionen an. Sie studierten einzelne Professionen in geographisch eingegrenzten Regionen anstatt mit großen, nationalen Stichproben zu hantieren. Dies bedingte eine andere Idee von Generalisierung. Barley erklärt: *"for Chicago sociologists, generalizability was initially a substantive rather than a statistical issue, valid theoretical assertions can only emerge from, and must therefore remain grounded in, an understanding of the particulars of a variety of settings"* (Barley, 1989: 46). Diese Methode erlaubt es nicht Proportionen und Häufigkeiten zu "berechnen". Sie setzt den Forscher aber in den Stand, soziale Mechanismen substantiv zu erklären und individuelle Interpretationen und Strategien für die untersuchten Felder zu generalisieren.

Methodisch behalfen sich die Chicagoer Soziologen ethnographischer Ansätze und biographischer Interviews. Im Kontrast zu einer vorgängigen und von den Forschern bestimmten Kategorisierung der biographischen Positionen, war es mit einem solchen Vorgehen möglich informelle Karrierephasen herauszuarbeiten, die auf den akteurseignen Interpretationen des Lebensverlaufes beruhten. Sorgfältig interpretiert, lieferten solche individuellen Interpretationen reichhaltige Informationen zum Zusammenwirken von sozialen Strukturen und individuellen Deutungen. Die narrativen Strukturen von Erzählungen - als historisch gewachsene Kulturform - schmiegten quasi automatisch den Erfordernissen einer sequenzgeleiteten Analyse an. Karrierenarrationen erlaubten es den Autoren Sequenzschemen zu bündeln und als Typen zu beschreiben (Kelle & Kluge, 1999).

Im Vergleich zur Mobilitätssoziologie ist die interaktionistische Tradition besser aufgestellt um sequenzielle Phänomene als solche zu verstehen. Andererseits vermochte die Idee einer "substantiellen" Generalisierung nur einen kleinen Teil der Disziplin zu überzeugen. In ihrer Beschränkung auf einzelne Professionen verpassten es die Autoren des Interaktionismus, ihre Befunde in einen grösseren strukturellen Kontext einzubetten und sie makro-soziologisch zu theorisieren. Oder anders gesagt: die Chicagoger Soziologen und ihre ideellen Erben verbanden ihre Karrierekonzepte kaum je mit Fragestellungen der sozialen Mobilität.

3.5 Methodologische Fortschritte

Die Aufspaltung der sich mit Karrieren beschäftigenden sozialwissenschaftlichen Forschung in eine mehrheitlich quantitative Mobilitätsforschung und eine qualitative Professionsforschung reflektiert den allgemeinen Methodentribalismus der Nachkriegssoziologie. Tief verwurzelten epistemologische und methodologische Divergenzen, drückten sich in Vorlieben der beiden Lager bezüglich der Stichproben, Methoden, Kategorien und Fragen aus. Diese Präferenzen beruhten häufig auch pragmatisch auf fehlenden Ressourcen oder logischen Inkompatibilitäten. Die Beschränkung auf einzelne Organisationen oder Professionen beispielsweise verbesserte die Trennschärfe der Kategorien - führte aber zu Generalisierungsproblemen. Der Gebrauch von großen Umfragen erleichterte statistische Generalisierungen - schwächte aber die Homogenität von Kategorien und erschwerte die Konzeptualisierung von Karrieren als Sequenzen. In den letzten Jahren wurden methodische Fortschritte erreicht, die entscheidend zur Entwirrung einiger für die Karriereforschung hartnäckigsten gordischen Knoten führen könnten. Zwei davon möchte ich in diesem Abschnitt vorstellen: die Sequenzanalyse und Mixed Methods Designs.

3.5.1 Sequenzielle Analysen von Karrieren

Die Sequenz-Analyse wurde ursprünglich in der Molekularbiologie entwickelt und zur Erforschung von Genom-Sequenzen verwendet. Ende der 1980er machte Abbott die Methode für die Sozialwissenschaften nutzbar (siehe auch: Abbott & Hrycak 1990; Chan, 1995; Aisenbrey 2000). Das Verfahren wurde schon für die Untersuchung einer Vielzahl von Phänomenen verwendet: für die Geschichte der Lynchmorde in den Südstaaten der USA (Stovel, 2001), die Karrieren von Musikern im Mittelalter (Abbott & Hrycak, 1990), für das Studium der Einstieg in den Arbeitsmarkt in England und Deutschland (Brzinsky-Faye, 2007), die Familienverläufe von Schweizer Männern und Frauen (Widmer et al., 2003), die Karrieren der Büroangestellten der englischen Lloydsbank (Stovel et al., 1996) oder für die Laufbahnen weiblicher Top-Manager (Blair-Loy, 1999). Doch wie funktionieren sequenzanalytische Verfahren und welche Bedeutung haben sie im Spannungsfeld von Mobilitätssoziologie und symbolischem Interaktionismus? Die Sequenzanalyse erlaubt es die Ähnlichkeit einer großen Zahl von biographi-

schen Abläufen zu berechnen und sie in Clustern zu organisieren. Die einzelnen
Sequenzen werden paarweise miteinander verglichen, indem die logischen Möglichkeiten ausgelotet werden, die nötig sind, um eine Sequenz mit möglichst
geringem Aufwand in die zu vergleichende Sequenz zu verwandeln. Dies geschieht durch drei mögliche Operationen: indem Zustände gelöscht werden;
indem Zustände eingefügt werden oder indem ein Zustand durch einen anderen
ersetzt wird. Nach dem Sequenz-Vergleich verfügt der Forscher eine Distanz-
Matrix, die die Distanzen zwischen allen Sequenzen angibt. Mittels einer
Cluster-Analyse können die Sequenzen sodann in Typen gruppiert werden. Im
Idealfall repräsentiert ein Cluster biographische Sequenzen, die auch sozial häufige und typische Verläufe abbilden.

Kürzlich wurden das Potenzial der Optimal Matching Analyse durch eine
Gruppe von Forschern an den Universitäten Lausanne und Genf entscheidend
gesteigert (Gauthier et al., 2008a; Gauthier et al., 2008b). Die so genannte *Multi-
Channel Sequence Analysis* vermag die Lebensverläufe des Individuums auf
mehreren Dimensionen zu erfassen. So können beispielsweise die Verläufe im
familiären und im beruflichen Feld gleichzeitig erfasst werden oder mehrere
Dimensionen eines beruflichen Verlaufes (die hierarchische Position, die Grösse
der Firma oder die Branche) zugleich analysiert werden. *"The goal is to compare
the channels of two individuals while taking into account the simultaneous con-
tribution of each pair of channels to the overall similarity between two individuals"* (Gauthier et al., 2008b: 6-7). Die Multi-Channel Technik ist ein wichtiger
Beitrag zur Entschärfung das Problem der Kategorisierung, welches Schatten
über viele Studien zur sozialen Mobilität wirft. Ein Beispiel: "mittleres Management" als Positionsbezeichnung kann vieles heißen und seine Bedeutung je nach
Kontext variieren (Baron & Bielby, 1980). Im heterogenen wirtschaftliche Feld,
sind es zwei Paar Schuhe, im mittleren Management eines kleinen Familienbe-
triebes zu arbeiten *oder* im ebenfalls mittleren Management einer großen, internationalen Versicherungsfirma. Nicht nur bezüglich des Salärs, sondern auch den
Machteinfluss, den Lebensstil, die Mobilitätsgewohnheiten oder die Zukunfts-
aussichten betreffend, können die scheinbar identischen Positionen unterschiedlicher nicht sein (Boltanski, 1982). Anders gesagt: ein einzelner Indikator der
sozialen Position wie der wirtschaftliche Sektor oder die Funktion sagt isoliert
betrachtet wenig über diese Position aus. Boltanski schreibt, *"Each of the dimen-
sions makes only sense related to all the others and everything happens as if the
genuine social sense could be compared to an implicit system of conditional
probabilities, allowing to cumulate and coordinate a very large number of small
pieces of information, which in an isolated state are not necessarily meaningful"*
(Boltanski, 1982: 377). Mit dem Multi-Channel Ansatz ist es möglich den mehr-
dimensionalen Raum als eine Konfiguration von Indikatoren zu begreifen und so

die Validität des Begriffes "Position" erheblich zu verbessern. Karrieren können dank dieser Methode als Sequenzen solcher Konfigurationen verstanden werden. Diese Sequenzen sind sozial bedeutungsvoller als die lediglich eindimensionalen Positionsabfolgen, mit denen sich die Karriereforschung bisher zufrieden geben mussten.

3.5.2 Integration qualitativer und quantitativer Methoden

Der erst in den letzten Jahren explizit als "Mixed-methods" apostrophierte Ansatz gehörte wohl konstituierend zu den modernen Sozialwissenschaften. Spätestens in den 1960ern jedoch, begann sich insbesondere die amerikanische Soziologie zunehmend zu tribalisieren und sich in geschlossene Segmente qualitativer und quantitativer Methoden auszudifferenzieren (Tashakkori & Teddlie, 1998). In den Sozial- und Kulturwissenschaften der letzten Jahre hat das Aufkommen interdisziplinärer Traditionen zu einer leisen Rückkehr der Kombination von qualitativen und quantitativen Methoden geführt. Eines der epistemologisch am Besten verankerten und überzeugenden Projekte in diesem Geist entstammt der interdisziplinären Lebenslaufforschung (Kluge & Kelle, 2001).[9]

Wie können qualitative und quantitative Methoden miteinander kombiniert werden? In traditionellen Modellen wurden qualitative Vor-Studien dazu verwendet die Dimensionen zu erkunden, die für die quantitative (Haupt-)Studie von besonderer Relevanz erschienen (Barton and Lazarsfeld, 1979, [1955]). Die Chronologie dieses Vorgehens umkehrend schlagen Kelle und Kluge einen Ansatz vor, bei dem statistische Umfragedaten den qualitativen Stichprobenziehungsprozess stützen und beispielsweise beim theoretischen Sampling erste Hinweise für die zu maximierenden Vergleichsdimensionen liefern (Strauss & Corbin, 1990). Dank der breiten Streuung der befragten Personen kann das Risiko verringert werden, für das Phänomen relevante Dimensionen nicht zu entdecken (Kluge, 2001: 47). In der Auswertungsphase können quantitative und quali-

---

9   In den letzten Jahren avancierte der so genannte „mixed method" Ansatz zu einem eigentlichen Trend, insbesondere in den amerikanischen Sozialwissenschaften. Eine grosse Zahl an Büchern und Artikeln wurden dem Thema gewidmet und wie kaum anders zu erwarten erscheint nun auch eine Zeitschrift die sich mit nichts anderem beschäftigt als mit "Mixed Methods". Als Beispiele für diesen Trend, siehe: Tashakkori & Teddlie (1998; 2003) oder Onwuegbuzie & Leech (2005). Im Vergleich zu diesen Systematisierungsbemühungen, halte ich die Beiträge von Kelle und Kluge für einsichtsreicher, insbesondere weil sie in tiefer gehende epistemologische Überlegungen eingebettet sind und konkret aufzeigen wie die Methodenkombination in der Lebenslaufsoziologie fruchtbar gemacht werden kann (für eine Übersicht über den Sonderforschungsbereich 186 zu Statuspassagen und Lebenslauf an der Universität Bremen, siehe: Heinz, 1991).

tative Forschungsresultate "konvergieren", "divergieren" oder sich ergänzen (Kelle und Erzberger, 2001). Zwei theoretische Behauptungen konvergieren, wenn eine quantitativ empirisch bestätigte Aussage von einer qualitativen empirischen Beobachtung bestätigt wird (oder umgekehrt). Eine solche Doppelbestätigung verstärkt sowohl die Gültigkeit der theoretischen Behauptung als auch der verwendeten Methoden und Daten. "Komplementarität" heisst, dass zwei Methoden verschiedene, aber sich ergänzende Aspekte eines Phänomens erhellen und dabei *„ein insgesamt vollständigeres und angemesseneres Bild erzeugen, als als es bei der Verwendung nur einer Methode entstehen würde"* (Kelle & Erzberger, 2001: 107). Eine solche Methodenkombination ist besonders hilfreich, wenn mittels quantitativer Verfahren zwar Assoziationsstärken zwischen Variablen berechnet, die zugrunde liegenden "Kausalmechanismen" aber nicht empirisch erklärt werden können. Um in einem solchen Fall ungeprüfte "Alltagsheuristiken" zu vermeiden, können qualitative Methoden ergänzend beigezogen werden, um die Präferenzen, Normen, Ziele oder Denkdispositionen der untersuchten Akteure offen zu legen (Kelle & Lüdemann, 1995). Quantitative und qualitative Daten "divergieren" schließlich wenn deren Befunde nicht übereinstimmen. Hier können die mit einer Methode gefundenen Erklärungen dazu benutzt werden, um die mit der anderen Methode generierten Befunde zu hinterfragen oder neu zu interpretieren. Im äußersten Fall kann fehlende Übereinstimmung zu einer Reformulierung der theoretischer Konzepte oder einer Anpassung der verwendeten Kategorien führen (Kelle & Erzberger, 2001).

3.6 Wie können Aufstiegskarrieren in der Schweiz erforscht werden?

Um mich den Aufstiegskarrieren in der Schweiz anzunähern, versuche ich die Stärken der Mobilitätsforschung mit den Stärken der Chicago School of Sociology zu kombinieren und beider Ansätze Schwächen mittels der eben präsentierten methodischen Innovationen zu mildern. Im Zentrum meines Vorgehens steht eine spezifische Sampling-Strategie: Ich untersuche eine Gruppe von Akteuren, die zu einem bestimmten biographischen Zeitpunkt den Wunsch äussern sozial aufzusteigen.

3.6.1 Forschungsstrategien

Für eine Untersuchung von Aufstiegskarrieren bietet es sich an, Personen zu befragen, die tatsächlich Karriereleitern erklimmen. In einem in der Elite-Soziologie gebräuchlichen Vorgehen würden für eine Analyse von Aufstiegkarriere eine Gruppe von Firmen ausgewählt (meistens die Top 500 oder die an der Börse kotierten Firmen) und dann sämtliche Mitglieder des Managements, der Direktion und des Verwaltungsrates dieser Firmen untersucht (Hartmann, 2002). In einer biographischen Perspektive ist dies indes problematisch: das Erreichen solcher höherer Positionen ist immer noch stark vom Alter abhängig. Eine ausschließlich aus Erfolgreichen zusammengesetzte Stichprobe würde sich deshalb auf Akteure jenseits von ca. 50 Jahren verengen. Ein Vergleich verschiedener Kohorten wäre nicht mehr möglich. Eine Beschränkung auf die größten oder die börsenkotierten Firmen würde aber auch den Blick auf das wirtschaftliche Feld verzerren, weil dann kleinere, traditionellere oder besonders diskrete Firmen nicht erfasst würden (Bourdieu, 1989). Insbesondere in der Schweiz, deren Wirtschaft durch eine Trennung internationaler Sektoren (Bankenwesen, Pharma- und Maschinenindustrie) von einer protegierten Binnenwirtschaft gekennzeichnet ist (König, 1996), riskiert man mit einer solchen Strategie wichtige strukturelle Spannungslinien zu ignorieren. Schließlich ist es für das Verständnis der Entfaltung von Karrieren nicht uninteressant jene mit einzuschließen, die trotz Ambitionen ohne Erfolg blieben. Der Blick auf ihre Irr- und Umwege kann das Verständnis der Mechanismen die zum Erfolg führen nur befördern. Aus all diesen Gründen versuche ich Aufstiegskarrieren zu verstehen, indem ich eine Gruppe von Akteuren untersuche, die zu Beginn ihres Berufsverlaufes den Wunsch äußern mittels einer Aufstiegskarriere sozial aufzusteigen.

Wie und wo lassen sich Leute mit Karriereambitionen finden? In bestimmten Organisationen, wirtschaftlichen Branchen oder Berufen? Inspiriert von Hughes und Co. argumentiere ich, dass es besonders aussichtsreich ist dafür spezifische Berufe in den Blick zu nehmen. Denn gewisse Professionen, so mein Argument, sind strukturell an eine relativ enge Auswahl von möglichen Karrierenverläufen gebunden. Aufstiegskarrieren verlaufen meist innerhalb typischer Aufstiegsprofessionen. Die Wahl eines Berufes sagt viel über die Identität der Aufwachsenden aus. Die Berufswahl reflektiert die Orientierungen und Werte des Milieus der Akteure und transzendiert sie in Zukunftspläne. Die auf einem Bildungsentscheid beruhende Stichprobe erlaubt es mir deshalb Akteure mit Aufstiegsambitionen auszuwählen. Indem ich auf Individuen mit bestimmten Berufen fokussiere, kann ich zudem deren Bewegungen durch die hierarchischen Positionen, Funktionen, Firmen und Branchen verfolgen und aufzeichnen wie sich ihre Karrieren im Laufe der Zeit ausdifferenzieren (Abbott & Hrycak, 1990). Dies ist entscheidend, wenn ich prüfen will, ob die Häufigkeit von bürokratischen Karrieren in einem einzigen Unternehmen sich historisch verändert.

Dieses Programm habe ich umgesetzt, indem ich zwei Berufe mit Tendenz zu einer aufsteigenden Mobilität ausgewählt habe. Laut Schnyder et al. (2005) besitzt die Mehrheit der Schweizer Manager und Wirtschaftsführer einen Ab-

schluss im Ingenieurwesen, in Wirtschaftswissenschaften oder Recht. Da die
Zahl der Manager mit einem Abschluss in Jura seit den 1980ern stetig abnimmt
(Barrial, 2006), konzentriere ich mich im Folgenden auf Ingenieure und Betriebswirtschafter. Beides sind numerisch und symbolisch von Männern domi-
nierte Berufe: der erste als eine tragende Stütze der Schweizer Industrie, letzterer
als ein Generalistenberuf im Servicesektor. Zudem können beide Berufe in der
Schweiz an "höheren Fachschulen" erlernt werden. Für diesen Bildungsweg
müssen die Akteure zuerst eine technische oder kaufmännische Lehre absolvieren und dann, meist nach ein paar Jahren Berufsausübung, an die höhere Fachschule zurückkehren. Mit dem an der höheren Fachschule erworbenen Titel hoffen die künftigen Ingenieure und Betriebswirtschafter ihre Chancen auf einen
sozialen Aufstieg zu erhöhen. Die Entscheidung eine höhere Fachschule zu besuchen erfordert die Bereitschaft, viel Zeit und Energie zu investieren. Deshalb
kann diese Wahl als eine ganz praktische Bestätigung der Aufstiegsambitionen
gewertet werden. Diesen Befund bestätigen die qualitativen Interviews: Die
befragten Ingenieure und Betriebswirtschafter kommen mehrheitlich aus bescheiden Familienverhältnissen, machen eine Lehre und fühlen nach ein paar
Jahren Berufspraxis das Bedürfnis *"weiter zu kommen"*.

3.7 Daten

3.7.1 Die FH Schweiz Umfrage

Für die Erfassung der Karrieren von Ingenieuren und Betriebswirtschaftern via
Fragebogen erschien es mir am Aussichtsreichsten, die Abgänger von höheren
Fachschulen über ihre Alumniverbände und Interessensvertretungen zu kontak-
tieren. Der Dachverband "FH Schweiz" mit seinen 26'000 Mitgliedern (Stand
2005) bot mir freundlich die Hand für die Realisierung dieser Befragung. Mit
dem Einverständnis des Geschäftsführers und des ehrenamtlichen Vorstandes
entwickelte ich eine Sampling-Strategie, die der Mitgliederstruktur der Vereini-
gung und den Möglichkeiten der Mitgliederdatenbanken gerecht wurde.

In einem ersten Schritt beschränkte ich die potentielle Stichprobe von
26'000 Mitglieder auf rund 15'000, indem ich bestimmte Gruppen ausschloss, die
das Sample verzerrt hätten oder deren Befragung einen unverhältnismäßigen
Aufwand verursacht hätte. Erstens betraf das die Gruppe jener die nach 1995
abgeschlossen hatten, ihre Karrieren waren zu kurz. Zweitens die Personen, die
nicht explizit als Ingenieure oder Betriebswirtschafter abgeschlossen hatten.
Drittens die Gruppe der Italienischsprachigen - um sie zu befragen hätte der
Fragebogen zusätzlich auf Italienisch übersetzt werden müssen. Einen tatsächli-

chen Rücklauf von etwa 1000 Antwortenden anstrebend, versandte ich den Fragebogen an 5000 Mitglieder von FH Schweiz. Wir entschieden uns den Fragebogen dem dreimonatlich erscheinenden Vereinigungsorgan "Inline" beizulegen. Nebst reduzierten Versandkosten bot diese Lösung den Vorteil, dass die Studie in einem eigenen kleinen Artikel angekündigt und erklärt werden konnte. Der Fragebogen lag der Augustnummer 2005 von Inline in französischer oder deutscher Version bei und konnte sowohl postalisch als auch per e-mail retourniert werden.

Die erste Sektion des Fragebogens[10] behandelt die Erziehungsverläufe: ich frage nach der Lehre, dem Fachhochschulbesuch, nach eidgenössischen Diplomen und eventuellen Universitätsabschlüssen. Der zweite und wichtigste Teil des Fragebogens hat den Berufsverlauf zum Gegenstand. Mit einem modular aufgebauten, kalendarischen Fragebogen zeichne ich jede einzelne Berufsetappe detailliert auf. Ich frage nach dem Beginn und dem Ende einer Etappe, nach dem Berufsstatus (angestellt, selbstständig, erwerbslos), der hierarchischen Position, der Firmeneinheit, der Größe der Firma und der Branche. Im dritten Teil geht es um das Familienleben: Ich erfrage jede längere Beziehung und die wichtigsten familiären Ereignisse - den Beginn der Beziehung, die Gründung eines gemeinsamen Haushalts, Heirat, Trennung, Scheidung oder gar der Tod des Partners. Zudem bitte ich die Antwortenden anzugeben, wie viele Kinder sie haben und in welchen Jahren diese geboren wurden. Ganz zum Schluss stelle ich einige Fragen zur sozialen Herkunft: ich wollte den höchsten Bildungstitel der Eltern, deren genaue Berufstätigkeit und Berufsstatus erfahren.

Trotz einem Reminder per E-mail erreicht die Rücklaufquote lediglich 9% (N=442). Diese tiefe Rate stellt die Repräsentativität und Generalisierbarkeit der Stichprobe in Zweifel und erschwert den Gebrauch von multivariaten Methoden. Der Hauptgrund für die tiefe Rücklaufquote ist sicherlich der Postversand, der die Ignorierung des Fragebogen einfacher macht, als dies eine direkte telefonische Anfrage tun würde. Zweitens ist dem Umstand Rechnung zu tragen, dass die meisten Ingenieure und Betriebswirtschafter viel beschäftigte Leute sind, die in ihrem Berufsleben mit einer Vielzahl ähnlicher Begehren konfrontiert werden. Drittens ist davon auszugehen, dass die nicht ganz alltägliche kalendarische Form des Fragebogens den einen oder anderen abgeschreckt hat. Die tiefe Antwortquote verbietet es mir für meine Stichprobe repräsentative Qualitäten zu reklamieren. Um ein besseres Bild von der Qualität der Daten zu gewinnen, vergleiche ich sie in der Tabelle 1 mit Daten der schweizerischen Volkszählung.

---

10   Die Rohdaten des Fragebogens wurden von Dominik Etienne digitalisiert. Sein Einsatz konnte dank eines Beitrages der „Fondation 450ème anniversaire de l'Université de Lausanne" finanziert werden. Ich danke der Fondation 450ème für ihre grosszügige Unterstützung und Dominik Etienne für seine sorgfältige Ausführung der Arbeit.

Tabelle 1:   Tabelle 1: Zusammensetzung der Stichprobe nach Geschlecht,
Kohorte und Erwerbsstatus

		Ingenieure		Betriebswirtschafter	
		FH Schweiz	CH Volks-zählung	FH Schweiz	CH Volks-zählung
Geschlecht	Männer	98.8%	96.7 %	79.9%	68.0%
	Frauen	01.2%	03.3%	20.1%	32.0%
Kohorte	50 +	34.2%	35.8%	09.6%	25.3%
	40–50	37.9%	29.2%	32.1%	29.0%
	30–40	28.0%	35.1%	58.2%	45.6%
Erwerbs-status	Angestellt	85.1%	79.9%	91.6%	86.9%
	Selbständig	14.9%	20.1 %	08.4%	13.1%

Quelle: FH Schweiz-Survey (2005) und Schweizerische Volkszählung (2000)

Die Repräsentation der Ingenieure im FH Schweiz Survey ist kaum verzerrt. Bei den Betriebswirtschaftern sieht es weniger erfreulich aus, hauptsächlich, weil die Frauen unterrepräsentiert sind. Dies kann den zwar bis zu einem gewissen Grad der Kategorisierung der Betriebswirtschaftern FH in der Volkszählung zuge-schrieben werden. Betriebswirtschaft wird in der Volkszählung seit einigen Jah-ren relativ breit gefasst und schließt auch stark feminisierte Berufe im Tourismus mit ein. Darüber hinaus umfassen die Volkszählungsdaten all jene, die einen FH Titel haben, während auf den FH Fragebögen nur jene (stärker maskulinisierte) Teilgruppe antwortete die tatsächlich berufstätig ist.

Es fällt weiter auf dass in der FH Schweiz Umfrage die Betriebswirtschafter über 50 Jahre zu wenig, und die jüngste Kohorte der Betriebsökonomen im Ver-gleich mit den Zahlen der Volkszählung zu stark vertreten sind. Die älteren Jahr-gänge fehlen, weil die Höheren Schulen für Wirtschaft und Verwaltung bis zu Beginn der 1970er von Verbänden und Privaten finanziert wurden und die Ab-gänger dieser Vorgängerschulen noch nicht in der FH Schweiz Stichprobe er-schienen.

Ich definiere im Voraus die Variablen "Geburtskohorte", "soziale Herkunft" und "Studiendisziplin": Die Geburtskohorte unterscheidet jene, die vor 1955 geboren wurden, von jenen, die zwischen 1956 und 1965 geboren wurden und einer dritten Gruppe die zwischen 1965 und 1975 das Licht der Welt erblickten. Die soziale Herkunft messe ich anhand des Berufes und des Erwerbsstatus der Eltern und kategorisiere sie entsprechend der von Joye und Schuler (1995) definierten soziokulturellen Kategorien. Die Variable Studiendisziplin schließlich unterscheidet die Betriebswirtschafter von den Ingenieuren.

3.7.2 *Volkszählungs- und Survey Daten*

Ergänzend zu den im FH Schweiz Survey erhobenen Daten arbeitete ich mit Daten der schweizerischen Volkszählung und mit denen der schweizerischen Arbeitskräfteerhebung (SAKE), zur Verfügung gestellt vom Bundesamt für Statistik. Die Volkszählung bietet einen auf einige wenige Variablen beschränkten Überblick über die in der Schweiz wohnhafte Bevölkerung von 1970 bis 2000, die SAKE behandelt vertieft das Erwerbs- und Arbeitsleben einer Stichprobe von 15'000 Personen von 1991 bis 2000.

Ab 1850 dokumentiert die schweizerische Volkszählung im Zehnjahresrhythmus die demographische, räumliche, soziale und wirtschaftliche Entwicklung der Schweiz. Sie ist obligatorisch und erstreckt sich auf die Gesamtheit der in der Schweiz wohnhaften Personen. Weil sie aber in erster Linie administrativen und politischen Zwecken dient, sind die Variablen recht grobkörnig und darum nicht immer auf die Bedürfnisse meiner Forschungsfragen abgestimmt. Zu den erhobenen Variablen gehören: Geburtsjahr, Geschlecht, Zivilstand, Nationalität, Religionszugehörigkeit und die Sprache. Als besonders nützlich erweisen sich das Bildungsniveau, der Erwerbsstatus und der ausgeübte Beruf.

Die schweizerische Arbeitskräfteerhebung hat die Aufzeichnung der Erwerbsstruktur und des Arbeitsverhaltens der schweizerischen Wohnbevölkerung zum Ziel. Sie wird seit 1991 jährlich bei ca. 16'0000 Personen im erwerbsfähigen Alter per Telefon durchgeführt. Die Erhebung beinhaltet Variablen wie den gelernten und den aktuellen Beruf, die Arbeitsbedingungen, die Charakteristiken des Arbeitgebers oder das Arbeitseinkommen. Die Fragen zum Erwerbsleben sind detaillierter als in der Volkszählung; indes umschließt das Sample lediglich 200 bis 300 Ingenieure und Betriebswirtschafter und erschwert deshalb Generalisierungen wie sie in der Volkszählung möglich sind.

3.7.3 *Biographische Interviews*

Zum Abschluss des FH Schweiz Fragebogens fragte ich die Ingenieure und Betriebsökonomen ob sie bereit wären an einem vertiefenden qualitativen Interview teilzunehmen. Aus den über 40% positiv Antwortenden wählte ich 30 Personen aus und führe mit ihnen ein zusätzliches Gespräch über ihre Karriere.

Auch in der qualitativen Forschung soll die Stichprobenziehung für die Garantie sorgen, dass alle theoretisch relevanten Dimensionen der Forschungsfrage abgedeckt werden. Statistische Repräsentativität ist nicht das Ziel. Es geht viel mehr darum, theoretisch relevante Verzerrungen zu vermeiden (Kelle & Kluge, 1999: 38). Gerade Zufallsstichprobenziehungen können bei kleiner Fallzahl zu starken Verzerrungen führen - deshalb bedarf es alternativer Methoden. In der vorliegenden Studie verwende ich eine Kombination von Stichprobenplan und theoretischem Sampling (Corbin & Strauss, 1990). In einem ersten Schritt benutze ich die mittels der Sequenzanalyse entwickelte Karrieretypologie als Stichprobenplan: von jedem Typus sollen vier bis fünf Mitglieder befragt werden. Danach und abhängig von der Zusammensetzung der einzelnen Typen gebrauche ich die Kohorte, die Disziplin und in einzelnen Fällen die wirtschaftliche Branche, um die Diversität *innerhalb* der Typen zu erkunden. Die folgende Tabelle gibt einen Überblick über das qualitative Sample und kreuzt es mit den Karrieretypen und der Geburtskohorte[11]. Im Anhang am Ende des Buches befindet sich eine kurze, anonymisierte Beschreibung aller interviewten Personen des qualitativen Samples (von #1 bis #30).

---

11   Die Verlaufs-Typen werden dann im folgenden Kapitel über objektive Karrieren vertieft erklärt.

Tabelle 2: Zusammensetzung der qualitativen Stichprobe nach Karrieretypus und Kohorte

	Kohorte			
	1966–1975	1956—1965	–1955	Total
Finanz-Banking-Karriere	#13, #22	#15, #21	--	4
Technisch-Industrielle-Karriere	#19	#9, #16, #18	#3, #14	6
Stabs-Karriere im Dienstleistungssektor	#2, #7	#11, #24	#17	5
Industrielle Management-Karriere	#5	#23	#12, #20, #28	5
KMU-Karriere	——	#26	#1, #4,	5
Finanz-Karriere	#6, #29	#8, #10	#30	5
Total	8	11	11	30

Qualitative Interviews sollen einerseits dem Gesprächspartner die Möglichkeit bieten, ungezwungen seine ganz persönlichen Ansichten zu äußern. Andererseits möchte der Forscher die Interviews miteinander vergleichen können und strebt deshalb eine gewisse Einheitlichkeit an. Um diesem Dilemma Herr zu werden, werden die Interviews meist sequenzialisiert: in einer ersten Phase gibt man dem Interviewten möglichst viel Freiheiten, während man in einer zweiten Phase mittels einer direktiveren Gesprächsführung die Aussagen zu vereinheitlicht sucht.

Die in der vorliegenden Studie angewandte Technik beruft sich auf das von Schütze (1983) propagierte "biographische Interview". Ich stellte den Interviewten zum Auftakt eine offene, biographische Frage, in der Hoffnung, diese würden ihre Biographie daraufhin erzählerisch aufarbeiten. Drohte der Erzählfluss zu versiegen, hielt ich die Ausführlichkeit der Erzählung nicht für angemessen oder wichen die Interviewpartner zu stark von der Ausgangsfrage ab, griff ich auf vier vorbereitete Frageblöcke mit jeweils spezifischeren Fragen zurück. Der erste Block dieses Leitfadens thematisierte den familiären Hintergrund, das Heranwachsen und die Ausbildung, der zweite hatte den Berufsverlauf zum Thema, der dritte behandelte die Geschichte der eigenen Familie und der letzte fragte nach der Zukunft. Blieben im Laufe des Gesprächs wichtige Fragen offen oder gewisse Erzählstränge unklar, forderte ich die Interviewpartner auf, den entsprechenden Punkt zu klären, zu ergänzen oder zu nuancieren.

Die Gespräche dauerten im Durchschnitt 75 Minuten, ihre Länge variierte zwischen 45 und 150 Minuten. Auch weil sie dem Gespräch explizit zugestimmt hatten, waren die Befragten im Allgemeinen sehr offen und erzählten ihre Geschichte ausführlich. Für eine Mehrheit ist die "Karriere" ein tägliches Thema und ein biographisch und identitätspolitisch essentieller Topos. Nur selten kam es zu einem harzigen Frage-Antwort Spiel.[12]

Qualitative Interviews müssen immer auch als soziale Interaktionen verstanden werden. Einerseits ist es von Bedeutung wie der Befragte den Interviewer wahrnimmt - denn das Geschlecht, das Alter, die Bildung, aber auch die dem Interviewer zugeschriebene soziale Position wird seine Aussagen mitbestimmen. Umgekehrt handelt und spricht auch der Interviewer nicht losgelöst von der Wahrnehmung, die er von seinem Gegenüber hat. Wichtig für die Haltung der Interviewten ist in der Regel, dass ich von einer Universität komme und darum als ein "theoretischer" und "abstrakter" Typ eingeordnet werden kann, dem man alles erklären muss. Außerdem präsentiere ich mich selbst als "Soziologe", als Angehöriger eine Profession deren Tätigkeitsprofil für die meisten Gesprächspartner lediglich unscharfe Konturen besitzt oder gar als "nutzlos" abgetan wird. Zuerst unabsichtlich und mit der Zeit bewusst nutze ich diese Rolle als "nutzloser, theoretischer Outsider". Denn als Outsider erklären mir die Befragten ihren Arbeitsalltag sehr detailliert und dicht und reagierten auch auf etwas banales Nachfragen mit Verständnis und Geduld; und mir als abstrakten Theoretiker gegenüber können sie offen sein, von ihren Enttäuschungen, Hoffnungen und Plänen ungezwungen berichten. Aufgrund Normen des Understatments ist es für sie nämlich problematisch mit dem unmittelbaren Arbeitsumfeld "ehrlich" und offensiv über Pläne und Ambitionen zu reden.

Mein analytischer Zugang zu den subjektiven Karriere-Daten folgt der Methode des biographischen Interviews (Schütze 1983). Die Analyse der biographischen Deutungsmuster beruht in ihren groben Zügen auf der von Glaser und Strauss entwickelten "Grounded Theory" (siehe auch: Strauss und Corbin, 1990).[13] Um die subjektiven Karrieren herauszuarbeiten, filtere ich zum Auftakt alle Abschnitte heraus, die den chronologischen Ablauf der Karriere und deren

---

12   Nicht sehr erstaunlich kam es im Gespräch mit einer der weiblichen Betriebsökonominnen zu einem solchen Frage-Antwort Spiel und mit einer zweiten weiblichen Gesprächspartnerin war ich nie sehr weit davon entfernt. Es ist nachträglich schwierig zu beantworten ob diesem meinen spezifischen Interviewverhalten, der Tatsache dass eine Frau von einem Mann befragte wurde oder der Tatsache dass "Karriere" für Frauen eben etwas anderes bedeutet als für Männer (und sich potentiell reale Karriereschwierigkeiten eben auch in Schwierigkeiten darüber zu reden verwandeln) geschuldet war.
13   Die qualitative Analyse erfolgte mit Hilfe des Software-Packages Atlas-ti.

Wahrnehmung zum Inhalt haben[14] . Ziel ist es zeitliche "Marker" zu identifizieren, die in der Perspektive der Befragten den Berufsverlauf in relevante Abschnitte aufteilen und die herausragenden Ereignisse benennen. Diese Marker
äußern sich in Begriffen wie *"schon"*, *"immer noch"*, *"plötzlich"*, bald in Wörtern
wie *"vorher"*, *"als ich jung war"* oder *"nach dieser Zeit"*. Auf diese Weise kann
ich für jeden Interviewpartner die subjektiven biographischen Phasen herausarbeiten. In einem nächsten Schritt vergleiche ich diese fallspezifischen Schemata
systematisch mit einander und fasse sie zu allgemeineren und abstrakteren
Schemata zeitlicher Strukturen zusammen (Schütze, 1983: 287).

In der Analyse der biographischen Repräsentationen behelfe ich mir der im
einleitenden theoretischen Kapitel skizzierten "sensitizing concepts". Im Kontrast zu einem induktiven Ansatz, wie ihn Strauss und Corbin verfechten, lese ich
die Interviews von Beginn weg mit den Linsen der Konzepte, die in der Literatur als typisch für die Aufstiegskarriere erachtet werden. Ich halte also Ausschau
nach Passagen die "Streben", "Zukunft", "Fortschritt" oder "Leistung" erörtern.
Indes ist dieser Analyse-Prozess weder linear noch ausschließlich deduktiv. Es
bedarf einem kontinuierlichen Ping-Pong zwischen Theorie und Datenmaterial:
gewisse empirische Befunde animieren mich die Theorie in spezifischer Richtung zu vertiefen; und deren Lehren wiederum lenken meinen Blick auf spezifische Aspekte und Zusammenhänge des Datenmaterials. Die Befunde werden
untereinander verglichen und in einen theoretischen Kontext gestellt. So gruppie-
re ich die untersuchten Phänomene in zunehmend abstraktere Kategorien und
entwickle ihre Charakteristiken und Dimensionen (Strauss & Corbin, 1990).

---

14   Dies entspricht der „formalen Textanalyse" bei Schütze (1983: 286) oder der den "séquences
de récit" bei Demazière und Dubar (2004: 115).

4 Wirtschaftlicher und sozialer Strukturwandel

Für die Autoren des neuen Kapitalismus geht die Krise aus dem Strukturwandel hervor. Ob dieser Strukturwandel ein Produkt von Elitestrategien (Boltanski und Chiapello, 1999) oder Folge veränderter Konsums- und Produktionsstrukturen ist (Senett, 1998), ist hier zweitrangig - wichtiger ist, dass die wirtschaftlichen Strukturen sich wandeln, die Auswirkungen hierarchisch in die Gesellschaft sickern und soziale Gruppen in sehr unterschiedlicher Form davon profitieren oder darunter leiden. An eine solche, vorläufig schematische Erklärung möchte ich hier anknüpfen und den Wandel der wirtschaftlichen und sozialen Strukturen ins Zentrum stellen. Zweitens gilt es zu kontextualisieren: die Analyse von Boltanski und Chiapello mag den französischen Kontext erhellen. Sennett beleuchtet den amerikanischen-, Urry und Lash den britischen Fall. Aber lassen sich deren Erklärungen und Befunde auf den schweizerischen Kontext übertragen?

Ich untersuche ich jene Institutionen, die historisch zur Entstehung der Aufstiegskarriere beigetragen haben: das Beschäftigungssystem mit ausdifferenzierten Großfirmen und das bürgerliche Familienmodell. Es gilt zu untersuchen wie diese Institutionen sich in den letzten 30 Jahren verändert haben und welche historischen Momente besonders entscheidend für den Wandel waren. Ich möchte aber noch näher auf die Schnittstelle zwischen Strukturwandel und sozialen Aufsteigern fokussieren. Wie sind die Betriebswirtschafter und die Ingenieure im Vergleich mit anderen sozialen Gruppen von den Veränderungen betroffen? Wie haben sich ihre Opportunitätsstrukturen aufgrund der wirtschaftlichen Umbrüche verändert?

Das Kapitel gliedert sich in zwei Partien: in einem ersten Teil porträtiere ich den wirtschaftlichen Wandel anhand der zentralen Hypothesen von Boltanski und Chiapello. Zudem werfe ich auch einen genaueren Blick auf die Auswirkungen dieser makroökonomischen Tendenzen für die Ingenieure und die Betriebswirtschafter. Ich untersuche ihre Zugehörigkeiten zu den wirtschaftlichen Branchen, den Verlauf ihrer Erwerbsquote und ihre Anstellungsverhältnisse. Im zweiten Teil studiere ich den Wandel der Familien: ich arbeite zuerst den allgemeinen Wandel der Familienstrukturen auf und untersuche dann, was dieser Wandel für die Ingenieure und Betriebswirtschafter bedeutete. Im Zentrum steht dabei die Frage wie das Aufkommen neuer Familienformen die männlichen Aufstiegsformen tangiert.

4.1 Der Wandel des Beschäftigungssystems

Die Struktur des Beschäftigungssystems hängt von den makroökonomischen Entwicklungen ab. Aus diesem Grund skizziere ich einleitend die wirtschaftliche Entwicklung der Schweiz seit 1970, und gehe im Besonderen auf die Krisen der 1970er und der 1990er ein. Danach versuche ich zu klären ob und wie die für Frankreich diagnostizierten Veränderungen sich in der Schweiz manifestieren. Ich untersuche ob auch hier die Karriereleitern verkürzt, ob Stellenprofile formal aufgeweicht wurden, ob große Firmen an Einfluss und Anteilen verloren und ob sich Anstellungs- und Beförderungsstrategien verändert haben.

4.1.1 Die wirtschaftliche Entwicklung seit 1970

Strukturell gesehen fiel der so genannte "Ölschock" in den Jahren 1974/75 in der Schweiz abrupter und schärfer aus als im Durchschnitt der OECD-Länder. Er fiel mit einem prononcierten Entindustrialisierungsschub zusammen (Levy et al., 1997). Gemäß den Sozialhistorikern Glig und Hablützel (1983) war die Krise einer Kombination von konjunkturellen und strukturellen Gründen geschuldet: Der Zusammenbruch der Bretton-Woods-Verträge zwang die Schweiz ein System flexiblen Währungsaustausches anzunehmen. Dies führte zu einem schnellen Anstieg des Wechselkurses des lange unterschätzten Schweizer Frankens (Gilg & Hablützel, 1983). Da die Schweizer Wirtschaft, im speziellen ihre Motoren, wie die Chemie oder die Maschinenindustrie, sich seit ihren Anfängen durch hohe Exportraten auszeichnet (um die 80%), traf der daraufhin einsetzende Abschwung der internationalen Nachfrage die Schweizer Industrie hart. Die schon damals geschwächten traditionellen Industriezweige - man denke an den einst führenden Textil-Bereich oder die holzverarbeitende Industrie - verloren weiter an Boden (Bergier, 1984). Der Preisanstieg für Rohstoffe nach 1973 beförderte diese Krisentendenzen weiter. Das Zusammenspiel dieser Faktoren führte zu einer im Vergleich zu anderen westlichen Industriestaaten verspäteten, dafür umso schärferen Wende hin zur Dienstleistungsgesellschaft (Levy et al., 1997). Insgesamt verlor die Industrie mehr als 300'000 Arbeitsplätze. Um diese gewaltigen Verluste abzufedern, schickte die Schweiz über 200'000 ausländische Gastarbeiter, meist unqualifizierte Fabrikarbeiter aus Südeuropa, in ihre Ursprungsländer zurück. Zudem ging auch die weibliche Arbeitsmarktpartizipation empfindlich zurück. Indem sie die Folgen der Krise auf diese zwei politisch machtlosen Gruppen abwälzte und gleichzeitig den "primären Arbeitsmarkt" schützte, gelang es der Wirtschaft die Krise aufzufangen und den Anstieg der Arbeitslosenquote einzudämmen. Der Bankensektor, inzwischen zu einer der

Stützen der Schweizer Wirtschaft herangewachsen, verlangsamte zwar sein Wachstum, wies aber auch in diesen Krisenzeiten wachsende Profite und Turnovers aus (Union des Banques Suisses, 1987; Gilg & Hablützel, 1983).

Im Vergleich zu den 1970er Jahren wirkte sich die Krise der früheren 1990er direkter und stärker auf die Organisation des Arbeitsmarktes aus. An ihrem Anfang stand eine Liberalisierung der globalen Kapital-, Güter- und Arbeitsmärkte. Diese führte sowohl in den Schweizer Banken als auch in der Industrie zu neuen Strategien und Strukturen: Der Schweizerische Bankensektor durchlief in den 1990er einen schnellen Konzentrationsprozess, in dessen Mittelpunkt eine Reihe von Akquisitionen und Fusionen standen. Diese Fusionen gingen mit internen Restrukturierungen einher. Die wichtigste der Restrukturierungen betraf die nationale Hauptsitz-Filialen Struktur, die zugunsten einer Organisation nach Sparten (wie zum Beispiel: „Asset Management", „Private Banking" oder „Investment Banking") aufgehoben wurde (Honegger et al., 2002: 78). Mit so genannten Allfinanz-Strategien versuchten die zwei Schweizer Grossbanken am lukrativen Investment-Banking-Geschäft in New York und London teilzuhaben - zuungunsten des traditionellen Zinsgeschäftes im Heimmarkt (nun „Retailbanking" genannt). Gleichzeitig veranlasste die im Zuge der Liberalisierung wachsende internationale Konkurrenz insbesondere exportorientierte Industriefirmen ihre Finanzierungsmodelle anzupassen. Diese beruhten seit den 1920er Jahren auf einer engen Verbindung mit dem Banksystem und funktionierte über Anleihen, die langfristige Strategien ohne unmittelbare Profiterfordernisse möglich machten. Ab den 1990ern griffen die Industriefirmen zunehmend auf Aktienbeteiligungen als Finanzierungsmethode zurück (Widmer, 2007). Die Börsenkapitalisierung der Schweizer Industrie stieg von 211 Milliarden um 1988 auf 1'100 Milliarden im Jahr 1998 (Mach, 2006). Dies löste konjunkturelle und strukturelle Veränderungen aus: Während in der zweiten Hälfte der 1980er Jahre des jährliche Wirtschaftswachstum noch 3% betrug, so fiel die Rate zwischen 1990 und 1998 auf unter 1% (Honegger et al, 2002). Anders als während des Ölschocks in den 1970er Jahren konnte aufgrund der veränderten Gesetzgebung nicht auf die Ausweisung ausländischer Arbeiter zurückgegriffen werden. Auch die Frauen waren kaum noch bereit sich aus dem Arbeitsmarkt drängen zu lassen. Als Konsequenz durchbrach die Arbeitslosenquote erstmals seit der Weltwirtschaftskrise in den 1930er die 5%-Schwelle - im Jahr 1998 allein wurden in der Schweiz über 290'00 Arbeitsplätze vernichtet (Honegger et al., 2002). Die Unternehmen begannen nun ihre Organisationsstrukturen radikal anzupassen. Arbeitsplatzverlegungen, Fusionen und interne Restrukturierungen waren typische Reaktionen. Neuartige Organisationsformen wurden erfunden, alternative Entlöhnungsmodelle eingeführt und unkonventionelle Karrieremodelle etabliert.

Die Unternehmen erhöhten auf diese Weise den Druck auf die verbleibenden Arbeitsplätze.

4.1.2 Kürzere Karriereleitern?

Haben die Großfirmen auch in der Schweiz die Karriereleitern durch eine Reduktion der Hierarchiestufen verkürzt? Moderne Großunternehmen sind komplizierte Gebilde, die in der Regel aus einer großen Zahl von Produktionsstätten, Filialen, Abteilungen, Teil- und Partnerfirmen bestehen. Zu bestimmen, ob die Anzahl der hierarchischen Stufen sich verringert oder vergrößert hat ist deshalb nicht einfach.

Einer der wenigen Versuche, Licht in diese Frage zu bringen, wurde von Levy et al. unternommen (Levy et al., 1997). Mit seinen Mitautoren nahm sich Levy der Frage aus einer individuellen Perspektive an, unterteilte die Hierarchiestufen in "oberes Management", "mittleres Management" und "Ausführende" und untersuchte wie sukzessive Kohorten von 35 bis 45 jährigen sich über die hierarchischen Level verteilen (Levy et al., 1997: 190). Er stellte fest, dass sich in der Periode von 1945 bis 1975 die Gruppe des mittleren und höheren Managements vergrößert hat. Von 1975 an beobachtete er eine Verringerung dieser Zahl, zugunsten der ausschließlich ausführend Tätigen. Levy und seine Mitautoren folgern deshalb: „*Ceci serait conforme avec l'idée d'un renforcement des rangs intermédiaires au cours de la phase principale de l'essor économique avec une amorce de retour en arrière sous le signe du "lean management" et le retour à des formes d'organisation plus décentralisées, ce qui tendrait aussi à accréditer la thèse selon laquelle l'implémentation des nouvelles technologies finit par polariser l'emploi de manière asymétrique en augmentant les fonctions peu qualifiées et en raréfiant les fonctions intermédiaires*" (Levy et al., 1997: 191).

Es gibt also mit den Beobachtungen von Levy et al. leise Anzeichen für eine Verkürzung der Karriereleitern auch in der Schweiz. Es gilt jedoch vorsichtig zu sein. Ebenso könnten ihre Befunde als eine langsame, kontinuierlichere Entwicklung interpretiert werden, die nicht von einem punktuellen Einschnitt wie der 1970er Krise abhängt. Mehr noch, es bleibt unklar, was sich überhaupt abgespielt hat und wie sich diese Entwicklung für die einzelnen Gruppen von Aufstiegswilligen konkret auswirkt. Genauso gut könnte es sein, dass sich proportional weniger Leute für die Plätze im mittleren und höheren Management bewerben oder, dass gewisse Gruppen (zum Beispiel jene ohne tertiäre Bildung) zunehmend aus dem Kandidatenpool für diese Posten gedrängt werden. Einen eindeutigen und historisch situierten Beweis für eine Verkürzung der Karriereleitern kann also mit diesen Daten nur schwerlich erbracht werden. Im besten Fall können wir schlussfolgern, dass eine Verkürzung der Karriereleitern nicht zu den wirklich bedeutsamen Veränderungen der Struktur schweizerischer Grossunternehmen der letzten Jahre zählt.

4.1.3 Entgrenzung von eindeutigen Stellenprofilen

Die Verfechter der Hypothese der Entgrenzung von eindeutigen Stellenprofilen gehen davon aus, dass organisatorische Hierarchien zunehmend durch Teamwork oder Projektarbeit abgelöst werden. Wiederum ist es diffizil diesen Wandel nachzuzeichnen. Der Entgrenzungsprozess und insbesondere dessen mögliche Auswirkungen auf Aufstiegskarrieren ist nicht einfach zu operationalisieren. Es wäre nötig die Veränderungen in einer geschickt zusammengestellten Auswahl von verschiedenen Unternehmen als teilnehmender Beobachter zu verfolgen. Solche Einsichten sind nur sehr selektiv verfügbar: Während zum Bankensektor einige Studien vorliegen (Honegger und Rychner (1998), Honegger et al. (2002) und Buss-Notter (2006), sind die Veränderungen in der Industrie nur punktuell dokumentiert. Lediglich die Transformationsprozesse in der chemischen Industrie wurden von Streckeisen (2008) untersucht. In diesen Studien ist allgemein wenig über Grenzen von Stellenprofilen und deren mögliche Bedeutungen für Karriereleitern zu erfahren. Es ist immer noch schwierig zu bestimmen, ob Projekt- und Teamarbeit flächendeckend in ganzen Sektoren Einzug hielten, sich auf bestimmte Firmen beschränkten oder lediglich in ganz spezifischen Abteilungen zum Einsatz kamen. Mehr noch, es ist nicht klar, wie sich zum Beispiel Projektorganisation und Hierarchie zu einander verhalten: Stehen sich diese als zwei gegensätzlich Prinzipien der Arbeitsorganisation gegenüber oder könnte es sein, dass im Rahmen von projektorientierten Organisationsformen Stellenprofile schlicht neu konfiguriert und dann wiederum zum Ausgangspunkt hierarchischer Karrierereformen werden.

Aufgrund fehlender zeitgenössischer Studien zur Entgrenzung von Stellenprofilen ist ein historisch angeleiteter Blick auf die Problematik verheißender. Geschichtlich ist es zweifelhaft, ob strikte Arbeitskategorisierungen und die Kristallisation von klar eingegrenzten sozialen Rechten und Pflichten in der Schweiz ähnlich ausgeprägt sind wie im französischen Kontext. Die französische Debatte über die Erosion des Status "cadre" (Boltanski, 1983; Bouffartigue, 2001b) kennt kein Äquivalent im schweizerischen Kontext. Man könnte gar sagen, dass die Figur des "Kaders", trotz des prominenten Platzes, den sie in den offiziellen statistischen Nomenklaturen einnimmt (Joye & Schuler, 1995), im schweizerischen politischen bzw. sozialwissenschaftlichen Diskurs über Sozialstruktur nie wirklich Wurzeln zu schlagen vermochte. Dies unter anderem auch,

weil die Idee, dass der Bildungstitel quasi-automatisch zu einer bestimmten beruflichen bzw. gesellschaftlichen Stellung berechtigt, in der Schweiz weniger
Verbreitung und Legitimität genießt. Gerade soziale Aufsteiger können als radi-
kalisierte Vertreter dieses Statusdenken ablehnenden Gesellschaftsverständnisses
gelten. Dies zeigt sich in den qualitativen Interviews eindrucksvoll: Die Karriereaspiranten geben sich als Praktiker und unterstreichen ihren Glauben an die
Leistungsorientierung damit, dass sie ihren Aufstieg ihren eigenen Leistungen im
täglichen Arbeitsleben zuschreiben - nicht irgendwelchem theoretischen Wissen
und Bildungstiteln, die sie gern auch als "Papierli" verachten. Insbesondere in
den ersten Karrierejahren beklagen sie sich über die ungebührliche Formalität
von Promotionsmechanismen, welche lediglich auf Titel basieren und der tatsächlichen Leistung zu wenig Beachtung schenken würden.

4.1.4 Der Niedergang traditioneller Großfirmen

Werden auch in der Schweiz die Großfirmen weniger? Und werden, weil ihre
strukturellen Träger erodieren auch die Aufstiegskarrieren rarer? Diese Fragen
lassen sich mit einem Blick auf die Entwicklung der Proportionen zwischen
Unternehmen verschiedener Größe beantworten. In der Regel beruhen Studien
zur Zusammensetzung der Unternehmenslandschaft auf einer Einteilung in
Großfirmen (500 +), mittelgroßen Firmen (50 - 500), Kleinfirmen (10 - 50) und
Mikrofirmen (1- 10). Der Anteil von Großfirmen an der Gesamtheit der Firmen
kann mit zwei Indikatoren angegeben werden: entweder über die Anzahl Großfirmen im Verhältnis zur Gesamtanzahl der Firmen. Oder über die Anzahl Mit-
arbeiter von Großfirmen im Vergleich mit der Gesamtmenge der in der Schweiz
Erwerbstätigen.

Von 1920 bis 1970 haben sich die Proportionen der Firmentypen kaum verändert (Glatthard, 1987; Levy et al., 1997; König et al., 1985). Ab den 1980er
Jahren scheinen sie allerdings in Bewegung zu geraten: Autoren wie Levy et al.
glauben eine Verringerung des Anteils der Angestellten in Großfirmen zu beobachten. Gleichzeitig hätten die kleinen Unternehmen, insbesondere die Mikro-
Unternehmen, an Gewicht gewonnen (Levy et al., 1997: 194). Diese Verschiebungen würden, so Levy et al., die verstärkten Auslagerungsbemühungen der
Unternehmen als Reaktion auf die Krise der 1970 reflektieren. Oder anders gesagt: ein Rückgang des Anteils der Grossunternehmen wäre damit zu erklären,
dass *"le renforcement de secteurs d'occupation postindustriels où la condition
d'indépendant est "endemique" (par exemple certains services aux entreprises),
une augmentation de cette condition dans les secteurs traditionnels, et pour une*

part moins importante une réponse précaire au chômage". (Levy et al., 1997: 195).

Neuere Daten rütteln allerdings an der Stichhaltigkeit dieses vermeintlichen Trends. Sie zeigen, dass seit den 1990er Jahren der relative Anteil von Großfirmen wiederum relativ stabil geblieben ist: Die Unternehmen mit mehr als 250 Angestellten beschäftigen weiterhin ca. 70% aller Schweizer Arbeiternehmer (Arvantis et al., 2004). Sie haben also offenbar trotz Auslagerungen und einem anhaltend starken Trend zur Dienstleistungsgesellschaft kaum Anteile verloren. Allfällige Veränderungen der Aufstiegskarriere wären also schwerlich auf den Niedergang der bürokratischen Grossunternehmen zurückzuführen.

4.1.5 Anstellungs- und Beförderungspraktiken

Aufgrund einer Finanzialisierung der Unternehmen und einer damit verbundenen Sharholder-Value-Orientierung, so eine weitere Hypothese, wurden die Anstellungs- und Beförderungspraktiken zunehmend quer zu bestehenden Karrierepfaden "optimiert". Neustrukturierungen würden unplanmäßige Versetzungen und kurzfristige Entlassungen möglich machen und führten zu einer Zunahme von Karrierebrüchen.

Obwohl davon auszugehen ist, dass sich die Anstellungs- und Beförderungspraktiken tatsächlich amerikanischen Hire-and-Fire-Strategien angenähert haben - was in der Öffentlichkeit zu einiger moralischer Empörung geführt hat - bedürfte eine solide Überprüfung dieses Wandels wiederum einer Reihe breit gestreuter und zugleich vergleichbarer ethnographischer Untersuchungen. Soviel wissen wir: die Schweizer Banken haben ihr Personal von 1990 bis 2002 um ca. 10%, von 119'000 Angestellten auf 104'000 reduziert (Buss-Notter, 2006). Nach Buss-Notter, die einen privilegierten Einblick in den Umstrukturierungsprozess einer Grossbank genoss, wurde dort beinahe jede Position und Funktion von Grund auf neu definiert. Mit einem so genannten "zero-based job-design" wurden *"alle Organigramme und Stellen gestrichen, alle Arbeitsverträge theoretisch aufgelöst und in der Folge im Rahmen eines Stellenbesetzungsprozesses neu vergeben"*(Buss-Notter, 2006: 36). Kein Wunder, dass in einer Umfrage des Schweizerischer kaufmännischen Verbands fast 50% der Bankangestellten ihren Job in Gefahr sahen und sich bezüglich ihrer beruflichen Zukunft unsicher fühlten (Honegger et al, 2002: 88). Im Gegensatz zu früheren Umstrukturierungen waren diesmal alle hierarchischen Ebenen von den Transformationen betroffen - vom CEO bis zur Putzfrau hatten alle um ihren Job zu fürchten, auch wenn die Betroffenheitswahrscheinlichkeiten abhängig von der hierarchischen Position stark variierten.

Ähnliche Tendenzen gelten auch für die Industrie. Der immer lauter er-
schallende Ruf nach kurzfristigen "Returns on Investment" führte auch in diesem
Sektor zu einer Beschleunigung der internen Restrukturierungen. Fallstudien der
Gewerkschaft GBI (Rieter, ABB, Sulzer, Ascom oder Alcan) zeigen auf, wie die
Firmen sich zunehmend auf die profitabelsten Einheiten fokussieren, weniger
profitable Einheiten verkaufen und die verbleibenden Kerngebiete kompletten
Umorganisationen unterziehen, um ihre Profitabilität zu steigern (FTMH, 1999).
In diesem Strudel der Umstrukturierungen nehmen die Firmen bei ihren Anstel-
lungs- und Beförderungspraktiken kaum mehr Rücksicht auf gentlemen'sche
Solidaritäten und paternalistische Gerechtigkeitsvorstellungen. Schweizer In-
dustriemanager zögern seit den 1990ern nicht mehr Karriereleitern nach ratio-
nalistischen Berechnungen zu kappen und neu zusammensetzen, wenn sie dies für
Besänftigung der Shareholder als nötig erachten.

4.2   Sich wandelnde Opportunitätsstrukturen?

Aufgrund der Schwierigkeiten die Hypothesen zum Strukturwandel fundiert zu
prüfen, wechsle ich in diesem Abschnitt die Perspektive. Anstatt den Strukturwandel institutionell nachzuzeichnen, versuche zu zeigen, was sich für die zwei
Berufsgruppen im Zuge der Krise verändert hat. Als erstes möchte ich auf die
sektoralen Verschiebungen der letzten 30 Jahre eingehen und schauen, wie die
Ingenieure und Betriebswirtschafter davon betroffen waren. Im Anschluss daran
zeige ich auf, wie sich die Erwerbslosigkeit bei den beiden Berufsgruppen entwickelt hat und überprüfe die Veränderungen ihren Erwerbsstatus betreffend.

4.2.1   Entindustrialisierung und der Aufschwung der Unternehmensdienstleis-
tungen

Um zu untersuchen wie die Ingenieure und Betriebswirtschafter vom späten aber
scharfen Trend zur Dienstleitungsgesellschaft in der Schweiz betroffen waren,
habe ich die Verteilung der beiden Berufsgruppen über fünf Wirtschaftssektoren
verfolgt. Auf diese Weise offenbaren sich die Sektoren der Ingenieure und Betriebswirtschafter, die Wechselmomente zwischen den Sektoren und die Unterschiede in den Sektorzugehörigkeiten der beiden Berufsgruppen.

Tabelle 3: Tabelle 3: Verteilung von Ingenieuren und Betriebswirtschaftern über Wirtschaftssektoren (1970 bis 2000)

	Ingenieure				Betriebswirtschafter			
	1970	1980	1990	2000	1970	1980	1990	2000
Industrie	47.1	43.0	33.1	29.9	24.8	20.2	16.6	13.7
Bauwirtschaft	27.0	12.9	11.4	10.7	3.5	1.9	2.7	1.6
Öff. und pers. Dienstleistungen	21.6	22.8	26.8	28.7	53.7	47.8	40.9	40.7
Banken und Versicherungen	1.2	1.5	3.4	4.1	12.3	17.2	20.9	23.3
Unternehmens-dienstleistungen	2.9	19.2	25.0	26.1	5.6	12.7	18.7	20.3
Andere	0.2	0.3	0.3	0.5	0.2	0.1	0.2	0.4

Quelle: Eidgenössische Volkszählung, 1970, 1980, 1990, 2000.

Die Ingenieure und Betriebsökonomen wechseln kaum in unmittelbarer und direkter Reaktion auf die Krisen zwischen den Sektoren; die Verschiebungen folgen mit Verspätung und können sich in einen relativ langen, dem "Krisenereignis" folgenden Zeitraum hinein dehnen. Trotzdem erweist sich die Periode zwischen 1970 und 1980 als reicher an sektoralen Bewegungen als die darauf folgenden Jahrzehnte. Die Krise der frühen 1990er Jahre äußert sich bei den Fachhochschulabgängern kaum in Form von Sektorwechseln.

Im Jahr 1970 arbeiten über 75% der Ingenieure entweder in der Industrie oder im Bauwesen. Bis zur Jahrhundertwende fällt dieser Anteil auf 40%. Das Ingenieurwesen erlebt also eine starke Tärtiarisierung. Der Bausektor geht vor allem zwischen 1970 und 1980 der Ingenieure verlustig[15], die Industrie im Laufe der 80er Jahre. Destination der Ingenieure ist in erster Linie der Unternehmensdienstleistungsbereich, welcher einen rasanten Aufschwung erlebt. Ein genauerer Blick zeigt, dass die Ingenieure sich fast exklusiv im Teilsektor "technische Beratung und Planung" konzentrieren und selten zu den wirklich lukrativen Tätigkeiten in der Unternehmens- oder Finanzberatung vorstoßen. Lediglich eine Minderheit der Ingenieure wendet sich dem Banken- und Versicherungsbereich zu.

---

15 Möglicherweise ist dieser Verlust einer Kodierentscheidung geschuldet: auch wenn man der schweren Krise der Bauindustrie in den 1970er Rechnung trägt, fällt auf dass die Beschäftigung von Ingenieuren in diesem Bereich stark rückläufig ist, währen der Teilbereich "Technische Beratung und Planung" gleichzeitig von 3% auf fast 20% anwächst.

Die Betriebswirtschafter wechselten kaum zwischen den Sektoren, sondern richten sich innerhalb des Dienstleistungssektors neu aus. Während 1970 mehr als die Hälfte im Bereich öffentliche und persönliche Dienstleistungen arbeiten, so sind es 1990 nur noch 40%. Die von den Betriebswirtschaftern gesuchten Sektoren sind das Banken- und Versicherungswesen (von 17% auf 23%) und, noch ausgeprägter die Unternehmensdienstleistungen, deren Anteil von 13% auf 20% stieg. Detailliertere Analysen zeigen, dass, während die Anteile des Versicherungssektors langsam aber stetig zunimmt (4.8 – 5.1 – 6.9 – 7.5), besonders viele Betriebswirtschafter zwischen 1970 (7.5%) und 1980 (12.1) ins Banking wechseln. Innerhalb der Unternehmensdienstleistungen gehören insbesondere die "Unternehmensberatung" und die "Finanzdienstleistungen" zu den prominentesten neuen Tätigkeitsfeldern für Betriebswirtschafter. Die Industrie hingegen verliert an Gewicht als Arbeitgeber für Betriebswirtschafter, die Baubranche beschäftigt gar zu keinem der untersuchten Zeitpunkte mehr als 3.5%.

4.2.2   Arbeitslosigkeit?

Die Arbeitslosenquote ist ein weiterer struktureller Indikator, der das Ergehen einer Berufsgruppe während einer Krisenzeit spiegelt. Aufgrund fehlender Daten zur offiziellen Arbeitslosigkeit, die nur jene erfasst, die bei den entsprechenden kantonalen Stellen als arbeitslos angemeldet sind, stütze ich mich auf einen Indikator von beruflicher Inaktivität. Ich untersuche die Anzahl Ingenieure und Betriebswirtschafter, die angeben nicht zu arbeiten[16]. Da gerade die Berufseinsteiger und die älteren Arbeitnehmer besonders durch Arbeitslosigkeit gefährdet sind, unterscheide ich die Berufsgruppen nach drei Altersklassen.

---

16   Weil die Erwerbslosenrate stark fluktuieren kann ist eine solche Darstellungsweise mit 10 Jahresintervallen nicht ideal. Leider stehen keine genaueren Daten zur Verfügung.

Abbildung 1: Inaktivitätsquote von Ingenieuren und Betriebswirtschaftern (1970- 2000)

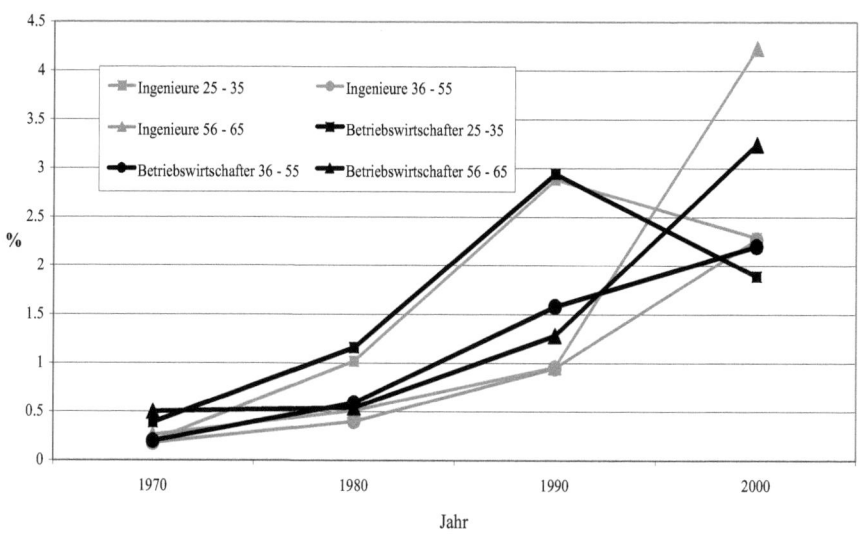

Quelle: Eidgenössische Volkszählung 1970, 1980, 1990 und 2000.

Die Inaktivitätsquote der Ökonomen und Ingenieuren liegt stets unter der amtlichen Arbeitslosenquote der Gesamtbevölkerung, obwohl diese enger gefasst ist. Zudem erweisen sich die vier Messpunkte der Volkszählung zeitlich nicht als sehr aufschlussreich um aussagekräftige Vergleiche zu ziehen - in den 1990er zog die Arbeitslosigkeit erst 1992 an und fiel dann gegen Ende des Jahrzehnts wieder auf relativ tiefe Werte zurück. Trotzdem können wir feststellen, dass die Inaktivitätsquote von Ingenieuren und Betriebswirtschaftern spätestens in den 1980er zu wachsen beginnt und sich der Trend in den 1990er fortsetzt. Im Besonderen die jüngeren und älteren Gruppen sind von Inaktivität betroffen, während die Arbeitsplatzsicherheit für die mittlere Kohorte ungleich besser ist. In den 1980ern und 90ern sind die Jüngeren, ab 2000 dann vor allem die Älteren betroffen. Die Inaktivitätsquote liegt mit 4% bei den Ingenieuren im Alter zwischen 55 und 65 in einem im schweizerischen Vergleich beachtlichen Bereich für gut ausgebildete Manager in technischen oder mittleren Positionen. Ich vermute, dass sie - zum Teil zumindest - Opfer von Optimierungsmaßnahmen, wie Entlassungen oder vorzeitige Pensionierungen, sind.

4.2.3 Neue Arbeitsverträge?

Ein weiterer Indikator für den Wandel im Arbeitsmarkt ist die Entwicklung der Anteile von atypischen Arbeitsformen. Als atypisch werden Arbeitsformen bezeichnet, die vom dominierenden männlichen Normalarbeitsmodell abweichen: befristete Verträge, unregelmäßige Arbeitseinsätze oder Arbeit auf Abruf. Dank der Schweizer Arbeitskräfteerhebung lässt sich das Verhältnis von befristeten und unbefristeten Verträgen von Ingenieuren und Betriebswirtschaftern im Zeitverlauf untersuchen. Eine Zunahme von befristeten Verträgen, die einer für ein Karriereprojekt unabdingbare Planung im Wege stünden, könnte als Zeichen dafür interpretiert werden, dass die Krise auch Ingenieure und Betriebswirtschafter ereilt. Die Datenreihe erstreckt sich über den Zeitraum von 1991 bis 2006. Es können "unbefristete Verträge", "befristete Verträge", "Selbständigkeit" und "anderen Erwerbsformen" unterschieden werden.

Abbildung 2:   Arbeitsverträge von Ingenieuren und Betriebswirtschaftern (1991-2006)

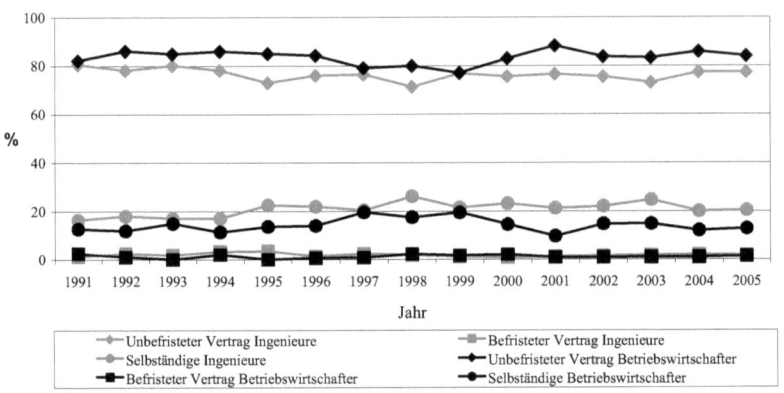

Quelle: SAKE, 1991-2006.

Die Ingenieure und Betriebswirtschafter sind kaum von befristeten Verträgen betroffen. Der Anteil an unbefristeten Verträgen verharrt vielmehr stabil auf einem hohen Level von fast 80%, während umgekehrt die befristeten Verträge deutlich unter einem Drittel verbleiben. Lediglich der Anstieg der Selbständigen in den 1990ern sticht hervor. Allerdings sinkt dieser Anteil bei den Betriebswirtschaftern nach der Jahrhundertwende wieder auf etwa 10%. Bei den Ingenieuren, wo etwa 20% selbständig sind, scheint der Trend sich zu verfestigen. Auch diese Zahlen zeugen davon, dass die Ingenieure von den Unwägbarkeiten der 1990er stärker betroffen sind als Betriebswirtschafter.

4.3 Der Wandel der Familienstrukturen

Die sozialhistorische Forschung hat gezeigt wie die wachsenden Mittelschichten im frühen 20. Jahrhundert anhob das bürgerliche Familienmodell zu imitieren (König et al., 1985). Die Ausdehnung dieses Modells auf weitere Kreise der Schweizer Bevölkerung wurde begleitet - und erleichtert - durch den politischen Kampf der männlichen Angestellten für einen Ausschluss von Frauen (insbesondere verheirateter Frauen und Mütter) aus dem Arbeitsmarkt (Wecker et al, 2001; Christe et al., 2005; König et al., 1985). Wenn wir davon ausgehen, dass die Anlehnung an das bürgerliche Familienmodell einer bestimmten Gruppe von Mittelklassemännern überhaupt erlaubte, Aufstiegskarrieren zu verfolgen, so müssen wir auch danach Fragen wie sich dieses bürgerliche Familienmodell zwischen 1970 und 2000 verändert hat und welches die daraus resultierenden Auswirkungen für die Aufstiegskarriere sind.

Vier Trends charakterisieren den Wandel der Familienstrukturen in der Schweiz von 1970 bis 2000: Erstens nimmt die Heiratsrate merklich ab. Im Jahr 1960 heiraten fast 95% aller Frauen (93% aller Männer) während es im Jahr 2002 nur noch 65% (respektive 60%) sind - ein guter Teil dieses Wandels ist der Zunahme unverheiratet zusammenlebender Paare geschuldet (Kellerhals & Widmer, 2005). Im selben Zeitraum steigt das durchschnittliche Alter zum Zeitpunkt der ersten Heirat bei den Frauen von 24 auf 29 Jahre an und von 26 auf 31 Jahre bei den Männern. Analog zu anderen westlichen Industrienationen erhöht sich auch die Scheidungsrate, insbesondere seit den späten 1960er Jahren. Im Jahr 1970 wurden 15 von 100 geschlossenen Ehen geschieden, 1990 waren es 33 von 100 und im Jahr 2002 40 von 100 (Kellerhals & Widmer, 2005). Drittens verringert sich auch die durchschnittliche Anzahl Kinder: die Fruchtbarkeitsrate geht von 2.44 im Jahr 1960 auf 1.4 im Jahr 2002 zurück (Kellerhals & Widmer, 2005). Schließlich setzt sich der schon in den 1960er Jahren beobachtete Trend einer verstärkten Arbeitsmarktteilnahme der Frauen in den letzten Jahrzehnten fort. Jedoch nicht auf lineare Weise: er beruht in erster Linie auf vermehrter Teilzeitarbeit der Frauen. Im Jahr 2001 sind 78% der Männer und 58% der Frauen aktiv im Arbeitsmarkt. Nur jeder zehnte Mann arbeitet aber Teilzeit, während es bei den Frauen fast 50% sind (Falter et al., 2001).

4.3.1 Karriere und Partnerwahl

Um die - anhaltende? - Affinität der Mittelschichtsberufe Ingenieur und Betriebswirtschafter zum bürgerlichen Familienmodell zu bestimmen, untersuche ich das Bildungsniveau, den Erwerbsstatus und die Erwerbsrate ihrer Partnerinnen im Jahr 2005. Ich unterscheide drei Kohorten: jene, die zwischen 25 und 35 Jahre alt sind, jene zwischen 35 und 45, und die 45- 65 jährigen. Da ich mich für männliche Aufstiegsberufe interessiere, habe ich die Daten für deren Partnerinnen erhoben. In den Fällen in denen ich die - fast ausschließlich schweizerischen - Ingenieure und Betriebswirtschafter mit der männlichen "Durchschnittsbevölkerung" vergleiche sind die ausländischen Mitbürger nicht berücksichtigt.

Abbildung 3:   Bildungsniveau der Partnerinnen von Ingenieuren, Betriebswirtschaftern und der aktiven Gesamtbevölkerung (45–65)

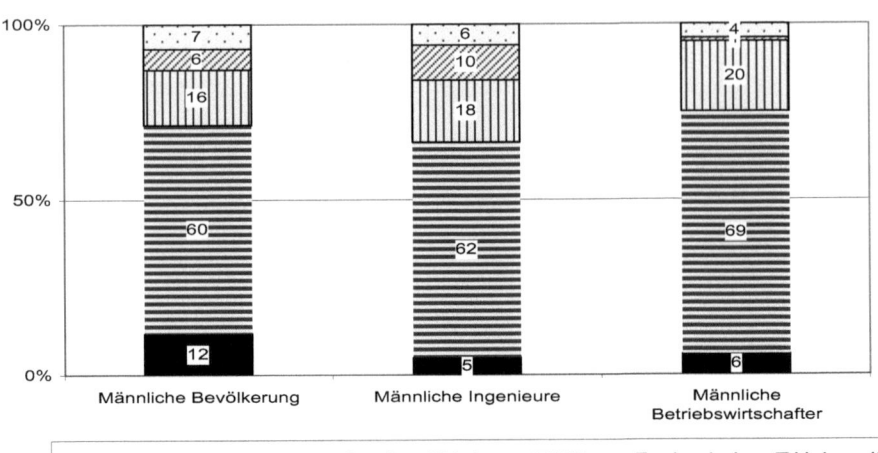

Quelle: SAKE, 2005.

Abbildung 3 illustriert die Verhältnisse für die Kohorte der 45 bis 65 Jährigen im Jahr 2005. Bei dieser Altersgruppe unterscheidet sich das Bildungsniveau der Partnerinnen von FH Ingenieuren und Betriebswirtschaftern nicht grundsätzlich von demjenigen der Partnerinnen der männlichen Durchschnittsbevölkerung. Die Partnerinnen der FH Abgänger scheinen zwar etwas häufiger eine Lehre, bzw. eine post-obligatorische Ausbildung (wie die Handelsschule oder das Lehrerseminar) absolviert zu haben. Davon abgesehen, sind die Unterschiede bescheiden; lediglich der geringe Anteil an höheren Ausbildungen unter den Partnerinnen der Betriebswirtschafter fällt ins Auge. Insgesamt sind die Frauen der Ingenieure und Betriebswirtschafter leicht weniger qualifiziert als sie selbst - sie brechen ihre Ausbildung selten nach der obligatorischen Schulzeit ab und besuchen ebenfalls selten die Universität. Wendet man die gleiche Analyse auf die Kohorte der 35 bis 45 Jährigen an, so sieht man dass, in absoluten Begriffen, mehr Partnerinnen über einen höheren Bildungsabschluss verfügen und damit einhergehend, ein kleinerer Anteil sich mit der obligatorischen Schule begnügt. In relativen Begriffen verändert sich im Vergleich zur älteren Kohorte wenig: das Bildungsniveau der Partnerinnen der Ingenieure und Betriebswirtschafter ist mit jenem der Partnerinnen der allgemeinen männlichen Bevölkerung vergleichbar. Ein Blick auf die jüngste Kohorte (25-35) bestätigt beide Befunde: das allgemeine Bildungsniveau erhöht sich, zwischen den Gruppen allerdings sind keine grundlegenden Verschiebungen auszumachen. Das Bildungsniveau der Partner von männlichen Ingenieuren und Betriebswirtschaftern ist also demjenigen der männlichen Durchschnittbevölkerung sehr ähnlich und hat sich in den letzten Jahrzehnten nicht wesentlich verändert. Im Kohortenvergleich ist lediglich eine absolute Anhebung des Bildungsniveaus festzustellen.

Zusätzlich vergleiche ich nun den Erwerbsstatus der Partnerinnen von Ingenieuren und Betriebswirtschaftern mit jenem der männlichen Universitätsabgänger, dem der Männer mit lediglich einem obligatorischen Schulabschluss und der männlichen Durchschnittsbevölkerung. Ich unterscheide dabei folgende Kategorien: "angestellt", "selbstständig", "Hausfrau/Mutter" und "andere Formen der Nicht-Erwerbstätigkeit". Der Miteinbezug von besonders gut bzw. besonders schlecht ausgebildeten Gruppen erlaubt mir ein genaueres Bild der Ingenieure und Betriebswirtschafter zu gewinnen.

Abbildung 4:   Erwerbsstatus der Partnerinnen von Ingenieuren,
                   Betriebswirtschaftern und aktiver Bevölkerung (45–65)

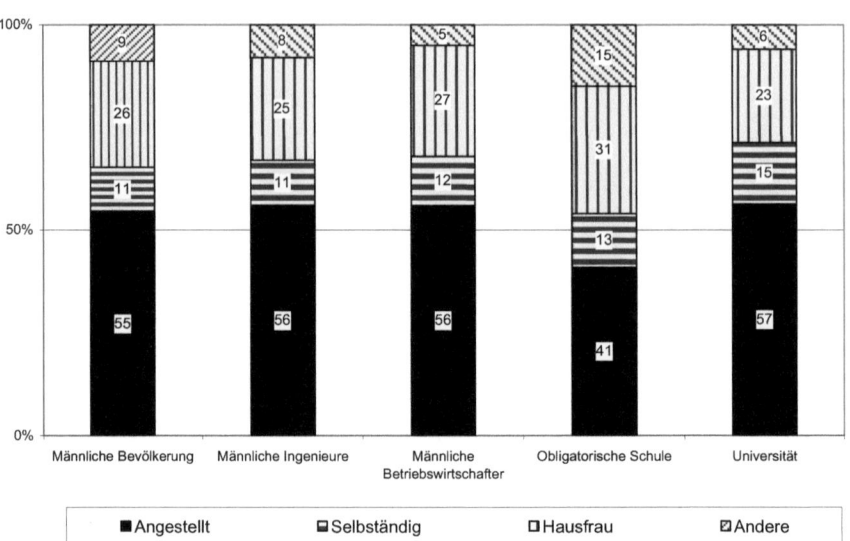

Quelle: SAKE, 2005.

In der ältesten Kohorte sieht die Verteilung des Erwerbsstatus der Ingenieure und
Betriebswirtschafter demjenigen der Partnerinnen der Universitätsabgänger und
demjenigen der Partnerinnen der durchschnittlichen männlichen Bevölkerung
sehr ähnlich. Lediglich die Partnerinnen derjenigen, die nur über einen obligatorischen Schulabschluss verfügen sind seltener erwerbstätig. Sie sorgen sich häufiger um den Haushalt bzw. die Kinder und sind auch aus anderen Gründen häufiger ökonomisch inaktiv. Diese Tendenz verändert sich im Kohortenverlauf nur
unmerklich: auch in der mittleren und jüngeren Altersklasse sind die Partnerinnen derjenigen mit obligatorischen Schulabschluss seltener erwerbstätig; in der
jüngsten Kohorte stellen wir zudem fest, dass die Partnerinnen der Ingenieure
häufiger als die aller anderen Gruppen erwerbstätig sind. Im Ausmaß viel signi-
fikanter als die Unterschiede zwischen den Gruppen sind die Unterschiede zwischen den Kohorten - oder wohl besser: zwischen den biographischen Phasen:
während die Frauen zwischen 25 und 30 zu fast 80% erwerbstätig sind, sinkt der
Wert auf ungefähr 60% für die mittlere und dann auf etwa 55% für die ältere
Kohorte.

Vielleicht erhellt ein Blick auf die Erwerbsrate der Partnerinnen die Frage nach dem bürgerlichen Familienmodell weiter. Ich untersuche dazu das Verhältnis von Voll- und Teilzeitstellen bei den Partnerinnen von Ingenieuren, Betriebswirtschaftern im Vergleich mit denjenigen von Personen mit obligatorischem Schulabschluss und Universitätsabgängern. Eine Vollzeitanstellung habe ich als eine wöchentliche Arbeitszeit von mehr als 36 Stunden definiert; Teilzeit entspricht einer wöchentlichen Arbeitszeit von weniger als 36 Stunden.

Abbildung 5: Erwerbsrate der Partnerinnen von Ingenieuren, Betriebswirtschaftern und aktiver Bevölkerung (45–65)

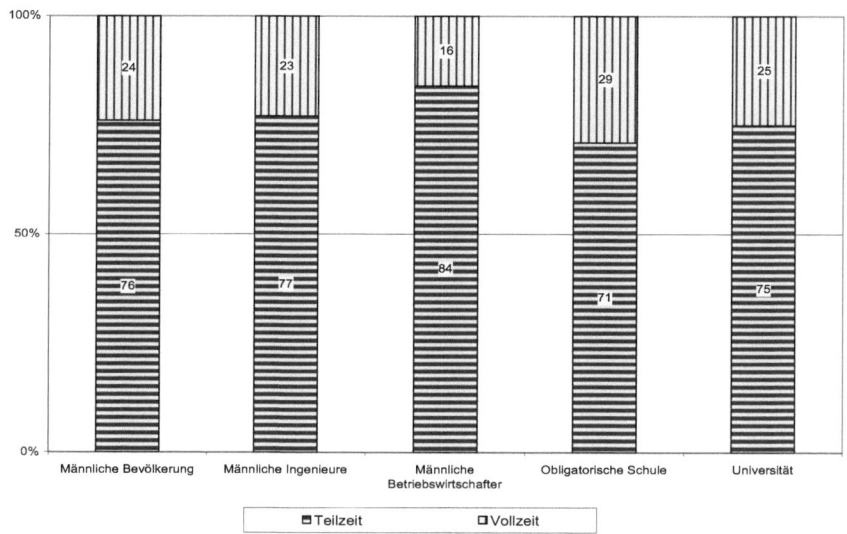

Quelle: SAKE, 2005.

Auch die Verteilung von Voll- und Teilzeitarbeit bei den Partnerinnen lässt die FH Ingenieure und Betriebswirtschafter kaum von anderen Gruppen unterscheiden. Über alle drei Kohorten hinweg sind ihre Partnerinnen nur marginal häufiger teilzeitbeschäftigt als die Partnerinnen der männlichen Durchschnittsbevölkerung, der Universitätsabsolventen oder der Männer mit obligatorischem Schulabschluss. Stark variierend ist hingegen der Anteil an Vollzeitbeschäftigten im Kohortenvergleich: die älteren Frauen arbeiten häufiger Teilzeit als die jüngeren. Wiederum ist es schwierig, an diesen Zahlen eine historische Entwicklung von biographischen Veränderungen abzulesen. Die Unterschiede sind sehr wahr-

scheinlich mit der - altersabhängigen - Position im Familienzyklus zu erklären
sind.

4.3.2   Zunehmende Konflikte zwischen Aufstiegskarriere und Familie?

Um zu verstehen, ob die Veränderungen der Familienstrukturen tatsächlich zunehmend zu Kollisionen zwischen Familie und Aufstiegskarriere führen, werfe
ich nun einen Blick auf die Entwicklung der Eheschließungen und Scheidungen
von 1970 bis 2000. Auch wenn Eheschließungen oder Scheidungen nur einen
begrenzten Teil heutiger Familienrealitäten abdecken und immer das Resultat
recht verwickelter Prozesse sind, nehme ich an, dass beruflichen Rahmenbedin-
gungen darüber entscheiden ob und wann eine Ehe geschlossen wird und ob
Konflikte entstehen, die zu Trennungen und Scheidungen führen. Ich unterscheide wiederum zwischen drei Altersgruppen: jene, die im Frühling ihrer Karriere
steht (25–35 Jahre), jene in der Mitte ihrer Karriere (35–45 Jahre) und diejenige
in der Spätphase ihrer Laufbahn (45–65). Zusätzlich zu den Ingenieuren und den
Betriebswirtschaftern untersuche ich vergleichend auch die wirtschaftlich aktive
Durchschnittsbevölkerung:

Tabelle 4: Familienstatus nach Kohorte für Ingenieure, Betriebswirtschafter und aktive Bevölkerung (1970–2000)

	AKTIVE BEVÖLKERUNG			INGENIEURE			BETRIEBSWIRT- SCHAFTER		
1970	L	V	V/G	L	V	V/G	L	V	V/G
25-35	23.0	74.9	2.2	22.5	76.0	1.5	35.1	60.8	4.0
36-45	11.2	84.7	4.1	4.8	92.5	2.7	17.6	74.5	7.9
46-65	11.9	77.6	10.5	3.3	92.9	3.8	17.1	70.4	12.6
1980	L	V	V/G	L	V	V/G	L	V	V/G
25-35	30.2	65.5	4.3	30.7	66.8	2.6	35.9	58.8	5.2
36-45	10.8	81.7	7.5	5.7	89.1	5.2	12.1	78.6	9.4
46-65	9.7	79	11.3	2.5	91.8	5,7	8.6	80.4	11.1
1990	L	V	V/G	L	V	V/G	L	V	V/G
25-35	40.2	56.5	3.2	45.6	52.7	1.7	47.8	49.3	2.8
36-45	13.8	77.1	9.0	10.1	84.0	5.9	14.0	76.9	9.2
46-65	8.7	77.7	13.6	3.1	88.7	8.2	7.1	80.9	12.1
2000	L	V	V/G	L	V	V/G	L	V	V/G
25-35	48.7	48.0	3.3	57.5	41.1	1.4	59.0	38.3	2.7
36-45	18.7	72.4	8.9	17.7	76.6	5.6	23.8	68.2	8.0
46-65	9.4	75.2	15.4	4.7	85.6	9.8	9.0	77.2	13.7

L= ledig; V= Verheiratet; V/G = Verwittwet und Geschieden; Quelle: Schweizerische Volkszählung, 1970, 1980, 1990, 2000

Die Daten bestätigen, dass die schweizerische Bevölkerung weniger oder später heiratet und sich häufiger scheiden lässt. Im Jahr 1970 waren 75% der Bevölkerung zwischen 25 und 35 verheiratet, während es im Jahr 2000 lediglich 48% sind. Für die Personen im Alter zwischen 36 und 45 verdoppelt sich der Anteil der Geschiedenen von 4.1% um 1970 auf 8.9% um 2000. Derselbe Anteil erhöht sich für die Altersgruppe 46–65 von 10.5% auf 15.4%.

Im Besonderen in der 3. Kohorte ist der Anteil der Verheirateten bei den Ingenieuren höher als bei der Durchschnittsbevölkerung und auch leicht höher als bei den Betriebswirtschaftern. Nicht weil sie häufiger heiraten, sondern weil sie sich weniger scheiden lassen. Das Heiratsalter der Ingenieure entwickelt sich bis ins Jahr 1980 ziemlich deckungsgleich mit demjenigen der Bevölkerung im Allgemeinen. Erst ab 1990 beginnt ihr Heiratsalter zu steigen - jedoch nun schneller als jenes der Gesamtbevölkerung. Ab dem Jahr 2000 ist die Gruppe der 25 bis 35 alten Ingenieure signifikant weniger verheiratet als der Durchschnitt und gleicht sich jenem der Betriebswirtschafter an. Es könnte also sein, dass die Zahlen Ausdruck von Reibungen zwischen Karriere und Familie sind, die sich vergrößern und auf die die Ingenieure mit einem Aufschub der Familiengründung - eher als mit innerfamiliären Konflikten und Scheidungen - reagieren.

Betriebswirtschafter zeichnen sich durch einen geringen Anteil von Verheirateten, kombiniert mit einem hohen Anteil von Ledigen und Geschiedenen aus. Auch wenn die Betriebswirtschafter im fortgeschritteneren Alter nicht weniger verheiratet sind als die Bevölkerung im Mittel, so sind sie in der Kohorte der 25 bis 35 Jährigen immer zu einem geringeren Teil verheiratet. Ins Auge springen auch die konstant hohen Anteile von geschiedenen Betriebswirtschaftern. Auch wenn diese Zahl im Vergleich in den 1970ern besonders groß gewesen ist und sich der Unterschied seither verringert hat, so weisen die Betriebswirtschafter auch im Jahr 2000 in allen Altersgruppen eine signifikant höhere Scheidungsrate auf als Ingenieure. Da der soziale Hintergrund der Partnerinnen der Betriebsökonomen demjenigen der Ingenieure stark gleicht, können wir vermuten, dass diese Unterschiede mit unterschiedlichen Vereinbarkeiten von Beruf und Familie zu erklären sind.

4.4 Schlussfolgerungen

Die Befunde zum wirtschaftlichen und sozialen Strukturwandel weisen darauf hin, dass die Ölkrise der 1970er Jahre, obwohl nicht selten als historische Zäsur beschrieben, einen *höchst selektiven Einfluss* auf verschiedene Branchen und Arbeitnehmergruppen hatte. Es handelt sich um einen Entindustrialisierungsprozess, die ganz bestimmte Sektoren wie die Uhrenindustrie, die Maschinenindustrie, die Reste der Textilindustrie und das Bauwesen getroffen hat. Die schlecht Ausgebildeten, die Immigranten an den Rändern des Arbeitsmarktes und die Frauen trugen die Last der Krise: sie wurden aus dem Arbeitsmarkt und, im Falle der Immigranten, auch in ihre Heimatländer zurück gedrängt. Für die gut ausgebildeten, männlichen und schweizerischen Ingenieure und Betriebswirtschafter bedeutet die 1970er Krise in erster Linie eine *Neuverteilung der Arbeitsplätze* entlang den wirtschaftlichen Branchen. Die Ingenieure migrieren im Nachgang der Krise von den technischen Sektoren in den Dienstleistungsbereich. Für die Betriebswirtschafter verschieben sich die Gewichte *innerhalb des Dienstleistungssektors*: sie wechseln von Dienstleistungen mit niedriger Produktivität in lukrativere Bereiche wie die Geschäftsdienstleistungen und das Banken- und Versicherungswesen. Allerdings führt die Krise der 1970er weder zu einem Anstieg der Arbeitslosigkeit unter den Fachhochschulabgängern, noch tangiert sie den Status ihrer Arbeitsverträge. Die aufstiegswilligen Ingenieure und Betriebswirtschafter, so können wir vorsichtig vermuten, haben nur am Rande unter dieser Krise gelitten. Wie die Aufstiegskarriere als institutionelles Muster davon betroffen war ist zu diesem Zeitpunkt schwierig zu beurteilen - die Erörterung ihres objektiven Verlaufs im nächsten Kapitel wird darüber weiteren Aufschluss geben.

Die ökonomischen Verwerfungen zu Beginn der 1990er Jahre dagegen scheinen das langjährige und erfolgreiche Funktionsmodell der Schweizer Industrie grundlegend aus dem Lot geworfen zu haben. An mehreren Indizien lässt sich dieser Bruch ablesen: der Niedergang der "Alpenfestung" (Mach, 2006) weist darauf hin, dass die Tiefenstrukturen der wirtschaftlichen Verflechtungen und der Investitionsströme als Reaktion auf die Liberalisierungen des Güter- und Finanzmarkts grundsätzlich neu geordnet wurden. Diesen Umbruch illustrieren die Konzentrations- und Umorientierungsprozesse, die besonders prominent den Schweizer Bankenplatz, aber auch die führenden exportorientierten Industriezweige wie die Maschinenindustrie erfassten. *Auch die männlichen, schweizerischen Aufstiegskandidaten* bekamen den Wandel zu spüren. Einzelne ethnographische Studien zeigen dass Restrukturierungen zwar wiederum asymmetrisch gravierender für die schlechter Ausgebildeten, die Frauen und die niedrigen Chargen waren, grundsätzlich aber alle Hierarchiestufen in Mitleidenschaft zogen. Auch das mittlere und höhere Management. Bestätigt wird dieser Prozess durch den Anstieg der Erwerbslosenquote unter den Fachhochschulabgängern (insbesondere den Ingenieuren) und durch den kurzfristigen Rückgang von langfristigen Arbeitsverträgen.

Behutsam müssen das Ausmaß und die Langfristigkeit dieser Veränderungen in den 1990ern zu bewertet werden: die vorliegenden Daten erlauben es nur sehr begrenzt Zeichen für eine Verkürzung der Karriereleitern, eine Entgrenzung hierarchisch geordneter Positionen oder einem Rückgang von traditionellen Großfirmen zu finden. Die Verkürzung der Karriereleitern und die Entgrenzung klar definierbarer Positionen sind empirisch schwierig einzufangen, die wenigen verfügbaren Hinweise lassen nicht auf einen bedeutenden und eindeutigen Trend schließen. Der Bedeutungsverlust der Grossunternehmen wurde in den letzten Jahren ohne Zweifel überinterpretiert. Die für das Frankreich der 1980er Jahre beschriebenen typischen Umbrüche sollten nur mit großer Vorsicht in den schweizerischen Kontext übertragen werden. Es gilt das historische Erbe in die Interpretation mit ein zu beziehen: Die Frage der formalen Entgrenzung von Jobprofilen ist, im Gegensatz zum stark statusgeprägten Frankreich, in der Schweiz weniger akut; es gibt weniger öffentlich einklagbare Verbindungen zwischen Bildungstiteln und Berufspositionen. In den Augen der aufstiegswilli-

gen Ingenieure und Betriebswirtschafter genießen solche Vorstellungen wenig
Kredit. Sie betonen ihren Leistungswillen und streichen ihre praktischen Leistungen heraus um ihren Aufstieg zu legitimieren. Insgesamt bedarf es zusätzlichen empirischen Materials. Vielleicht können gewisse Lücken mit einem Blick
aus einer anderen Perspektive gefüllt werden: in diesem Sinne sollen die objektiven und subjektiven Karrieren in den folgenden Kapiteln noch genauer untersucht werden und Rückschlüsse auf den strukturellen Kontext gezogen werden.

Die geschichtliche Untersuchung der Vereinbarkeit von Familie und Karriere ergibt ebenfalls keine eindeutigen Resultate. Die Analysen des Bildungsniveaus, des Erwerbstatus und der Erwerbsrate der weiblichen Partnerinnen der
Ingenieure und Betriebswirtschafter ergeben keine signifikanten Unterschiede
(im Vergleich mit den Partnerinnen der schweizerischen Durchschnittsmänner).
Insgesamt reflektiert die Arbeitsmarktbeteiligung der Frauen von Aufstiegswilligen die Trends, die wir von 1970 bis 2005 für den Durchschnitt der Schweizer
Frauen beobachten können: Ein Anstieg des Bildungsniveaus und der weiblichen
Erwerbsbeteiligung, gekoppelt mit einem hohen Anteil weiblicher Teilzeitarbeit.
Dies entspricht in der Tendenz zwar einer Erosion des bürgerlichen Familienmodells. Zugleich ist der Abschied von der Hausfrauenrolle aber moderat und durch
Teilzeitarbeit und biographische Unterbrüche der Arbeitsmarktpartizipation
abgeschwächt. Ob diese Erosionen in den Paarbeziehungen der aufstiegswilligen
Ingenieuren und Betriebswirtschafter zu radikalen Reibungen zwischen einem
neuen Familienmodell und dem männlichen Anspruch nach Karriere geführt
haben ist fraglich. Die fragmentarischen Daten, mit denen wir das Beziehungs-
verhalten von Ingenieuren und Betriebswirtschafter vergleichend erörtern können, geben einige Hinweise auf eine höhere Scheidungsraten (bei den Betriebswirtschaftern) oder einen Anstieg des Heiratsalters (bei den Ingenieuren). Insgesamt lässt sich daraus aber kein homogener und schlüssiger Trend ablesen - zu
zahlreich sind die Unbekannten.

5 Objektive Aufstiegskarrieren

Struktureller Wandel, dies zeigen die bisherigen Befunde, ist nicht immer einfach zu fassen. Indem ich nun den objektiven Verlauf der Karrieren untersuche, wechsle ich den Blickwinkel auf den Strukturwandel. Vielleicht lässt sich der Wandel der Institutionen besser über die Spuren einfangen, die er in den Sequenzen von Positionen der individuellen Akteure hinterlässt. Anders gesagt: ich gehe davon aus, dass Veränderungen der Regelmäßigkeit, der Loyalität oder des Karriererhythmus als Indizen für einen Wandel der strukturellen Stützen der Aufstiegskarriere gelesen werden können. Die Studie der objektiven Aufstiegskarriere entspricht aber auch dem nächsten Mosaikstein in der empirischen Rekonstruktion des Theoriemodells, welches ich einleitend aufskizziert habe.

Objektive Karrieren beziehen sich auf die Abfolge der Positionen im Berufsverlauf. Sie verlangen also nach einer sequenziellen Beschreibung der Aufstiegskarrieren. Um diese Sequenzen und Rhythmen zu beschreiben definiere ich zuerst die essentiellen Karrieredimensionen und Positionen und konstruiere dann die Indikatoren um diese Konzepte zu operationalisieren. Dafür werde ich auf einen kalendarischen Fragebogen zurückgreifen, im Rahmen dessen 440 Ingenieure und Betriebswirtschafter zu den Etappen ihrer Karriere (Firma, Position, Funktion und Branche) befragt wurden. In einem weiteren Schritt werde ich die Karrieren mittels sequenzanalytischen Verfahren auf eine kleine Anzahl Typen reduzieren und sie nach Kohorten differenzieren. Sowohl für die Typen wie die Kohorten versuche ich anschließend die Regelmäßigkeit, die Loyalität und den Erfolg zu messen.

In einem ersten Schritt präzisiere ich wie ich Regelmäßigkeit, Loyalität und Erfolg definiere. Dem folgt die Optimal Matching Analyse und die Präsentation der der sechs Karrieretypen, die aus ihr hervorgehen: Finanz-Banking-Karrieren, Technisch-Industrielle-Karrieren, Stab-Karrieren im Dienstleistungssektor, KMU-Karrieren, Industrielle Management-Karrieren und Finanz-Karrieren. Anschliessend prüfe ich diese sechs Typen und danach die drei Kohorten auf Regelmäßigkeit, Loyalität und Erfolg und kann darauf einige vorläufige Thesen zum Verlauf der Karriere formulieren.

5.1 Regelmäßigkeit, Loyalität und Erfolg

Um die Regelmäßigkeit von Karrieren zu untersuchen greife ich auf die Operationalisierung von Wilensky (1961) zurück. Er unterscheidet zwischen horizontalen und vertikalen Karrierebewegungen und kreuzt diese Dimensionen der Karriere mit Angaben zu deren Regelmäßigkeit. Weil es hier in erster Linie um hierarchische Bewegungen gehen soll, verfeinere ich, ausgehend von Wilensky, die Kodierung der beruflichen Position und erhalte eine Typologie, die einem ordentlichen Aufstieg drei Alternativen gegenüber stellt: springende Aufstiege, Abstiege und horizontale Wechsel. Daraus lässt sich folgendes Schema ableiten: "ordentliche Aufstiege" (zur nächsthöheren Ebene), "springende Aufstiege" (eine oder mehrere Ebenen überspringend), "Abstiege" und "Wechsel von/zur Selbständigkeit". Die Tabelle 5 illustriert die Häufigkeit der Wechsel zwischen diesen vier Kategorien[17]:

Tabelle 5: Häufigkeit von Karrierebewegungen bei Ingenieuren und Betriebswirtschafter

	N	%
Ordentliche Aufstiege	433	64.8
Springende Aufstiege	85	12.7
Abstiege	94	14.1
Wechsel von/ zur Selbständigkeit	56	8.4
Total	668	100

Fast zwei Drittel der hierarchischen Wechsel sind Wechsel ordentlicher Natur. Sie entsprechen Aufstiegen hin zur nächst höheren Hierarchiestufe. Nur je 15% sind springende Aufstiege oder Abstiege und weniger als 10% der Wechsel sind Übertritte in die Selbständigkeit (oder eine entsprechende Rückkehr). Um diesen Indikator auf einzelne Individuen zu übertragen, konstruiere ich eine Quote, die das Verhältnis zwischen ordentlichen und unordentlichen Wechseln für den einzelnen Akteur beschreibt. Um Verzerrungen aufgrund unterschiedlicher Karrieredauer auszugleichen, dividiere ich beide Seiten durch die Anzahl der Karrierenjahre. Daraus ergibt sich eine Quote von 83% ordentlicher Wechsel.

Wechsel zwischen verschiedenen Stellen können entweder mittels der durchschnittlichen Verbleibsdauer in einem Job oder über die Anzahl der Stellen

---

17   Nicht Individuen, weil mehrere Wechsel pro Individuum möglich sind.

per standardisierter Zeitdauer gemessen werden (Caroll & Mayer, 1986). Ich verwende den Wechsel zwischen den Firmen, weil dieser Indikator besser mit anderen, zeitunabhängigen Messzahlen vergleichbar ist. Der Fragebogen behandelt jede Etappe des Berufsverlaufs einzeln. Am Anfang jedes Etappen-Moduls, frage ich die Ingenieure und Betriebswirtschafter, ob diese neue Etappe auch zu einem Firmenwechsel geführt hat. Die Antworten organisiere ich in den folgenden Kategorien: "Kein Wechsel", "ein Wechsel", "zwei oder drei Wechsel" und "vier oder mehr Wechsel".

Tabelle 6:   Häufigkeit der Firmenwechsel

	N	%
Kein Wechsel	35	8.0
Ein Wechsel	72	16.4
Zwei bis drei Wechsel	213	48.4
Vier oder mehr Wechsel	120	27.3
Total	440	100

Nur 8% der Ingenieure und Betriebswirtschafter haben die Firma nie gewechselt, 16% wechselten ein mal, fast 49% zwei oder drei mal und erstaunlicherweise fast ein Drittel viermal oder mehr ihren Arbeitsplatz. Dies bedeutet, dass Ingenieure und Betriebswirtschafter im Allgemeinen weniger treu und loyal sind, als es die Theorien des "Organization Man" suggerierten. Einen vertieften Einblick in die Entwicklung der Loyalität können allerdings nur Analysen geben, die zwischen verschiedenen Karrieretypen oder verschiedenen Kohorten unterscheiden. Für die weitere Analyse habe ich den Loyalitäts-Indikator wiederum bezüglich der Karrierelänge gewichtet[18].

"Erfolg" und "zeitlicher Rhythmus" sind der Messung ganz besonders widerstrebende Konzepte. Nicht zuletzt, weil sie relationaler und kontextueller definiert sind als Loyalität und Ordentlichkeit. Was in einem kulturellen Kontext, zu einer bestimmten Epoche als erfolgreich gilt kann zu anderen Zeiten oder in anderen Kulturen ganz anders eingeschätzt werden. Im konkreten Fall, davon ausgehend dass der Erfolg eng mit der hierarchischen Positionierung in den Unternehmen zusammen hängt, messe ich ihn mit dem Anteil der Individuen die

---

18   Obwohl es einer solchen Gewichtung bedarf, ist es möglich dass die Karrieren der jüngeren Kohorten als wechselhafter eingestuft werden als sie es über die ganze Dauer tatsächlich wären.

das technische Management, das mittlere Management bzw. das höhere Management erreicht haben. Ich nehme weiter an, dass diese Aufstiege, je früher sie im Karriereverlauf erfolgen, desto stärker von den Akteuren selber, bzw. von den sie beurteilenden Instanzen in den Unternehmen als "erfolgreich" eingestuft werden. Deshalb habe ich das durchschnittliche Alter beim Wechsel ins untere, mittlere bzw. höhere Management berechnet. Je jünger eine Gruppe anlässlich eines solchen Wechsel ist, desto erfolgreicher stufe ich sie ein.

Tabelle 7:   Häufigkeit der Hierarchischen Aufstiege und Alter

	N	%	Ø Alter
Unteres/ technisches Management	310	76.5	28.47
Mittleres Management	233	57.5	32.06
Höheres Management	131	32.3	34.12

Je höher die hierarchische Stufe ist, desto kleiner ist der Anteil der Ingenieure und Betriebswirtschafter die sie erreichen. Während mehr als drei Viertel das untere bzw. technische Management erreichen, dringen nur noch 57% zum mittleren Management und kaum ein Drittel ins höhere Management vor. Das Fortkommen in der Karriere wird durch einen von pyramidalen Firmenstrukturen geprägten Filter geregelt: Einer großen Anzahl von Stellen im unteren Management stehen nur wenige Abteilungsleiter und ein einziger CEO gegenüber. Das Durchschnittsalter beim Erreichen der jeweiligen Hierarchieebene verweist auf die stark chronologische Strukturierung der Aufstiege. Je höher die hierarchische Stufe, desto älter sind die Akteure, die sie erreichen. Man muss zuerst das untere Management erreichen, bevor man zum mittleren Management aufsteigen kann; bzw. man muss das mittlere Management erreicht haben, um sich Chancen für höhere Chargen ausrechnen zu können.

5.2 Karriere Typen

Seit Max Webers den Idealtyp als heuristisches Instrument (Weber, 1972 [1921]) verfochten hat sind Typologien ein bevorzugtes Instrument der Sozialwissenschaften, um Komplexität zu reduzieren und die Theoriebildung voranzutreiben (Kelle & Kluge, 1999). Optimal Matching ist eine Methode der Typenbildung, die speziell dazu geeignet ist, ein Dickicht von Biographieverläufen zu ordnen und auf diese Weise ihre Etappen, ihre Chronologie und Veränderungsmuster der

Analyse zugänglich zu machen (Abbott & Hrycak, 1990; Aisenbray, 2000). Im Gegensatz zu konventionellen Log-linear Modellen oder der Event History Analysis, können mit Optimal Matching die *chronologische Ordnung* und die *Dauer* der einzelnen Etappen über *ganze Karrieren* hinweg studiert werden. Beschränkt man sein analytisches Blickfeld auf eine einzige Organisation, so kann der Status einer Person relativ problemlos mit seiner hierarchischen Position gleichgesetzt werden. Karrieren in heterogenen sozialen Feldern hingegen basieren immer auf einer Kombination verschiedenster Kriterien (Baron & Bielby, 1980; Boltanski, 1982). Um diese zu evaluieren, bedarf es zusätzlicher Informationen zur Funktion, die diese Position abdeckt (ein Abteilungsleiter im Marketing, ist etwas anderes als ein Leiter der Controllingabteilung), zur Größe und dem Typ des Unternehmens (der Geschäftsleiter einer Sanitärinstallationsfirma mit 20 Angestellten, hat wenig mit dem CEO der UBS gemein) oder zur wirtschaftlichen Branche (die holzverarbeitende Industrie ist schwerlich mit der Versicherungsbranche vergleichbar). Die in den letzten Jahren entwickelte Multi-Channel Sequence Analysis erlaubt es, genau solche Kombinationen von Kriterien zu erfassen und Karrieren als Kombinationen von Positionen zu verstehen (Gauthier et al., 2008a; Gauthier et al. 2008b).

Die folgenden Dimensionen bilden das Rückgrat der Analyse: die wirtschaftliche Branche, die funktionale Einheit, die hierarchische Position und die Unternehmensgröße. Jede der vier Dimensionen wird in einer Weise codiert, die mir in der Folge erlaubt die sequentiellen Muster der Karrieren herauszuarbeiten. Die wirtschaftliche Branche codiere ich gemäß einer vereinfachten Version der Schweizer Wirtschaftsnomenklatur NOGA 2002. Sie umfasst die Kategorien "Industrie," "Bauwesen," "Öffentliche und persönliche Dienstleistungen," "Banken und Versicherungen," "Unternehmensdienstleistungen," und "Inaktiviätsperioden" (inklusive Ausbildungszeit). Die interne Funktion (die Betriebseinheit, in der ein Akteur arbeitet) unterteile ich in "Produktion" "Forschung, Entwicklung und Planung", "Marketing und Verkauf," "Informatik" "Personal," "Generaladministration," und "Finanzen und Controlling." Die berufliche Position folgt als einzige Dimension einem klar erkennbaren hierarchischen Muster und ist deshalb auch besonders zentral. Ich unterscheide zwischen "Fach- und Sachbearbeitern", "unteres und technisches Management", "mittleres Management", "höheres Management" und "Selbständige". Zur Annäherung des Unternehmenstyps schließlich, greife ich auf die Unternehmensgröße zurück[19]. Ich verwendete hier eine in der eidgenössischen Betriebszählung gebräuchliche Kategorisierung: „Mikro-Unternehmen" (1-10), „kleine Unternehmen" (11-50 Angestellte), „mittlere Unternehmen" (51-250) und „große Unternehmen" (250+).

---

19   Die Frage bezog sich explizit auf die Firma und nicht auf die Filiale oder den Standort.

Die Zuschreibung der Substitutions- und Streich-Kosten ist massgeblich für die Optimal Matching Analyse. Sie entscheidet über die Gruppierung der Sequenzen (Abbott & Hrycak, 1990; Aisenbrey, 2000; Gauthier et al., 2008a). Weil der Optimal Matching Algorithmus bei ungleich langen Sequenzen dazu tendiert die Länge der Sequenzen über zu bewerten, habe ich, wie dies in zeitgenössischen Studien Standard ist (Widmer et al., 2003), die Einfüg- und Streichkosten minimiert: 0.5 für allen vier Kanälen der Kostenmatrix. Für die Substitutionskosten erarbeitete ich für jede Dimension eine eigene theoretische Lösung. Die Kosten der Wechsel zwischen verschiedenen Positionen entsprechen dem Aufwand oder der vermuteten Schwierigkeit eines spezifischen Übergangs. So habe ich beispielsweise die wirtschaftliche Branche in einen Produktionssektor (Industrie und Bauwesen) und einen Servicesektor (öffentliche und persönliche Dienstleistungen, Unternehmensdienstleistungen, Banken und Versicherungen) aufgeteilt. Die Substitutionskosten für Wechsel zwischen diesen zwei Hauptsektoren setzte ich auf vier, diejenigen zwischen Branchenwechseln innerhalb der Sektoren auf zwei fest. Ähnliche Überlegungen leiteten das Vorgehen auch für die restlichen drei Dimensionen an.

Für die Gruppierung der Sequenzen mittels Cluster-Analyse verwendete ich die Ward-Methode[20]. Aufgrund statistischer und theoretischer Kriterien (geleitet von Prinzipien der "soziologischen Lesbarkeit" der Muster) entscheide ich mich für eine Sechs-Cluster Lösung. Diese separiert KMU-Karrieren als eigenständiges Cluster. Um die sechs Karrieretypen zu beschreiben bediene ich mich jeweils einer Abbildung, die die so genannten Verlaufstypen darstellt. Die y-Achse repräsentiert die prozentualen Anteile der Individuen eines Typs, die x-Achse bildet den zeitlichen Verlauf auf einer 25 jährige Spanne zwischen 20 und 45 Jahren ab. Die Abbildung zeigt den Anteil der Individuen die zu einem bestimmten Alter eine bestimmte Kombination von Zuständen auf den vier Dimensionen einnehmen. Da es sich um eine Multi-Channel Analyse handelt, ist jeder Karrieretyp durch vier verschiedene Abbildungen dargestellt. Diese repräsentieren die wirtschaftliche Branche, die funktionale Einheit, die hierarchische Position und die Firmengröße und müssen zusammen gelesen werden.

---

20   Dieser Algorithmus maximiert gleichzeitig die Varianz zwischen den Cluster und verringert die Unterschiede innerhalb der verschiedenen Cluster. Verglichen mit anderen Zuteilungsmechanismen schafft er in der Regel eine kleine Anzahl Cluster mit einer gleichmässig verteilten Anzahl Mitglieder. Das Verfahren nicht sehr sensibel für kleine Sondergruppen, fängt aber die wichtigsten Tendenzen zuverlässig ein.

Abbildung 6:   Finanz-Banking Karrieren (n= 74, 16.8%)

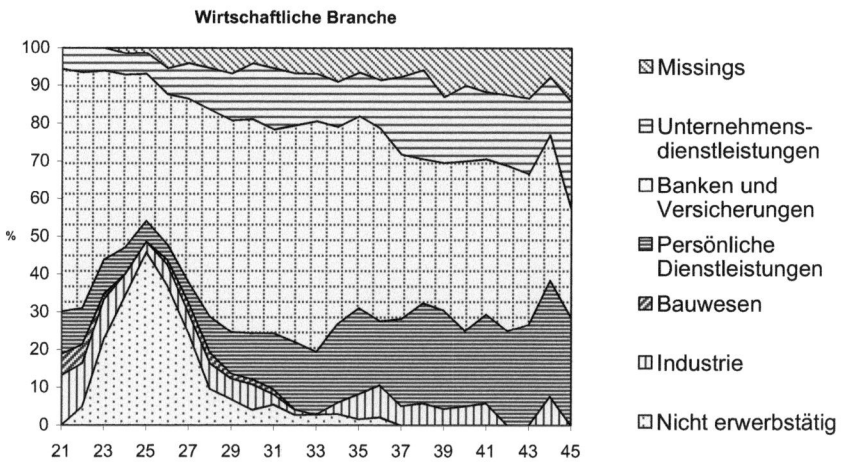

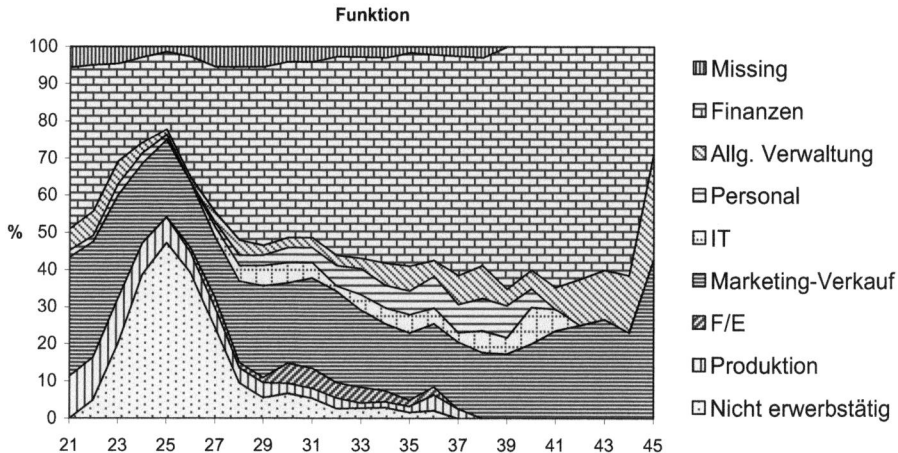

Berufliche Position

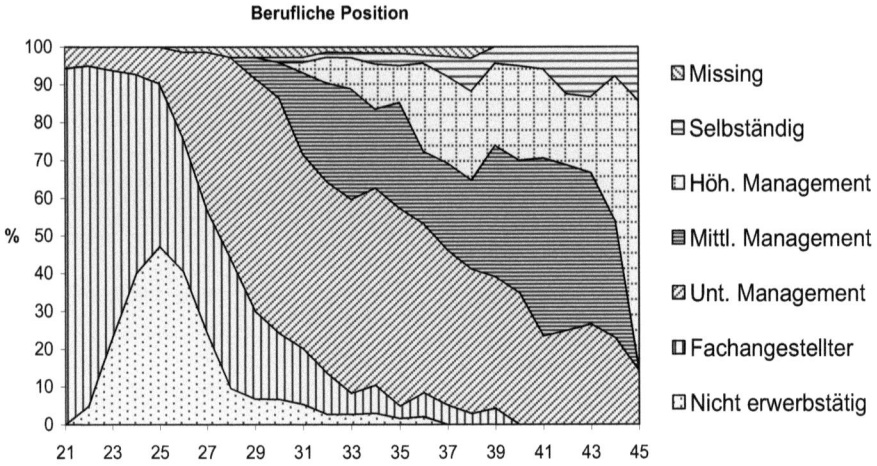

Firmengrösse

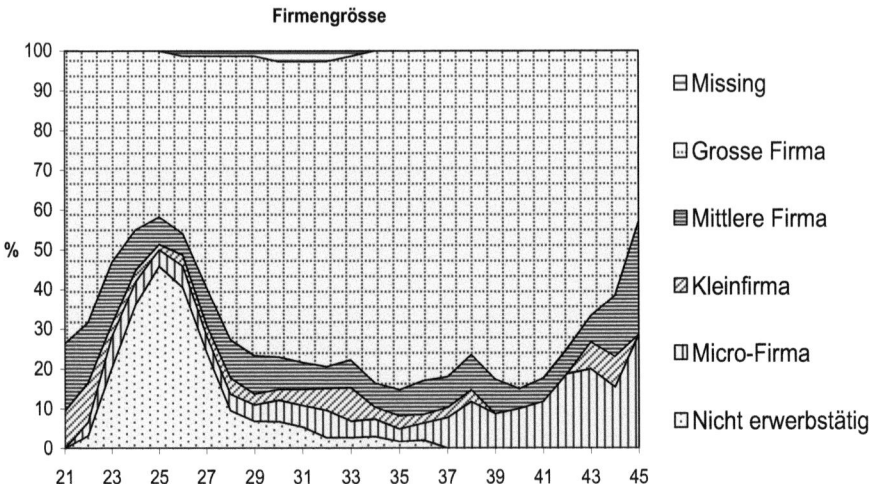

Finanz-Bankingkarrieren entwickeln sich, wie ihr Etikett nahe legt, auf dem Nährboden des Banken- und Versicherungssektors und seltener auch in den verwandten Bereichen des Dienstleistungssektors. Von allen Karrieretypen ist es der am tiefsten in den Grossunternehmen verwurzelte Typus - Wechsel hin zu mittleren oder kleinen Unternehmen sind die Ausnahme. Die Gruppe, fast ausschließlich aus Betriebwirtschaftern (95%) bestehend, ist in der Mehrheit im Controlling/Buchhaltung tätig, eine Minderheit arbeitet im Marketing. Im Vergleich zu den anderen Typen, sind Wechsel der Funktionseinheit selten, die Mehrheit bleibt den finanznahen Funktionen während der gesamten Karriere treu. Nehmen wir die hierarchische Dimension in den Blick, frappiert, dass die Mitglieder dieses Clusters zwar relativ lang in Positionen des unteren Managements verbleiben (6.2 Jahren im Durchschnitt), dies aber dann in der Regel mit einer schnellen Überbrückung der mittleren Managementpositionen kompensieren.

Abbildung 7:   Technisch-Industrielle-Karrieren (n=38, 8.6%)

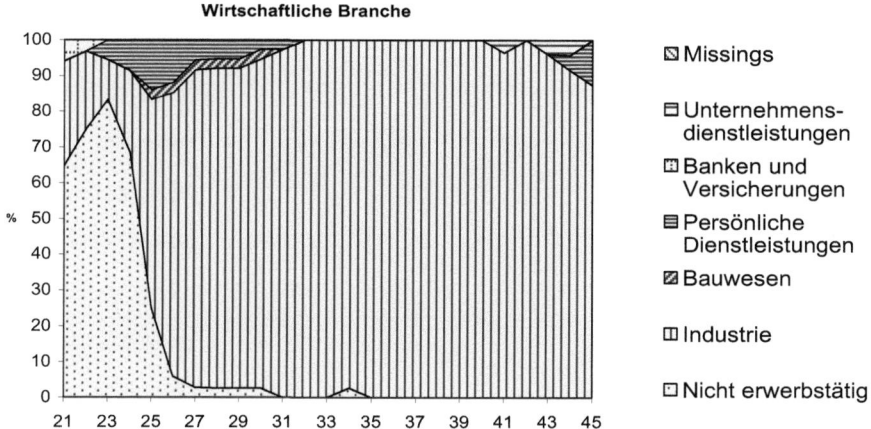

Funktion

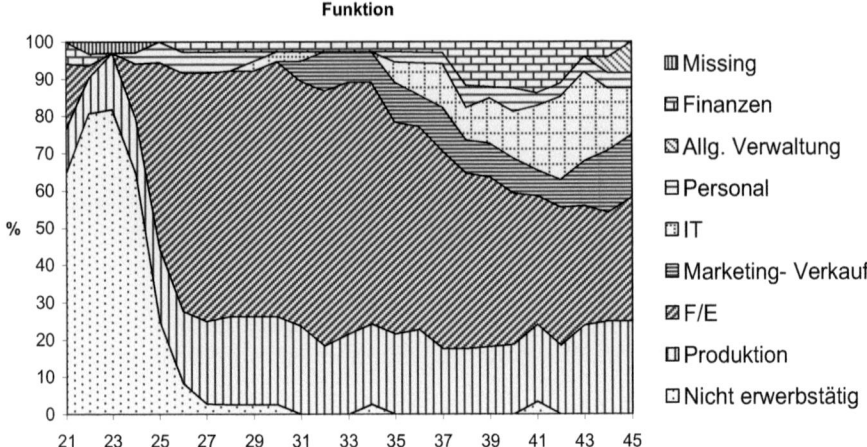

Berufliche Position

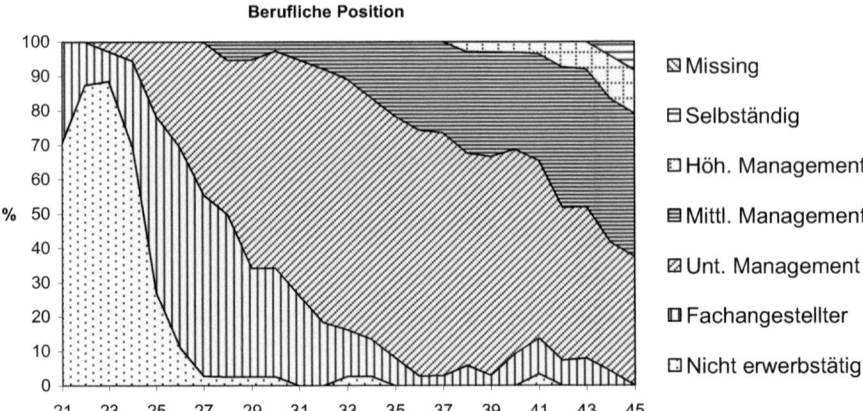

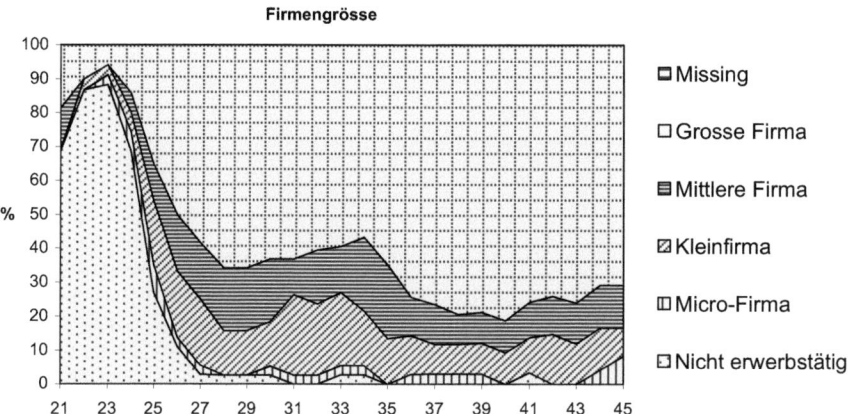

Die Mitglieder der *Technisch-Industriellen-Karriere* halten den Großfirmen des industriellen Sektors über den gesamten Karriereverlauf die Treue. Ihre Bewegungen betreffen höchstens Wechsel zwischen der Produktion und der Forschung in diesen Unternehmen. Kaum überraschend wird die Technisch-Industrielle-Karriere in erster Linie von Ingenieuren eingeschlagen (95%). Während ein Blick auf die funktionalen Zugehörigkeiten des Typus auf einen relativ hohen Fluktuationsquotienten hinweist, zeigt eine nähere Untersuchung, dass sich fast alle dieser Wechsel zwischen der Produktion und der Forschung abspielen. Die Technisch-Industrielle-Karriere ist bei weitem der langsamste aller untersuchten Berufsverläufe: nach einer im Mittel 4 Jahre dauernden Angestelltenphase steigen die Ingenieure in Positionen des unteren oder technischen Management auf. In diesen Positionen verbleiben sie, typischerweise als Gruppenleiter eines Forschungsteams oder der Qualitätssicherung, im Schnitt mehr als 10 Jahre. Nur wenige schaffen es weiter ins mittlere Management, fast keiner ins höhere Management.

Abbildung 8:   Stab-Karrieren im Dienstleistungssektor (n=97, 22%)

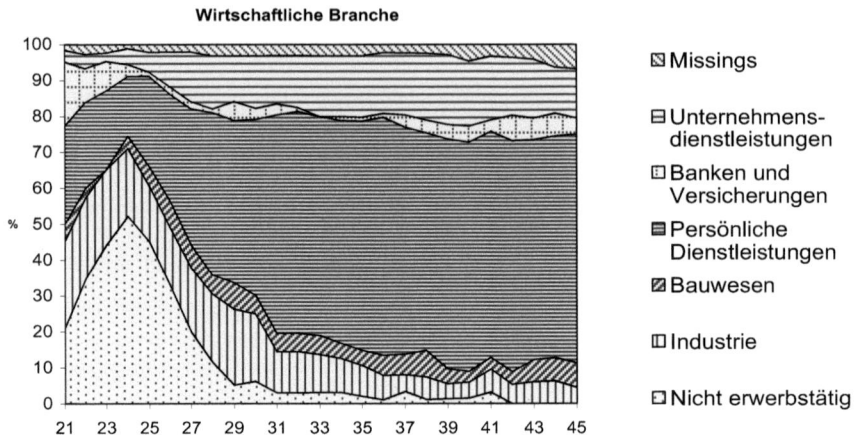

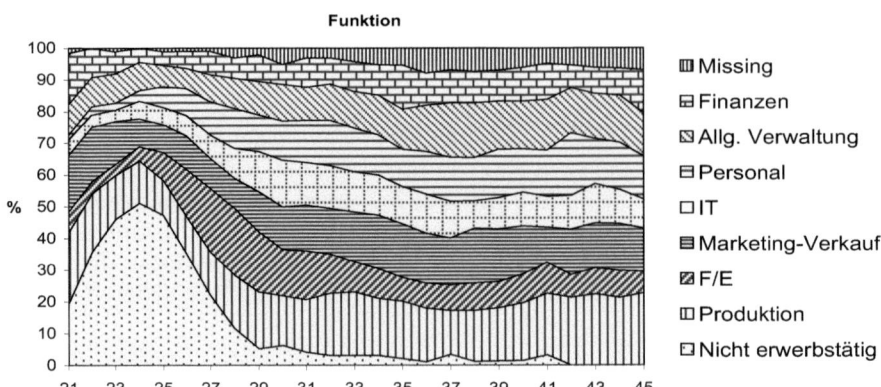

Berufliche Position

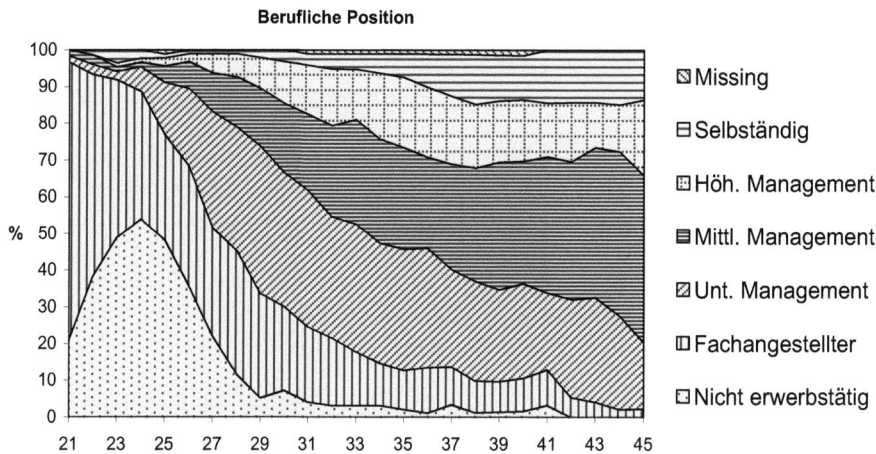

☒ Missing

⊟ Selbständig

⊞ Höh. Management

▤ Mittl. Management

▨ Unt. Management

▥ Fachangestellter

▩ Nicht erwerbstätig

Firmengrösse

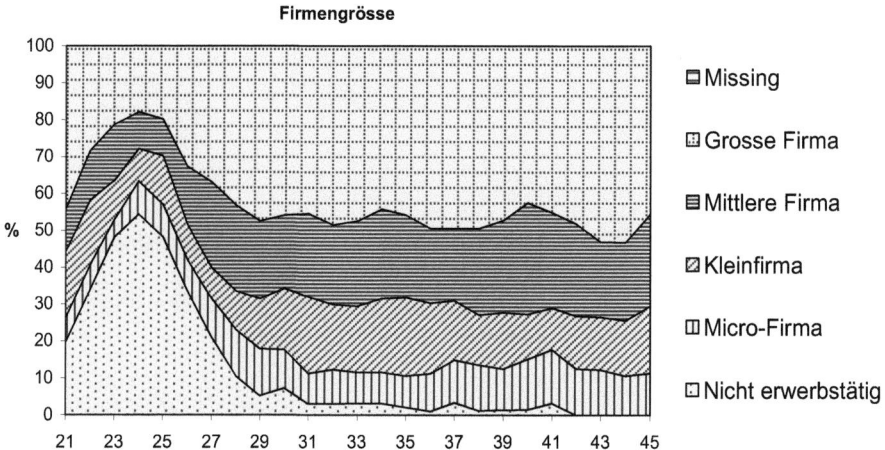

▢ Missing

⊞ Grosse Firma

▤ Mittlere Firma

▨ Kleinfirma

▥ Micro-Firma

▢ Nicht erwerbstätig

Stab-Karrieren im Dienstleistungssektor bilden den uneinheitlichsten Karriere-
Typ. Er kann im ersten Moment nicht einem spontan erkennbaren Muster zu
geordnet werden. Zwar dominieren die Betriebswirtschafter numerisch, doch mit
43% Ingenieuren kann die Karriere als bezüglich der Disziplinen gemischter Typ
gelten. Im Allgemeinen wechselt diese Gruppe oft zwischen den Branchen, den
funktionalen Einheiten und Unternehmenstypen. Fast die Hälfte dieser Karrieren
entwickeln sich in mittleren oder kleinen Firmen. Eine Mehrheit der Gruppe
arbeitet in den Sektoren der öffentlichen und persönlichen Dienstleistungen und
pendelt zwischen Funktionen wie Personal, Verkauf oder Informatik - Tätigkeiten also, die wir als Stabsfunktionen zusammenfassen können. Im Durchschnitt
arbeiten die Mitglieder der Gruppe 4.5 Jahre als Facharbeiter, 5.2 Jahre im unteren oder technischen Management, 4.3 Jahre im mittleren Management und mehr
als 2 Jahre im höheren.

Abbildung 9:   Industrielle Management-Karrieren (n=75, 17.0%)

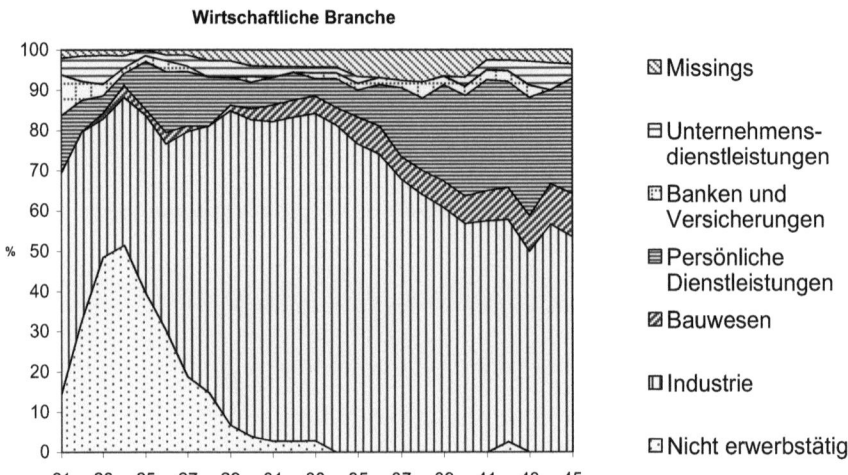

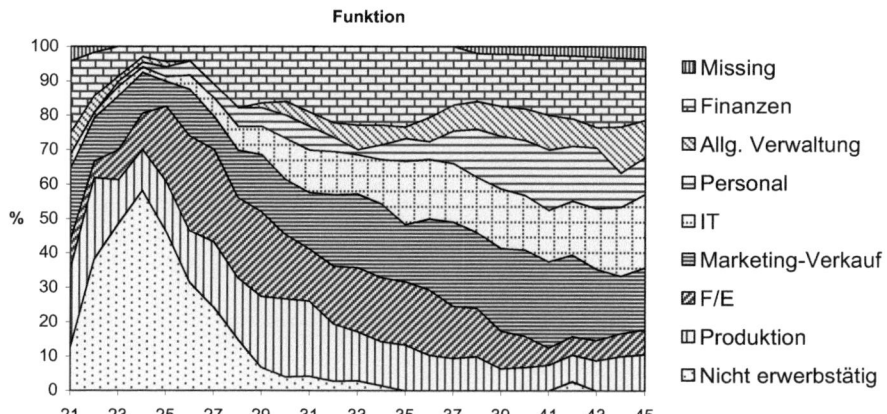

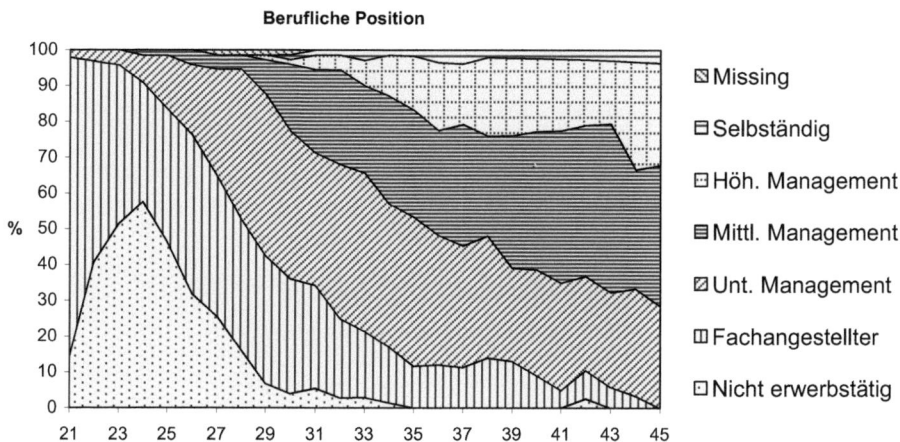

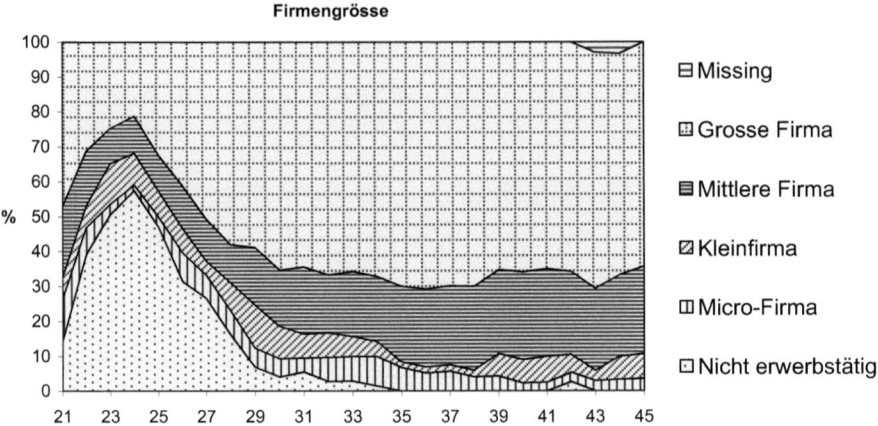

Der zweite disziplinär gemischte Typ, die *Industrielle Management-Karriere,* setzt sich zu 57% aus Ingenieuren zusammen, die nach einem Einstiegs in Forschungs- oder Produktionsfunktionen in großen Industriefirmen in den Marketing-, Informatik- oder Controllingbereich innerhalb der Industrie wechseln. Eine zweite Teilgruppe besteht aus Betriebswirtschaftern (43%), die sich in den Dienstleistungsfunktionen der großen Industrieunternehmen etablieren. Beispielsweise im Personal oder im Bereich der öffentlichen und persönlichen Dienstleistungen. Wechsel zu mittleren und kleinen Unternehmen sind in dieser Gruppe immer möglich. Im Vergleich zu den Technisch-Industriellen-Karrieren verbringt die Gruppe zwar durchschnittlich ungefähr die gleiche Zeitspanne als Fach- und Sachbearbeiter, sie überbrückt dann aber die Zone des unteren Managements viel schneller in Richtung mittleres Management. Sie erreicht auch in viel größerer Zahl das höhere Management.

Abbildung 10: Karrieren in kleinen und mittleren Firmen (n=30, 6.8%)

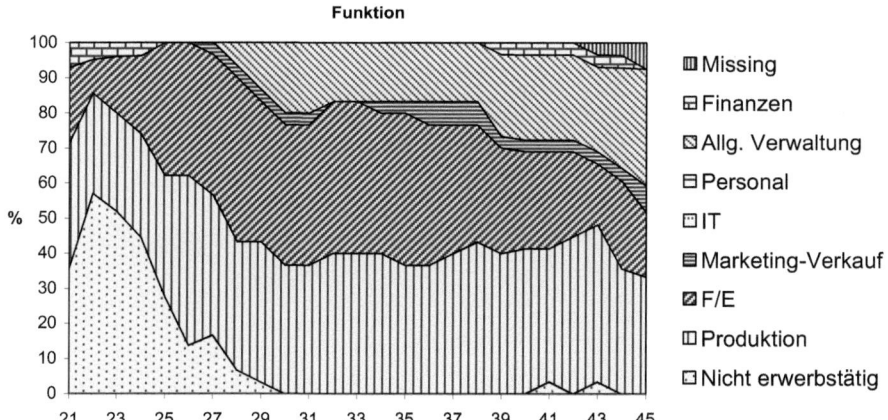

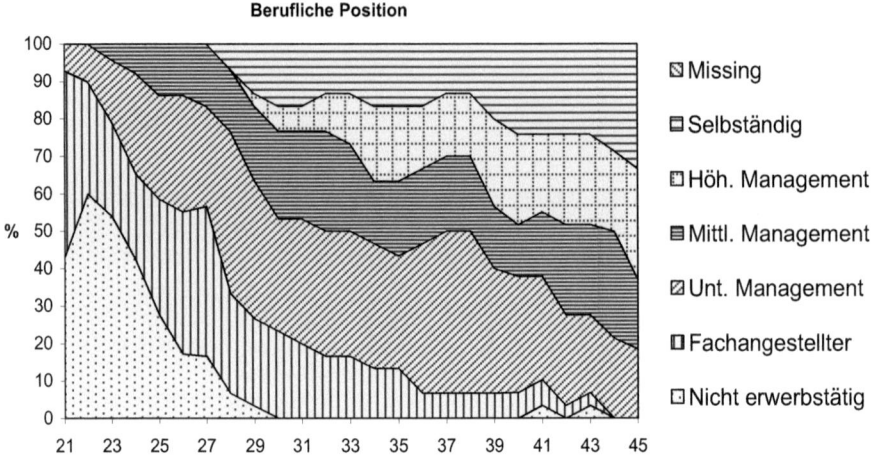

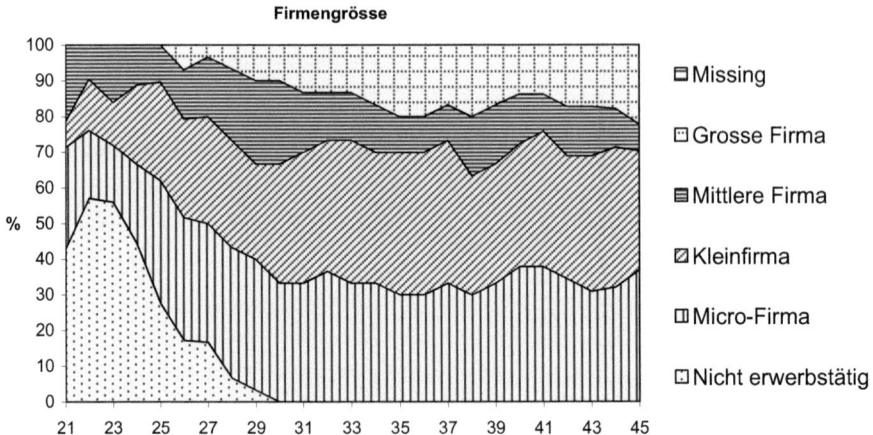

KMU-Karrieren unterscheiden sich in vielen Punkten von den anderen Karrieren. Sie finden zur Hauptsache in kleinen und mittleren Firmen statt - nur 15%
dieses Typus verlassen dieses Universum zugunsten der Grossunternehmen.
Zudem sind die Mitglieder dieses Clusters fast ausschließlich im Bauwesen tätig,
es handelt sich also gleichzeitig um eine Art technische Planungskarriere. Kaum
erstaunlich deshalb, dass hier Ingenieure mit 93% stark über vertreten sind. In
der Welt der mittleren- und vor allem der kleinen Unternehmen haben Positionen
im "mittleren" oder "höheren" Management eine andere Bedeutung und sollten
deshalb nicht mit den hierarchischen Positionen in den Grossunternehmen verglichen werden. Trotzdem bleibt ein relativ großer Anteil dieser Ingenieure nicht
in diesen Unternehmen angestellt, sondern steigt zum Geschäftsführer auf oder
gründet selber eine kleine oder mittelgroße Firma gründen.

Abbildung 11: Finanz-Karrieren (n= 91, 20.7%)

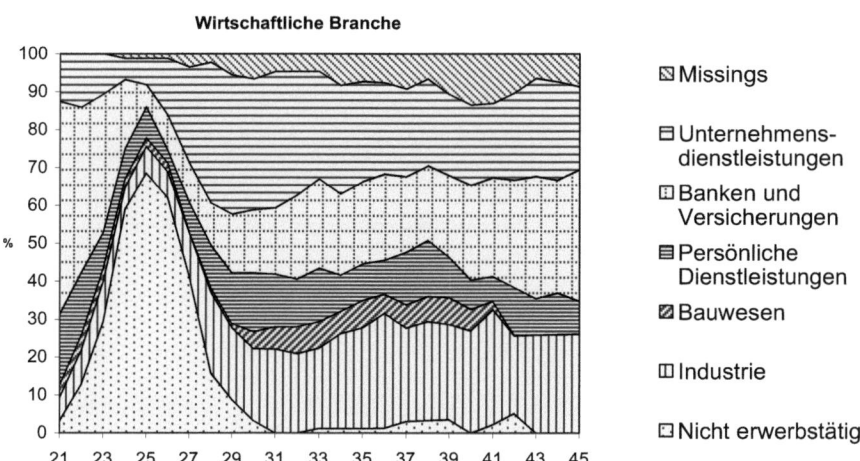

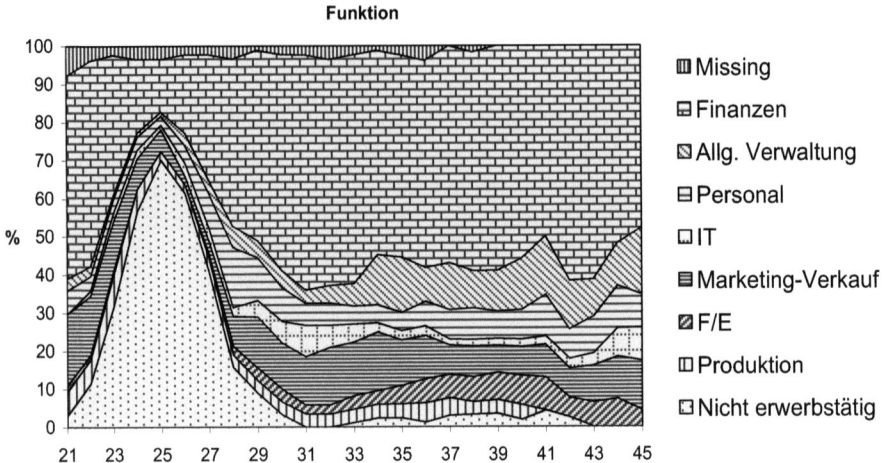

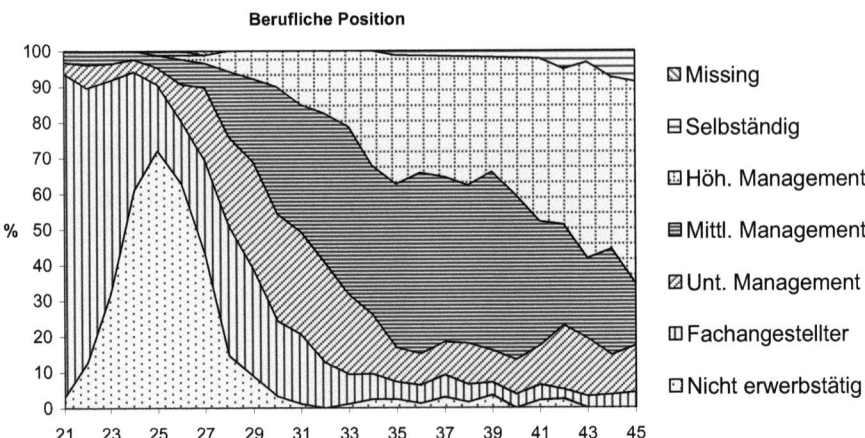

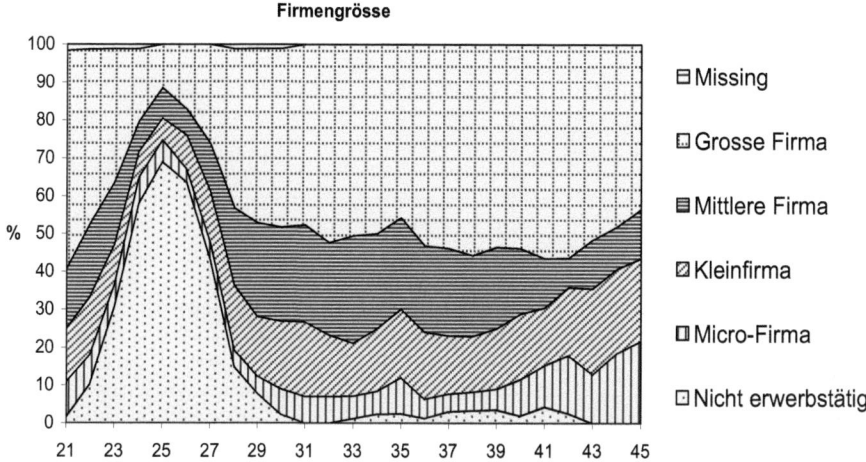

Finanz-Karrieren werden zur überwiegenden Mehrheit (95%) von Betriebswirt-
schaftern eingeschlagen. Im Gegensatz zu Finanz-Banking-Karrieren sind diese
Werdegänge nur schwach an bestimmte wirtschaftliche Branchen gebunden; sie
führen zu fast gleichen Teilen durch die Industrie, das Bankenwesen und die
Unternehmensdienstleistungen. Anstatt in einer spezifischen Branche ist dieser
Karrieretyp in einer Funktion verankert: Controlling und Buchhaltung. Nur einige wenige Mitglieder der Gruppe arbeiten in Funktionen wie Marketing oder
Verkauf.   Auffallend ist weiter, dass dieser Karrieretypus nicht auf die ganz
großen Firmen beschränkt ist. Bis zu 40% sind von mittleren und kleinen Unternehmen angestellt oder wechseln im Laufe ihrer Karriere zwischen diesen zwei
Unternehmenstypen. Im Durchschnitt durchläuft diese Gruppe Betriebsökonomen eine 4.3 Jahre dauernde   Phase als Fachangestellte und traversiert dann
zügig die Zone des unteren und technischen Managements (2.9 Jahre).

5.2.1 Regelmäßigkeit, Loyalität und Rhythmus nach Karrieretypen

Obwohl die Karrieren der Abgänger der höheren Fachschulen erstaunlich regelmässig verlaufen, sind nicht alle Karrieretypen gleich regelmässig, loyal oder

erfolgreich. Indem ich die sechs Typen nun auf ihre Regelmäßigkeit, ihre Loyalität und ihren Erfolg hin überprüfe, kann ich ihre Charakterisierung präzisieren und erste Überlegungen zu ihrem Verlauf anstellen.

Tabelle 8:   Anova Analyse der Regelmäßigkeit, der Loyalität und des Erfolgs

Typ	Regel-mäßig-keit	Loyalität	Erfolg						
	% regel-mäßige Wech-sel	Firmen-wechsel pro Jahr	%	Alter unteres Mana-gement	%	Alter mittleres Mana-gement	%	Alter oberes Mana-gement
Finanz-Banking	0.89	0.34	92	27.78	46	31.72	35	34.65
Technisch-Industriell	0.92	0.10	100	28.66	45	35.65	8	40.33
Stabs-karriere	0.76	0.22	64	28.73	61	32.95	31	33.32
Ind.-Manag.	0.84	0.29	76	28.45	53	31.80	25	35.00
KMU	0.73	0.14	77	29.02	50	31.20	37	35.64
Finanz	0.83	0.25	68	28.68	75	30.91	53	33.33
Total	0.83	0.24	80	28.47	56	32.06	32	34.13
F-Wert	7.710	4.161		0.571		3.708		1.737
Signifikanz	0.006	0.001		0.722		0.003		0.131

Die Technisch-Industrielle-Karriere mit 92% regelmäßigen Wechseln, mit Abstrichen aber auch die Finanz-Banking-Karriere (89%), kommen dem Bild einer regelmäßigen und inkrementalen Karriere am Nächsten. Alle anderen Typen sind nicht ganz so regelmässig, jedoch noch weit von erratischen oder gar zufälligen Verläufen entfernt. 76% der Stabskarrieren im Dienstleistungsbereich oder 73% der Wechsel in den KMU-Karrieren folgen einem regelmäßigen Muster.

Die Technisch-Industrielle-Karriere ist, zusammen mit der KMU-Karriere, zugleich der loyalste Typ. Der Wert von 0.1 heißt, dass die Mitglieder dieses Karrierentyps die Firma im Durchschnitt lediglich alle 10 Jahre wechseln. Alle anderen Typen sind eindeutig weniger loyal. Die Finanz-Banking Karriere mit einem Wechsel alle 3.4 Jahre, die industrielle Management-Karriere (alle 2.9 Jahre) und die Finanz-Karriere (alle 2.5 Jahre) sind von besonders häufigen

Wechseln gekennzeichnet. Da die Wechsel nicht in gleichmäßigen zeitlichen Abständen entlang des Berufsverlaufes erfolgen, sondern sich in den Anfangsphasen häufen und danach seltener werden, gilt es die Resultate mit Vorsicht zu interpretieren. So ist es möglich, dass die vergleichsweise häufigen Wechsel in der Finanz-Banking Karriere mit dem jungen Durchschnittsalter ihrer Mitglieder zusammenhängen. Die Mehrheit unter ihnen hat die ruhigeren Wasser des Karriereherbsts noch nicht erreicht.

Mit der Ausnahme der KMU-Karriere, wo "höheres Management" etwas anderes bedeutet, können die Karrieretypen bezüglich ihres Erfolges verglichen werden. Ein Blick auf die jeweiligen Anteile derjenigen, die die Stufen des unteren, mittleren oder oberen Managements erreichen, lässt darauf schließen, dass die Kategorie "unteres oder technisches Management" wohl nicht in allen Karrieretypen die gleiche Bedeutung hat. Einzig in der Finanz-Karriere avanciert eine gewichtige Gruppe ohne Passage durch das untere Management ins mittlere Management. Im Gegenzug erreichen in der Technisch-industriellen-Karriere, obwohl die Gruppe zur Gänze die untere Managementsstufe erklimmt, nur etwa 45% das mittlere Management. Diese beachtlichen Unterschiede bezüglich der Chronologie der Karriereschritte und der Anteile der Personen die jeweils eine bestimmte Hierarchiestufe erreichen, deuten auf eine unterschiedlich Steilheit der Hierarchiepyramiden in den Karrieretypen hin: die Selektivität im Angesicht der Hierarchiestufen in der Technisch-Industriellen-Karriere ist rigoros (100-45-8). In der Finanzkarriere dagegen erscheint sie erheblich flacher (68-75-53). Wenn wir den Fokus auf das Durchschnittsalter richten, mit dem die Akteure eine bestimmte hierarchische Ebene erklimmen, so ergeben sich nur für den Wechsel ins mittlere Management statistisch signifikante Zahlen. Ein kulanter Gesamtüberblick suggeriert einen Zusammenhang zwischen dem Erfolg eines Karrieretypus und dem durchschnittlichen Wechselalter. Der erfolgloseste Karrieretyp - die Technisch-industrielle-Karriere - zeichnet sich zugleich durch das höchste durchschnittliche Alter beim Wechsel zum höheren Management aus (40 Jahre). Die erfolgreichen Finanzkarrieren brillieren mit einem der jüngsten Durchschnittsalter beim Übertritt zum höheren Management.

Zusammenfassend scheinen sich unter den Karrieretypen zwei Pole heraus zu kristallisieren: ein Pol einer eher langsamen, dafür regelmäßigen und loyalen Karriere (die Technisch-Industrielle Karriere) und ein Pol einer schnellen, dafür aber weniger regelmäßigen und weniger loyalen Karriere (die Finanz-Karrieren). Die übrigen Karrieretypen sind dazwischen angesiedelt. Im Vergleich der zwei finanzbasierten Karrieretypen fällt auf, dass nur 35% derjenigen die sich ausschließlich im Bankingbereich bewegen das höhere Management erreichen, während es in branchenübergreifenden Finanz-Karrieren fast 55% sind. Auch hier allerdings gilt es mit einzuberechnen, dass die Alterszusammensetzung der Typen variiert. Die Resultate zum Aufstiegsalter werden dadurch leicht verzerrt.

5.3 Karrieren nach Kohorten

"A cohort may be defined as the aggregate of individuals (with some population definition) who experienced the same event within the same interval of time" (Ryder, 1965: 845). Kohorten sind verschieden gross und bezüglich Herkunft, Sprache oder Klasse unterschiedlich zusammengesetzt. Zudem führen die sozialen, politischen und wirtschaftlichen Strukturen, mit denen die Angehörigen einer Kohorte während ihrer Sozialisation konfrontiert sind, zu ähnlichen Wahrnehmungs- und Denkweisen (Mannheim, 1952). So können historische Ereignisse und Entwicklungen für verschiedene Kohorten ganz unterschiedliche Bedeutungen haben: Während zum Beispiel Firmenrestrukturierungen ältere Kohorten nur noch in ihrem Karriereherbst streifen, können diese für jüngere Kohorten in entscheidende Phasen ihrer Entwicklung fallen und lebenslang spürbar bleiben.

Die Kohorte der vor 1955 Geborenen ist zwar von einer scharfen Neuordnung der wirtschaftlichen Sektoren betroffen. Ihre Berufsverläufe profitierten jedoch von Opportunitätsstrukturen, die sich von denen der goldenen Nachkriegsjahre nicht wesentlich unterschieden. Sie waren weder mit Arbeitslosigkeit, mit Kurzarbeit, mit prekären Verträgen noch mit individualisiert Arbeitsstrukturen konfrontiert. In den frühen 1990ern als Massenarbeitslosigkeit und Stagnation die Schweiz erfassten, waren sie schon 35 oder 40 Jahre alt. Besetzen sie darum Positionen im mittleren oder höheren Management, die sie vom Ungemach der Krise abschirmen oder sie gar zu den führenden Protagonisten der Umstrukturierung machen? Zugleich deuteten die Befunde zum Strukturwandel darauf hin, dass in erster Linie ältere Ingenieure unter der Krise zu leiden haben. Führt diese Krisenbetroffenheit zu abnehmender Loyalität oder in einer Verlangsamung des Karriererhythmus?

Die zwischen 1956 und 1965 geborene Kohorte tritt zu einem Zeitpunkt in den Arbeitsmarkt ein, als der allgemeine wirtschaftliche Aufschwung nur mehr eine ferne Erinnerung ist. Ihre Karrierechancen dürften deshalb kleiner sein. Kommt dazu, dass die Krise der frühen 1990er diese Gruppe in der Phase trifft, in der sie die meisten richtungweisenden Entscheidungen fasst und von den Unternehmen bezüglich ihres Karrierepotentials bewertet wird. Zwingt das Aufkommen der Krise diese Kohorte zu Neuorientierungen, zu häufigeren Firmenwechseln oder zu unregelmäßigen bzw. gar absteigenden Karrierebewegungen? Umgekehrt könnte man auch postulieren, dass Restrukturierungen auch Expansionen nach sich ziehen, die auf jüngere, hungrige Kohorten angewiesen sind.

Resultieren daraus vielleicht etwas weniger regelmäßige, aber beschleunigte Karrieren?

Die Altersgruppe der zwischen 1966 und 1975 Geborenen wächst mit flexibilisierten Bedingungen auf und betritt den Arbeitsmarkt just im Moment, in dem sowohl im Banken- und Versicherungssektor, als auch in der Industrie tief greifende Umbrüche im Gange sind. Die Krise der 1990er ist für sie kein Einbruch, sondern die strukturelle Folie, auf der sich ihre Berufsleben von Beginn weg abspielt. Doch auch bei dieser Gruppe ist unklar was dies konkret heißen könnte. Bleiben ihren Mitgliedern konjunkturelle Wirrnisse erspart und entwickeln sich ihre Karrieren lediglich in neuen, wiederum relativ stabilen Strukturen? Sind ihre Karrieren von Beginn weg weniger regelmässig, loyal und erfolgreich?

Analog zur Analyse der Karrieretypen erörtere ich nun die Indikatoren der Regelmäßigkeit, der Loyalität und des Erfolgs nach diesen drei Altersklassen differenziert mit Hilfe einer Anova-Analyse.

Tabelle 9: Anova Analyse der Regelmässigkeit, Loyalität und Erfolg

Kohorte	Regelmäßigkeit	Loyalität		Erfolg				
	Anteil der regelmäßigen Wechsel	Firmenwechsel per Jahr	%	Alter unteres Management	%	Alter mittleres Management	%	Alter höheres Management
- 1955	0.81	0.10	80	28.71	61	33.40	29	36.52
1956 – 1965	0.83	0.19	75	29.00	67	32.86	36	35.81
1966 - 1975	0.83	0.39	76	27.96	48	30.44	31	31.58
Total	0.83	0.27	77	28.47	59	32.06	32	34.13
F-Wert	0.18	21.98		2.13		9.67		15.81
Signifikanz	0.83	0.00		0.12		0.00		0.00

Die Karrieren der vor 1955 geborenen Ingenieure und Betriebswirtschafter sind nicht regelmäßiger als jene ihrer jüngeren Kollegen, die in den 1980er und 1990er Jahren ins Berufsleben einsteigen. Im Gegenteil. Bei einem Wechsel haben die Mitglieder aller drei Kohorten eine Chance von etwas mehr als 80% in regelmäßiger Manier zur nächsthöheren Hierarchiestufe aufzusteigen. Weder die Krise der 1970er noch der Umbruch in den 1990er scheint signifikante Auswirkungen auf die Regelmäßigkeit der Karrierebewegungen zu haben.

Wenden wir uns den Werten der Loyalität zu, stellen wir fest, dass die Karrieren der jüngeren Kohorten sichtbar weniger loyal sind als jene ihrer vor 1955 geborenen Kollegen. Während die älteste Kohorte ihren Arbeitnehmer im Durchschnitt nur alle 10 Jahre wechselt, treten die Angehörigen der jüngsten Kohorte alle 2.5 Jahre eine Stelle in einem anderen Unternehmen an. Frappierend ist nicht nur der Verlust an Loyalität an sich, sondern auch die Geschwindigkeit dieser Veränderungen: die Anzahl der Firmenwechsel verdoppelt sich von 0.1 Wechsel pro Jahr für die älteste Kohorte auf 0.19 für die mittlere und nochmals auf 0.4 für diejenigen die zwischen 1966 und 1975 geboren wurden. Wiederum könnte es allerdings sein, dass das Ausmaß dieser Veränderungen aufgrund der Stichprobenstruktur leicht überschätzt wird. Da Firmenwechsel eher zu Beginn als am Ende des Berufsverlaufes stattfinden und die zweite Karrierehälfte der jüngsten Kohorte noch nicht untersucht werden kann (sie sind zum Zeitpunkt der Untersuchung zwischen 30 und 40 Jahre alt), müssen die Zahlen wohl leicht gegen unten korrigiert werden.

Über alle Kohorten hinweg erreichen mehr als Dreiviertel der Ingenieure und Betriebswirtschafter das untere und technische Management. Im Vergleich zur ältesten Kohorte erreichen die zwischen 1956 und 1965 Geborenen das mittlere und höhere Management in höheren Proportionen: 67% gegenüber 61%, was das mittlere und 36% gegenüber 29% was das höhere Management betrifft. Wiederum sind die letzteren Wechsel, die häufig erst zwischen 35 und 45 erfolgen, mit Vorsicht zu betrachten, da die jüngste Kohorte in der Stichprobe dieses Alter noch nicht in allen Fällen erreicht hat. Das Alter zum Zeitpunkt des hierarchischen Aufstiegs ist lediglich für den Wechsel ins mittlere Management signifikant. Jedoch ist auch dieser Wechsel schwierig zu interpretieren: das relativ geringe Alter der Jüngeren beim Wechsel ins mittlere Management ist potentiell dem Fakt geschuldet, dass ein Teil von ihnen diesen Moment biographisch noch nicht erreicht hat.

5.4 Schlussfolgerungen

Von 1970 bis 2005 verfolgt eine große Mehrheit der Ingenieure und Betriebswirtschafter mit Abschlüssen der höheren Fachhochschulen aufsteigende Karrieren. Ein Drittel unter ihnen erreicht das höhere Management und mehr als die Hälfte schafft es ins mittlere Management. Im Allgemeinen verlaufen diese Karrieren regelmässig und inkremental. Um ins höhere Management zu wechseln, müssen die Kandidaten notwendigerweise das untere und darauf das mittlere Management durchqueren. Die Akteure erreichen das untere Management im Durchschnitt mit 28 Jahren, wechseln mit 32 Jahren ins mittlere und mit 34 Jahren ins höhere Management. Jene, die das untere oder mittlere Management zu einem biographisch früheren Zeitpunkt erreichen, vergrößern ihre Chance später ins höhere Management vorzustoßen. Eine Anfangsphase, die sich schnell durch Erfolge und Aufstiege auszeichnet, wird als Indikator für das Potential des Akteurs gewertet und führt in der Folge tatsächlich zu einer erfolgreicheren Karriere. Die schweizerische Aufstiegskarriere deckt sich jedoch nicht fugenlos mit dem Modell, welches Whyte (1963 [1956]) in den 1950ern zeichnete. Obwohl ihre Karrieren keineswegs von organisatorischen Zwängen entbunden sind, wechseln mehr als die Hälfte der Ingenieure und Betriebswirtschafter ihren Arbeitnehmer zwei- oder dreimal und mehr als ein Viertel wechselt die Firma mehr als viermal.

Die Berufsverläufe der Ingenieure und Betriebswirtschafter lassen sich in sechs verschiedene Sequenz-Typen gliedern. Ingenieure machen entweder Karriere als Forscher und Entwickler in großen Industriefirmen, als Planer in kleinen Büros oder als Manager in Großfirmen. Diese drei Karrieren reflektieren drei Ausprägungen der Sozialfigur des Ingenieurs in der Schweiz: der Ingenieur als Forscher und technischer Schöpfer, der Ingenieure als kleiner, unabhängiger Planer und der Ingenieur als sozialer Aufsteiger, der seine analytischen Fähigkeiten ins allgemeine Management überträgt. In mancher Hinsicht ragt die Technisch-Industrielle-Karriere als Phänotyp der loyalen und regelmäßigen Karriere heraus. Als einzige der sechs Laufbahnen besticht sie durch einen regelmäßigen Aufstieg ohne Firmenwechsel. Die Gruppe macht mit 10% aller Befragten jedoch nur eine kleine Minderheit aus und ist zudem klar die erfolgloseste und langsamste aller Karrieren. Es stellt sich die Frage, wie diese Karriereform zustande kommt: schließen die Strukturen der Industrieunternehmen diese Ingenieure schon zu Beginn in untere und mittlere Positionen ein? Verlieren diese Ingenieure schon früh ihre Ambitionen auf einen weiteren Aufstieg? Oder erlaubt es ihre technische Spezialisierung nicht ins Generalmanagement zu wechseln und hier weitere Aufstiege anzupeilen? Eine Antwort auf diese letzte Frage lässt sich vielleicht anhand des Vergleichs mit der Industrie-Management Karriere geben. Die Mitglieder der Industrie-Management Karriere sind zu einem großen Teil Ingenieure, die die technischen Bereiche ihn Richtung Management (Personal, Marketing oder Buchhaltung) verlassen. Interessanterweise sind die Karrieren dieser Akteure mehrfach von Brüchen und Gräben geprägt: Ihr Ausbruch aus den technischen Funktionen geht nicht selten mit Firmenwechseln einher, die zu "unregelmäßigen" Karriereschritten führen. Indes sind diese Ingenieure nur selten im Stande den industriellen Sektor zu verlassen. Trotz einer fachlichen Neuorientierung, so könnte man folgern, halten sie ihre Netzwerke oder ihr Wissen im industriellen Bereich zurück. Oder es fehlen ihnen im Vergleich zu Konkurrenten, die seit Beginn im Dienstleistungsbereich arbeiten, die Erfahrungen oder die Einstiegsmöglichkeiten. Langfristig erreichen die Ingenieure, die Ausbrechen und in den kommerziellen bzw. managerialen Bereich wechseln viel eher das höhere Management als die ausschließlich technisch arbeitenden Ingenieure. Begünstigt das Verlassen des technischen Bereichs tatsächlich einen weiteren Aufstieg bzw. verhindert ein Verbleiben im technischen Bereich den Aufstieg? Im Vergleich zu den Laufbahnen der Ökonomen sind jedoch auch die technisch gebildeten Manager immer noch signifikant langsamer und erfolgloser. Wir können vermuten, dass den Ingenieuren das Finanzwissen fehlt, das die Akteure in höhere Positionen zu tragen scheint. Beide finanzbasierten Karrieretypen zeichnen sich durch einen hohen Rhythmus und durch Erfolg aus. Während ihre Mitglieder scheinbar mühelos zwischen verschiedenen Firmen und Branchen pendeln, bleiben sie ihren Funktionen im Controlling und der Finanzbuchhaltung erstaunlich treu. Finanzorientierten Funktionen scheinen die Wechsel zwischen Firmen und Branchen zu erleichtern und genau deswegen auch als besonders direkte Kanäle nach oben zu funktionieren. Fligstein (2001) vertritt die These, dass seit den 1960er Jahren buchhalterisches Wissen als besonders legitim betrachtet wird um die Aufgaben im höheren Management zu bewältigen. Was sind aber die Unterschiede zwischen den zwei Typen? Finanzkarrieren sind im Durchschnitt weniger regelmäßig, loyaler und bei weitem erfolgreicher als die Finanz-Banking Karriere. Die ersteren changieren auch häufiger zwischen verschiedenen Branchen und Unternehmenstypen - während die letzteren den großen Banken und Versicherungsunternehmen über ihre ganze Karriere hinweg verbunden bleiben. Selbst wenn die vermehrten Wechsel der Firma oder der Branche hierarchisch unregelmäßig sind, so kommt es deswegen - im Gegensatz zu den industriellen Management- Karrieren - nur selten zu fachlichen Neuorientierungen und damit verbundenen Karrierebrüchen. Im Gegenteil: Finanz-Banking-Karrieren zeichnen sich durch eine simultan hohe Regelmäßigkeit und viele Firmenwechsel aus. Es könnte also sein, dass das Finanzwissen universeller anwendbar ist, während technisches Wissen die Akteure an einen bestimmten Bereich oder einen bestimmten Sektor bindet.

Die Loyalität der Ingenieure und Betriebsökonomen zu den Firmen hat im Laufe der letzten Jahrzehnte beträchtlich abgenommen. Während die Kohorte, welche Mitte der 1970er Jahre in den Arbeitsmarkt eintrat dem Bild des "Organization Man" noch entsprochen hat, so wechseln die Angehörigen der jüngeren Altersgruppe häufiger zwischen verschiedenen Firmen. Überraschenderweise ist der Niedergang der Loyalität nicht mit einer Abnahme der Regelmäßigkeit gekoppelt. *Regelmäßigkeit und Firmenloyalität sind nicht notwendig funktional miteinander verkettet.* Ihre Verbindung scheint sich historisch zu lockern. Dies bedeutet, dass die Regelmäßigkeit von Karriereschritten nicht nur innerhalb einer einzelnen Firma produziert werden kann. Auch andere Mechanismen als ein zentral gesteuertes Personalmanagement können Karrieren einen regelmäßigen Verlauf geben. Möglich ist, dass gewisse Akteure innerhalb einer relativ homogenen Branche zirkulieren, deren Unternehmen alle recht ähnliche Karriereregime pflegen. Sie wechseln zwar häufig die Firma häufig, aber nur zu Firmen die ähnlich organisiert sind und die eine nahtlose Fortsetzung der Karriere zu garantieren vermögen - gerade für den Bankensektor, dessen Karrieren durch eine niedrige Loyalität und eine hohe Regelmäßigkeit gekennzeichnet sind, drängt sich eine solche Erklärung auf. Oder ist Regelmäßigkeit trotz fehlender Loyalität eine Folge von *individuellen Strategien?* Es ist vorstellbar dass die Norm der Regelmäßigkeit sich so in den Köpfen der Aufsteiger eingebrannt hat, dass diese um jeden Preis versuchen dieser nach zu leben, auch wenn die strukturellen Bedingungen dafür nicht gegeben sind. In Anlehnung an Bourdieu könnte man eine solche Strategie der anachronistischen Aufrechterhaltung sozialer Normen einen *Don Quichotte Effekt der Aufstiegskarriere* bezeichnen. Sind die weniger loyalen, aber trotzdem regelmäßigen Karrieren der jüngeren Generationen eher nach dem Bild von Bankkarrieren als nach dem Bild von technischen Karrieren geformt? Diese Frage stellt sich, wenn man einen Schritt zurücktritt. Die Aufstiegskarrieren einer jeden Epoche wären den Karrieren einer besonders erfolgreichen Profession nachempfunden. Während die Ingenieure in den 1960er und 1970er Jahren die Speerspitze bildeten, so wären es in den letzten Jahren die Betriebswirtschafter, die den Ton vorgeben.

6 Subjektive Aufstiegskarrieren

Die Analyse der subjektiven Karriere bedeutet einen Perspektivenwechsel. Ich definiere die Dimensionen des Aufstiegs, die Regelmäßigkeit oder die Loyalität nicht mehr selber. Stattdessen höre ich jenen zu, die eine Karriere machen und versuche zu verstehen in welchen Begriffen, Phasen und Bildern sie ihren Aufstieg wahrnehmen und denken. Es handelt sich also in diesem Kapitel um eine theoretische Verdichtung des Karriereverständnisses. Zudem hoffe ich gewisse Erklärungslücken zu schließen, die die Analyse der objektiven Karriere offen gelassen hat: wieso, zum Beispiel, sind technische Karrieren weniger erfolgreich als andere Karrieren? Welche Entscheidungen liegen den Karrierevariationen zu Grunde? Zu welchen biographischen Zeitpunkten fallen sie?

Zur Beantwortung dieser Fragen stütze ich mich auf biographische Interviews, die ich mit einer Auswahl der Ingenieure und Betriebswirtschafter geführt habe. Als subjektiven Karrieren bezeichne ich die individuelle Wahrnehmung des Rhythmus, der Ereignisse und der Phasen der Karriere. Ich gehe davon aus, dass sich die Akteure mehr oder weniger bewusste, detaillierte und abrufbare Bilder ihrer bisherigen Biographie machen. Mein Interesse richtet sich auf die Schilderung der subjektiven Anfänge, Übergänge und Enden - also die Zeitstruktur so wie sie von den Aufsteigern erlebt wird und auf diese Weise in ihre Wahrnehmungen und Entscheidungen einfließen.

In einem ersten Abschnitt schildere ich die Strategien, mit welchen ich die subjektiven Karrieren einzufangen versuchte und die Schwierigkeiten, mit welchen ich dabei konfrontiert wurde. In der Folge beschreibe ich die Karrierephasen die sich herausarbeiten lassen und diskutiere abschließend welche Bedeutung den Karrierephase im Gesamtverlauf des Berufslebens zukommt.

6.1 Subjektive Phasen und Ereignisse

Die folgende Analyse beruht auf 30 qualitativen Interviews mit einer Teilstichprobe der befragten Ingenieure und Betriebsökonomen. Die Auswertung dieser Gespräche stützt sich auf die Methode des biographischen Interviews von Schütze (1981; 1983). Um die biographischen Kategorien herauszuarbeiten, mit denen die Ingenieure und Betriebswirtschafter ihre eigenen Laufbahnen wahrnehmen, versuche ich die Phasen, Sequenzen und Ereignisse in ihren Erzählungen zu identifizieren. Besonders wichtig sind in dieser Beziehung die erzählerischen "Marker" der Anfänge und Enden bestimmter Phasen. Ich suchte deshalb im Speziellen nach Ausdrücken die biographische oder allgemein zeitliche Schwellen, Übergänge oder Grenzen signalisieren. Ich suche nach Vergleichen und Gegenüberstellungen von biographischen Perioden, nach Verweisen auf das Alter und Alterskategorien, nach Erwähnungen der Dauer gewisser Prozesse, nach hervorgehobenen Ereignissen und deren Einschätzung, aber auch nach subjektiven Anordnungen und Hierarchisierungen all dieser Elemente. Diese erlaubt mir für jedes Interview eine Grobstruktur der subjektiven sequenziellen Abfolge herauszuarbeiten.

Danach versuche ich die gefundenen Muster subjektiver Abläufe den quantitativ gebildeten Typen zuzuordnen. Es zeigt sich, dass es keinen direkten Übersetzungsschlüssel zwischen objektiven Karrieren und subjektiven Karrierewahrnehmungen gibt. Die subjektive Einteilung in Phasen und Ereignisse steht zum Teil quer zu den objektiven Karrieretypen. Aus diesem Grund entscheide ich mich dafür die individuellen Konzeptionen nicht für jeden Karrieretyp einzeln zu präsentieren. Stattdessen werde ich ein allgemeines Schema der subjektiven Karrierephasen vorstellen und auf Phasen oder Ereignisse hinweisen, die gehäuft in bestimmten Karrieretypen vorkommen. Nicht alle Karrierephasen die ich im Folgenden präsentiere, kommen in allen Karrieretypen vor. Die Befragten wurden zu verschiedenen Momenten ihrer Biographie befragt. Gewisse sind 35 Jahre alt und haben demzufolge noch den größten Teil ihres Berufslebens vor sich. Der älteste Gesprächspartner ist über 70 Jahre alt und also schon seit 15 Jahren in Pension. Da die Verläufe der jüngeren Kohorten systematisch unvollständig sind, ist es unmöglich die späteren Karrierephasen zwischen den Kohorten zu vergleichen. Weiter gilt es beim Vergleich von Erzählungen über einen bestimmten Karrieremoment oder eine bestimmten Karrierephase vorsichtig zu sein, wenn dieser Moment länger zurückliegt. Es ist problematisch, eine Erzählung eines 30 Jährigen über den Karrierebeginn mit derselben Erzählung eines 55 Jährigen zu vergleichen. Wie wir aus Studien zum autobiographischen Gedächtnis wissen, nimmt man die Vergangenheit immer aus einer aktuellen Perspektive wahr. An Ereignisse die sich jüngst ereigneten haben erinnert man sich akkurater, dichter und lebendiger als Ereignisse die sich vor 20 Jahren abspielten. Eine biographische Erzählung ist zudem immer eine Auswahl von Anekdoten, Ereignissen und Phasen. Abhängig davon, wie weit bestimmte Ereignisse zurückliegen und als wie relevant sie im Kontext der Gesamtbiographie eingeschätzt werden, werden sie anders erzählt.

Eine erste Analyse zeigt dass Ingenieure und Betriebswirtschafter ihre Berufsverläufe in fünf verschiedene Phasen unterteilen. Ich nenne diese Phasen im

Folgenden die "Aufwachphase", die "Mauserungsphase", die "Versuchsphase", die "Aufstiegs- und Konsolidierungsphase" und die "Auskühlphase".

6.2 Die Aufwachphase als individueller Ausbruch

Im Laufe der Lektüre der Erzählungen über den Karrierebeginn habe ich, je weiter die Vergleichsanalyse fort schritt, es für immer angemessener gehalten, den Beginn der Aufstiegskarrieren als "Aufwachen" zu thematisieren. Mit dem Begriff "Aufwachen" bezeichne ich den Moment in dem die Interviewten realisieren, dass sie einen weiteren sozialen Aufstieg anstreben. Man könnte ihre Aspirationen zunächst als etwas einschätzen, dass sie recht unvermittelt *"entdecken"*. Die Befragten sagen beispielsweise, sie hätten zu einem bestimmten Zeitpunkt *"realisiert"*, dass sie noch *"weiter kommen"* möchten oder noch etwas *"mehr erreichen wollen"*. Spiegelbildlich sprechen andere von einem Moment, wo sie sich nicht mehr vorstellen konnten, *"die nächsten 40 Jahre hinter diesem Schalter zu verbringen"*. Trotzdem eine Mehrheit der Interviewten das Aufwachen mit einem Schlüsselerlebnis oder einer entscheidenden Begegnung in Verbindung bringt, führen uns weiter narrative Elemente auf die Spur einer verwickelteren Entstehungsgeschichte. Am akkuratesten begreift man die zeitliche Entstehungsstruktur des Aufwachens als einen langsamen Konkretisierungs- und Explizierungsprozess. Das Streben *"weiter zu kommen"* äußert sich anfangs eher als eine vage und unaussprechbare Intuition und verwandelt sich langsam in einen klaren und schließlich aussprechbaren Wunsch.

Der Wunsch die höhere Fachschule zu absolvieren ist laut den Befragten selten ein Kindertraum. Er taucht eher unterwegs auf, oft auch als Ersatz für biographische Pläne, für die es in einer früheren Phase ihr Habitus und ihr Milieu nicht erlaubt haben Ambitionen zu entwickeln. Bevor der Wunsch *"weiter zu kommen"* formuliert und konkret angekündigt wir, flackert er periodisch auf wenn sich die Möglichkeit dazu bietet. Implizite Anzeichen dafür sind zum Beispiel ein Flirt mit dem Gymnasium[21] oder die Wahl einer besonders herausfordernden, modernen und verheißungsvollen Lehre[22]. Nach einer bestimmten Zeit,

---

21   Manche liebäugeln mit dem Gymnasium, andere besuchen es für ein Jahr. Sie kehren dann aber ins "normale" Curriculum zurück, oft mit dem Eindruck, dass dieser Schultyp für sie zu *"abstrakt"* oder *"theoretisch"* ist.

22   Zeichnerische Berufe, Feinmechaniker, TV- und Radioelektriker in den 1960ern und 1970ern und dann Elektroniker und Informatik-Berufe in den 1980er und 1990er Jahren. Im Dienstleistungsbereich blieb unverändert die kaufmännische Lehre das Emblem eines generalistischen Sprungbretts für eine künftige Karriere - kontrastierend mit weiblich konnotierten Berufen wie Verkäuferin, Coiffeuse oder Medizinische Assistentin. Allerdings ist die kaufmännische Lehre stark differenziert,

meist während der Lehre, lassen die Karrierekandidaten diesen Vorankündigungen einer in ihnen schlummernden Disposition, eine mehr oder weniger offene Erklärung an die soziale Umgebung folgen. Eine Minderheit wagt ihre Träume vom sozialen Aufstieg gar erst nach ein paar Jahren beruflicher Praxis zu realisieren, meist unter Einfluss negativer Erlebnisse oder angesichts der Ängste in einer wenig spannenden Funktion zu versauern. Es führen also verschiedene Wege zum Aufwachen; die Aufwachphase ist kaum sozial normiert und der exakte Moment der Ankündigung hat wenig Einfluss auf den weiteren Karrierenverlauf.

6.2.1 „Normalität" und individueller Ausbruch

Die besondere zeitliche Struktur des Aufwachens ist nur auf der Folie der für die Befragten typischen milieuspezifischen Konzeption von biographischer Normalität verständlich. Die überwiegende Mehrheit der künftigen Ingenieure und Betriebswirtschafter stammt aus Familien, in denen die Eltern selber eine Lehre gemacht und als qualifizierte Handwerker bzw. Angestellte gearbeitet haben. Schon in der Nachkriegszeit ist diese Gruppe zwischen den unscharfen Rändern der Arbeiterklasse und des Mittelstandes angesiedelt. Kaum überraschend in dem Zusammenhang, dass die verbreitetste Antwort auf die Frage, wie sie ihre Jugendzeit erlebt hätten lautet, sie hätten eine *"normale"* Schulzeit erlebt. Dies zeigt der folgende Ausschnitt:

> Interviewter #4: „Besucht habe ich die Volksschule, normal die sechs Jahre Primarschule und nachher drei Jahre Sek. Die Berufswahl ist bei mir eigentlich fast ein bisschen zufällig gewesen, ich bin nie in einer Berufsberatung gewesen, ich habe gewisse Vorstellungen gehabt von dem was ich lernen wollte, für mich ist eigentlich klar gewesen ein handwerklicher Beruf...

Für die meisten der Ingenieure und Betriebswirtschafter bedeutet *"normal"*, in direkter Abfolge die Primarschule und dann die Sekundarschule zu besuchen, von der aus sie eine Lehre im handwerklichen oder im kaufmännischen Bereich in Angriff nehmen. Als Gegensatz dazu codieren sie den Besuch der Realschule oder des Gymnasiums als *"nicht-normal"*. Diese Wahrnehmung von Normalität und Abweichung ist statistisch unterfüttert - eine immer noch beträchtliche Mehrheit der Schweizer Jugendlichen wählt dieses Curriculum. Die *"normale"* Zwischenposition grenzt die Akteure einerseits gegen Kinder von Migranten und

---

nota bene entlang der Geschlechtergrenzen. Nebst informellen weiblichen und männlichen Spezialisierungen, steht insbesondere die so genannte "Bankenlehre" für höhere Ambitionen.

unqualifizierten Arbeitern und andererseits gegen mit Bildungskapital dotierte Gymnasiasten mit Universitätsambitionen ab. Dieses mittlere Milieu der qualifizierten Arbeiter und Angestellten, so lassen es die Kommentare der Befragten vermuten, hält ihre Kinder dazu an zuerst etwas *"Solides"* zu erlernen, das ihnen erlaubt sich rasch finanziell vom Elternhaus zu emanzipieren. Die Wahl der Lehre als Königsweg ist ein direktes Resultat dieser Konzeption von Normalität. Sie ist sozial selbstverständlich und basiert auf einem impliziten Konsens zwischen dem Akteur, seinen Eltern und seiner sozialen Entourage.

Im Gegensatz zu dieser als normal wahrgenommen Berufswahl wird die Entscheidung die höhere Fachschule zu besuchen als ein individueller Ausbruch erzählt. Die Befragten betonen nicht selten, dass diese Entscheidung ihre eigene, ganz persönliche war. Und sie belieben zu unterstreichen, dass sie von ihren Eltern weder dazu gedrängt, noch dabei unterstützt worden sind. In einigen Fällen präsentieren sie die Entscheidung sogar als eine Wahl gegen die Eltern, die ihnen von Personen außerhalb ihres angestammten Milieus angetragen und empfohlen wurde. Ein Ingenieur kleidet die Erzählung seines Ausbruchs in folgende Worte:

> Interviewter #18: "Ich bin der Älteste gewesen von 5 Kindern und darum habe meinen Weg selber müssen machen, ich habe keine Vorbilder gehabt, es hat auch in der Umgebung niemanden gegeben. Ich wüsste niemanden der dort Ingenieur oder so etwas gewesen ist, das ist mein eigener Weg gewesen. Ich habe einfach gesehen „Mathe, Geometrie, Zeichnen" und diese Kombination, da wird irgend einmal etwas daraus werden"

Dieser Ausschnitt zeigt gut, wie die Aufwachphase für Ingenieure und Betriebswirtschafter als doppelte Entscheidung strukturiert ist. Die milieukonforme Entscheidung für eine solide Lehre wird ergänzt durch einen individuellen, gegen das elterliche Umfeld und ins Unbekannte zielenden Ausbruch.

6.2.2 Mechanismen des Aufwachens

Die Erzählungen über den Ausbruch aus der Normalität können auf drei Varianten kondensiert werden. Eine erste Gruppe präsentiert sich als von außerfamilialen Vorbildern inspiriert. Künftige Ingenieure, typischerweise jene, die ihre Lehre in kleinen Planungsbüros absolvieren, fundieren ihr Erwachen narrativ in der Begegnung mit der Figur des unabhängigen und schöpferischen Ingenieurs[23], der *"interessante Probleme"* mit Hilfe *"komplexer Technologie"* löst. Dieses Vorbild informiert den Lehrling ganz praktisch über den Raum des Möglichen: beispielsweise indem er ihn über die Atmosphäre, die Perspektiven oder den konkret gelehrten Stoff an den höheren Fachschulen aufklärt. Dies ist wichtig, zumal es eine der zentralen Befürchtungen der künftigen Karriereaspiranten ist, den Schritt an die höhere Fachschule nicht zu schaffen - häufig weil sie sich übersteigerte Vorstellungen von deren Schwierigkeitsgrad machen. Die Funktion der Mentoren ist es, die imaginierte soziale und intellektuelle Distanz auf übersehbare Dimensionen zu Recht zu stutzen. Der Ausbruch kann aber auch über repulsive Begegnungen in Gang gesetzt werden. Nicht selten wirkt die Figur des körperlich verbrauchten, älteren Handwerkers als abschreckende Zukunftsvision. Andere zitieren die primitiven und rohen Gebräuche im Universum der Handwerker, die sie zunehmend abgestoßen hätten[24]. Der Ausbruch kann also auch eine Strategie sein, diesen Sitten zu entfliehen bzw. zu Vermeiden diese selber anzunehmen.

Eine zweite Gruppe von Ingenieuren und Betriebswirtschaftern berichtet, dass ihre Entscheidung an die höhere Fachschule zu wechseln, durch von ihnen als objektiv empfundene, ihnen ein gewisses "Potential" attestierende "Beweise" befördert worden sei. Dabei kann es sich um von einem Vorgesetzten im informellen Gespräch bescheinigte Kompetenzen wie *"eine schnelle Auffassungsgabe"* handeln; aber auch um *"gute Noten"* in der Berufsschule, die als eine bis zu einem gewissen Grad "neutrale", milieufremde Instanz über die Leistungsfähigkeit der Lehrlinge urteilt.

> Interviewter #9: „Ich habe schon gedacht, .irgend etwas mache ich dann früher oder später noch, mit einem 5.7 einfach jahrein-jahraus nur arbeiten, dreckige Hände und so, das kann es nicht sein, es gibt Angenehmeres".

Diesem Ingenieur gaben die guten Noten in der Berufsschule den Anlass von einer Überwindung seiner Situation zu träumen und der Routine und dem Dreck via einer weiteren Ausbildung mittelfristig zu entfliehen. Solche Bestätigungen gebrauchen die Interviewten sich selber oder ihrem sozialen Umfeld gegenüber als Legitimation, um Ambitionen und Pläne für die Zukunft zu entwickeln.

---

23 Die Figur des Ingenieurs ist sozial fassbarer als jene des Betriebswirtschafters. Deshalb sind ältere Ingenieure als Vorbilder für die technischen Lehrlinge wichtiger als "Betriebswirtschafter" es für die kaufmännischen sind.

24 Kaum erstaunlich, dass dies "Arbeiterklassen-Figuren" sind, von denen sich die künftigen Ingenieure und Betriebswirtschafter mit ihrem Aufstieg abgrenzen möchten. Klagen über die dreckigen Sprüche und das primitive Benehmen sind oft zu hören und funktionieren dem Interviewer gegenüber auch als indirekte Selbstbeschreibung.

Unzufriedenheit mit der aktuellen Situation bzw. mit der sich unter gegenwärtigen Bedingungen ausgemalten Zukunft bemüht eine dritte Gruppe, um dem Interviewer zu erklären, wieso sie damals begonnen haben nach Höherem zu streben. Sie erzählen eine Geschichte der Bewusstwerdung der Diskrepanz zwischen ihrer Realität und ihren Träumen. In zeitlichen Begriffen scheint sich ein solcher Graben langsam zu vertiefen - er wird kaum mit einem präzise bestimmbaren Ereignis in Verbindung gebracht. Erst wenn er eine kritische Tiefe erreicht hat, sich also ein gewisses Frustrationspotential im Akteur angesammelt hat, beginnt dies seine Strategien anzuleiten. Einer der Betriebswirtschafter formulierte es folgendermaßen:

> Interviewter #22: "Etwa 5 Jahre nach dem Ende der Lehre habe ich dann gesagt „so jetzt muss ich noch irgend etwas machen, es kann nicht sein, dass ich jetzt die nächsten 40 Jahre kaufmännischer Angestellter bin der irgendwo ein bisschen ‚schäfferlet' und versauert", einfach nicht weiterkommen....‴'.

Der Ausschnitt illustriert wie die Frustration und die daran anschließende Strategie die höhere Fachschule zu besuchen dem kontinuierlichen Vergleich zwischen herbeigesehnter und der unter den herrschenden Bedingungen als normal imaginierten Laufbahn entspringt. Frappierend: Karrieren werden als Vehikel dargestellt um sich einer *"langweiligen"*, *"dumpfen"* und *"stagnierenden"* Zukunft zu entziehen. Anstatt der üblicherweise als Brennstoffe der Karrieren präsentierten *"Träume"*, *"Pläne"* und *"Ambitionen"* sind es die *"Frustrationen"* und *"Ängste"*, die die Akteure dazu veranlassen Karrieren einzuschlagen.

6.3 Mauserungsphase: Bestätigung, Entfremdung und neue Bande

Im Anschluss an die Ankündigung der höheren Ambitionen geht es für die Lehrlinge darum ihre Pläne praktisch umzusetzen. Umsetzen heißt die Aufnahme zur höheren Fachschule zu schaffen und drei oder vier arbeitsreiche Jahre durchzustehen. Diese Bildungsphase liefert den zugleich praktischen und symbolischen Nachweis der Seriosität ihrer Aufstiegsträume. Bis die Schule beginnt, bleibt die Entscheidung der Lehrlinge eine vorläufige und umstoßbare. Gelegenheiten sie zu verinnerlichen und gegenüber dem Umfeld zu bestätigen sind daher willkommen: folgt man den Erzählungen der Befragten, bieten sich den jungen Karriereaspiranten eine Reihe von Ritualen um (1) ihre Ernsthaftigkeit unter Beweis zu stellen, (2) sich von ihrem Ursprungsmilieu moderat zu lösen und (3) die Bande zu vergleichbar aufwärtsorientierten Kollegen zu knüpfen. Im Ergebnis nehmen sie über diese Vehikel langsam eine neue soziale Identität an und *mausern* sich gegenüber ihrem Herkunftsmilieu.

6.3.1 Ambitionssymbole und Fähigkeitstests

Ist die soziale Umgebung über die Ambitionen informiert, erwähnen die Befragten häufig Erlebnisse und Rituale, die die Funktion haben, sich selbst, ihrer Entourage oder vielleicht auch nur dem Interviewer gegenüber, zu bestätigen, dass ihre Entscheidung richtig und aufrichtig gewesen war. Zum Beispiel beginnen sie sich mit Symbolen zu schmücken die der Welt mitteilen, dass sie die Fähigkeit zum Aufstieg besitzen; dass diese eigentlich schon immer in ihre Persönlichkeit eingeschrieben gewesen ist und nur noch aktiviert zu werden braucht. Zwei Vehikel sind dafür besonders beliebt: die Initiationsreise ins Ausland und die Militärkarriere als einstweiliges Surrogat und Übungsfeld der Wirtschaftskarriere.

Die Befragten erzählen häufig von Reisen oder Sprachaufenthalten im Ausland, mit denen sie zeitliche Löcher just bevor oder nach der höheren Fachschule überbrückten. Latent dienen diese Trips dazu sich selbst zu versichern und dem sozialen Umfeld zu signalisieren, dass der Wunsch die höhere Fachschule zu besuchen mehr als ein Teenagertraum gewesen ist. Dann funktioniert diese Reise aber auch als Loslösung vom Elternhaus und als eine zusätzliche Lernphase. Einige der Interviewten beschreiben sie als Selbstsuche. Andere als Nachweis ihrer Unabhängigkeit oder als letzte Möglichkeit das Leben zu genießen. Nicht selten ist die Reise mit dem Besuch einer Sprachschule verknüpft, meist in Französisch oder Englisch. Diese Aufenthalte funktionieren auch als Test ihrer selbst. Bin ich eigenständig, schaff ich es mich durch zu schlagen? Wie fühlt sich die Welt ohne elterliche Stützen an? Und da sie öfters zusammen mit einem, häufig an der höheren Fachschule kennen gelernten, Kollegen aufbrechen, bietet eine solche Reise auch die Möglichkeit des Gedanken- und Erfahrungstausches mit jemandem, der ebenfalls aufwärts gerichtete Ambitionen hegt.

Das Engagement in der Schweizer Armee wird von den Ingenieuren und Betriebswirtschaftern als zweite Möglichkeit genannt, um die Lücken vor oder nach der höheren Fachschule zu füllen. Meist absolvieren sie die Rekrutenschule zwischen der Lehre und dem Beginn der höheren Fachschule und platzieren dann die ersten Wiederholungskurse, bzw. allenfalls die Unteroffiziersschule zwischen dem Abschluss und dem ersten Job. Der obligatorische Charakter der Armee macht sie in den Augen der Befragten zu einem sozialen Melting-Pot, wo Angehörige aller Klassen auf einander treffen und jeder, unabhängig von seiner sozialen Herkunft, die Chance bekommt zum Offizier aufzusteigen. Und viele versuchen diese Chance zu packen. Denn, so erzählen sie, hier habe sich ihnen die Chance geboten, ihre Fähigkeiten in der Praxis unter Beweis zu stellen und zu testen ob das Potential zum Aufstieg - das sie sich selber zuschreiben - diesem, der Wirtschaftswelt nicht unähnlichen Praxistest standhält. Ein großer Teil durchläuft denn auch der Unteroffiziersschule und interpretiert ihre Berücksichtigung als Bestätigung ihrer Fähigkeiten; die Führungsaufgabe als ein erstes Anwenden ihrer Kapazitäten, die sie dann auf Führungspositionen in der Privatwirtschaft zu übertragen gedenken. Rückblickend taxieren sie die Armee als eine willkommene und wiederum *"objektive"*, weil milieufremde Instanz, die ihre Ambitionen bestätigt und den Glauben an ihre Fähigkeiten zu festigen vermochte.

6.3.2 Die Ablösung vom Elternhaus

Die ausschlaggebendste Konkretisierung der Ambitionen allerdings ist das Studium an der höheren Fachschule selber. Der drei bis vierjährige Ausbildungsgang ist für die Lehrlinge im technischen Bereich eine der raren Optionen sich weiterzubilden; im kaufmännischen Bereich ist es der Königsweg inmitten eines beträchtlichen Angebotes an Alternativen - zum Beispiel den eidgenössischen Diplome oder privaten Schulen.

Die Erzählungen der Befragten über das Studium sind gespickt mit Geschichten über das *"lustige Studentenleben"*. Es wird geschildert, wie sie das Leben *"genossen"* haben, wie sie von *"mannigfaltigen Freiheiten"* profitierten, viele *"neue Freunde"* fanden und überhaupt die *"beste Zeit ihres Lebens"* hatten. Zugleich schleichen sich aber auch Anspielungen darauf ein, wie *"hart"* die Zeit gewesen sei: eine Menge Stoff, harte Arbeit und soziale Isolation. Besonders die Absolventen der Abendschule sehen die Ausbildung rückblickend auch als großes Opfer. Sie monopolisierte einen Grossteil der Freizeit und trennte sie von ihren Freunden. Symbolisch, überschritten die Befragten mit dem Besuch der höheren Fachschule auch Grenzen beruflicher Identität. Dies zeigt sich exemplarisch bei den Ingenieuren: ihre handwerklichen Lehren waren mit Arbeit draußen oder in der Werkstatt verbunden - Dreck, Gestank, Hitze, Wind und Kälte gehörten zu ihrem Alltag. Mit der Rückkehr ans Schulpult überschreiten sie die Grenze Richtung *"Büro"* und *"Kopf"* - kurz: *"sauberer, warmer und bequemer Arbeit"*. Dieser berufskategorielle Wechsel, der zugleich eine neue Wahrnehmung mit sich bringt, beschäftigt die Befragten identitätspolitisch bis heute:

Interviewter #9:„Dann bin ich an das Tagestech 3 Jahre und in den Ferien bin ich wieder auf diese Lastwagen arbeiten gegangen. Und einfach mit diesen Lastwagen, dort muss ich sagen, dort ist es mir verleidet mit diesem Werkstattgeschmack. Weil die Lastwagen haben Diesel und Diesel, das stinkt recht, also wenn dir der über das ‚Übergwändli' runterläuft dann stinkst du, dann kannst du gerade das ‚Übergwändli' wechseln und einfach jeden Abend hast du müssen duschen gehen bevor du dich hast können anschauen [...] und da habe müssen sagen „nein das kann es nicht sein".

Auch die künftigen Betriebswirtschafter situiert der Gang an die höhere Fachschule gegenüber ihren alten Arbeitskollegen neu. Allerdings sind die Mauern die sie überwinden niedriger, die Landung sanfter: weder wechseln sie den Arbeitsplatz, noch müssen sie mit grundsätzlich neuen Instrumenten und Techniken zu arbeiten lernen.

Da viele der höheren technischen Fachschulen im ausgehenden 19. Jahrhundert von großen Industrieunternehmen geschaffen wurden, sind sie, gemäß der eher ländlichen Industrialisierung der Schweiz, typischerweise an dezentralen, der industriellen Produktion nahe gelegenen Standorten angesiedelt. Deshalb stehen sie in mittleren, regionalen Zentren wie Martigny, Buchs, Rapperswil, Burgdorf oder Yverdon. Die wirtschaftlichen höheren Fachschulen (HWV) dagegen wurden erst Ende der 1960er geschaffen und in der Nachbarschaft der großen, zum Teil aber auch regionalen Dienstleistungszentren etabliert: in Zürich, Genf, Basel, Lausanne, Luzern oder in Bern. Im Vergleich zu den Schweizer Universitäten, deren Besuch den jungen Studenten oft eine Wohnortsverlegung abverlangt, ist das Netz der höheren Fachschulen enger gewoben, ihre Profile und ihr Fächerangebot recht ähnlich. Ihr Besuch bedingt deshalb nicht im selben Ausmaß eine geographische Trennung vom Elternhaus. Trotzdem zieht ein schöner Teil der Studenten der höheren Fachschulen von zu Hause aus. Die Welt öffnet sich, wenn auch moderat. Die angehenden Betriebswirtschafter und Ingenieure entfliehen bis zu einem gewissen Grad dem Einfluss ihrer Familie und Freunde.

Die Trennung von ihren alten Freunden beurteilen heute insbesondere jene die die Abendschule besuchten als folgenreich. Die zeitaufwendigen Stundenpläne und der erhebliche Lernaufwand erlauben es ihnen kaum, ihre alten Freunde weiterhin zu frequentieren. Ein Ingenieur schildert die Konsequenzen der Wiederaufnahme der Schule für sein soziales Netz in folgenden Worten:

> Interviewter #4:"Das hat sich dramatisch verändert, absolut. Nach dem Abschluss der Ingenieurschule habe ich einen komplett anderen Kollegenkreis gehabt. Von denen von vorher hat keiner überlebt, ich habe keine Kontakte gehabt mehr [...] das auch bedingt, dass man ein komplett neues Beziehungsfeld aufgebaut innerhalb von dieser Zeit oder".

In den meisten Fällen setzt sich der neu erworbene Freundeskreis nicht zufällig zusammen, sondern umschließt in erster Linie ihre Mitstudenten. Diese Leute stammen aus ähnlichen Verhältnissen, sind mit einem vergleichbaren Wunsch zum Aufstieg beseelt; sie haben zukunftsorientierte und fordernde Einstellungen, Ideen und Träume.

> Interviewter #13:„An der HWV hat es recht viele Leute gehabt die gesagt haben „ok", die noch einen Hunger gehabt haben, eine Wissbegier, von dem her, von den Leuten ist das angenehm gewesen, es hat nie jemanden gesagt „uhh, wir haben zu viele Aufgaben", sondern „ok, das gehört dazu, das machen wir".

Der Ausschnitt zeigt wie solche Begegnungen und Freundschaften den Willen zum Aufstieg bestärken können. Typischerweise werden solche Bande begleitet durch eine Abgrenzung gegenüber jenen die sich diesen Einstellungen verweigern. Die heutigen Freunde der Befragten sind oft noch die Klassenkameraden von damals - wir können also annehmen, dass das gemeinsame Durchschreiten dieser Loslösungs- und Neubindungsphase starke und lang anhaltende Gemeinsamkeiten schafft. Nicht zuletzt weil die Akteure eben genau in dieser Zeit gemeinsame Ideen und Weltanschauungen entwickeln, die für ihre soziale und berufliche Identität bestimmend werden und sich zu gemeinsamen Lebensstilen verfestigen.

6.4 Die Versuchsphase und die Suche eines Karriereankers

Die Versuchsphase beginnt mit der ersten Anstellung nach dem Abschluss der Fachhochschule und endet - etwas schwieriger präzise zu datieren - wenn eine "angemessene" Stelle gefunden wird, die entweder den Erwartungen des Akteurs entspricht oder als valabler Einstieg in einen Aufstiegskanal taxiert wird. Die zuvor thematisierten Nebenschauplätze der Mauserungsphase - Initiationsreise oder Militärdienst - weisen darauf hin, dass die Versuchsphase nicht unmittelbar nach dem Abschluss beginnt. Der "wirkliche" Berufseinstieg wird jedoch selten länger als sechs Monate hinausgezögert. Ein längeres Zuwarten widerspräche einerseits der Vorstellung einer unmittelbaren Verwertung der Bildungsinvestition. Andererseits erleichtern den Fachhochschulabsolventen die Kombination von Arbeitserfahrung und praxisorientierter höherer Ausbildung die Stellensuche.

Die Wechsel in der Versuchsphase folgen einer *trial-and-error* Logik. Es ist ein Ausprobieren, ein Testen, ein Erfahrungensammeln. Dies ist teilweise der bisherigen Laufbahn der Ingenieure und Betriebswirtschafter geschuldet: weil sie, wie oben geschildert, auf individuellen Pfaden aus ihrem angestammten Milieu ausgebrochen sind und sie in einer ersten Phase nur selten beratende Vorbilder über das weite wirtschaftliche Feld führen und ihnen die genaue soziale Bedeutung der einzelnen Positionen näher bringen, entscheiden sie sich zuerst für einen Job, der sie annähernd interessiert und testen darauf ob dieser ihren

Wünschen und Erwartungen entspricht. Mit etwas Glück sind sie rasch an ihrem Ziel. Mit Pech kann es zu einer längeren und mühsamen Suche mit vielen Firmen- und Stellenwechseln ausarten. Vom subjektiven Standpunkt aus, unterscheiden sich diese Lern- und Wanderjahre klar von der nachfolgenden Etappe. Ein großer Teil der Befragten kann - jedenfalls retrospektiv - klar angeben, wann diese Phase für sie geendet hat. In der Praxis kann sich allerdings dieses Schlusssignal recht variabel äußern. Es muss als in längerfristige Prozesse eingebettet verstanden werden: Der Schlusspunkt kann die Gründung eines eigenen Unternehmens sein, ein richtungweisender Branchenwechsel oder die Annahme einer Stelle, die längerfristig Sicherheit und Aufstiegschancen verheißt. Diesen Wechseln gemeinsam: sie setzen rückblickend einer Periode des Suchens, Testens und Lernens ein Ende. Die Aufstiegskandidaten sind nun an einem Ort angekommen, an dem sie vorsehen zu bleiben.

6.4.1   Seinen Karriereanker finden

Die Versuchsphase ist eine Zeit des Entwickelns und des Differenzierens der sozialen und beruflichen Identität. Dieser Suchprozess ist notwendig für die Aufstiegskandidaten - nur selten nämlich, dies entnehme ich ihren heutigen Aussagen, passt eine Stellung exakt auf ihre Träume. Die Diskrepanz zwischen Wunsch und Wirklichkeit ist beruflichen Aufstiegen eingeschrieben und dient als Brennstoff des weiteren Strebens. Der Suchprozess erlaubt den Akteuren ihre Interessen zu bewerten, ihre Stärken und Schwächen zu entdecken und nicht zuletzt die Vorstellung davon zu schärfen, was sie eigentlich anstreben - dies ist zu Beginn nämlich häufig nicht klar. Auch wenn Abenteuer in dieser Phase immer noch möglich sind und in gewissem Masse auch gesucht werden, so zwingen schon in diesem Stadium chronologische Kräfte die Karrierekandidaten dazu erste Entscheidungen zu fällen, die für ihren weiteren Karrierenverlauf bestimmend sind. Denn die Position und die Identität die sie gegen Ende dieses Prozesses finden, ist ausschlaggebend für die nachfolgende Aufstiegs- und Konsolidierungsphase. Sie dient als eine Art Karriereanker.

Laut dem amerikanischen Managementtheoretiker Schein resultiert der Karriereanker *"from an interaction between the person with his needs and talents and the work environment with its opportunities and constraints"* (Schein, 1977: 52). Er fügt an, Karrieren seien *"anchored in a set of needs and motives which the career occupant is attempting to fulfil through the work he does and the rewards he obtains for that work – money, prestige, organisational membership, challenging work, freedom etc."* (Schein, 1977: 52). Schein unterscheidet zwischen "managerialen Kompetenzen", "fachlichen Kompetenzen", "Sicherheit",

"Kreativität" und "Autonomie und Unabhängigkeit". Als kulturell vorhandene Motive, die von den Karriereaspiranten auf ihrer Suche aber auch immer wieder neu interpretiert oder geschaffenen werden, spiegeln diese Anker tiefer liegende biographische Dispositionen und deren Konfrontation mit der beruflichen Welt. Ist ein Anker einmal gefunden, verändert er sich kaum noch oder dann nur aufgrund eines rasanten Strukturwandels. Die Aussagen der Befragten suggerieren allerdings, dass die für die Schweizer Ingenieure und Betriebswirtschafter relevanten Anker in gewissen Punkten von der Schein'schen Typologie abweichen.

6.4.2 Großfirmen versus Kleinfirmen

Zu Beginn der Versuchsphase werden die Ingenieure und Betriebswirtschafter vor die Wahl zwischen großen Firmen und kleinen Firmen gestellt. In den folgenden Worten erklärt ein Ingenieur, wie er im Aufeinandertreffen seiner Wünsche mit den Strukturen der Arbeitswelt erkannte, dass er ein *"Gewerbetyp"* und weniger ein *"Industrietyp"* sei:

> Interviewter #4:„Nach dieser Stelle bei diesem Planungsbüro da, bin ich dann auch Jahr lang bei der Firma X gewesen [große Maschinenindustriefirma], bei der Konstruktion und Berechnung von Hochspannungsapparaten. Da hab ich noch ein bisschen die industrielle Seite kennen gelernt nach dem Studium. Ich habe dann aber feststellen müssen ‚ich bin nicht der Industriemensch', ich bin irgendwie einfach der ‚Gwerblermensch', habe dann auch nach einem Jahr bei der Firma X wieder gewechselt und habe dann aber sehr konkrete Vorstellungen davon gehabt was ich eigentlich will und es ist für mich dann eigentlich so in Erfüllung gegangen wie ich es mir vorgestellt habe".

Der Ausschnitt veranschaulicht wie der befragte Ingenieur verschiedene Jobs und Positionen im Trial-and-Error Verfahren prüft. Er hat seine Lehre in der Welt der kleinen Unternehmen absolviert, will aber danach die industrielle Welt kennen lernen, nicht zuletzt weil er hoffte - wie er zum jetzigen Zeitpunkt etwas verschämt gesteht - dort verheißungsvollere Karrierechancen vorzufinden. Mit dem Alltag in einem Grossunternehmen konfrontiert, gewinnt er aber schnell den Eindruck, dass seine *"Persönlichkeit"* nicht hierhin passt. In der Folge wird die Unterscheidung zwischen *"Gewerbe"* und *"Industrie"* für ihn zum Schlüssel seiner Identitätsbildung und das Gewerbe schließlich der Sektor, in dem er sich fortentwickeln möchte.

Die Welt der kleinen und unabhängigen Firmen fasziniert einen beträchtlichen Anteil der Ingenieure und Betriebswirtschafter weil hier der Einzelne in ihren Augen mehr Einfluss hat, die Wertschöpfung sichtbar und praktisch in ihrer ganzen Breite mitverfolgt werden kann und dieses Milieu es erlaubt, den Formalismus, die Bürokratie und die Trägheit der Grossunternehmen zu vermeiden. Genau diese Grossunternehmen andererseits gelten bei den Befragten als reicher mit Karrierechancen dotiert, als besorgter um die Aus- und Weiterbildung ihrer Angestellten und großzügiger, wenn es um die langfristige Karrieresicherheit geht. Gerade weil diese zwei Universen von den Ingenieuren und Betriebswirtschaftern als Gegensätze begriffen werden, erstaunt es nicht, dass im Anschluss an die Versuchsphase nur noch wenige zwischen den beiden Unternehmenstypen kreuzen.

6.4.3 Fachkompetenz versus Management

Die jungen Ingenieure nehmen ihre Karriere in der Regel in einer Forschungs- oder Entwicklungseinheit eines industriellen Grossunternehmens oder in einem kleinen Planungsbüro in Angriff. In ihren Antworten bezeichnen die Befragten diesen Einstieg als *"normal"* oder *"klassisch"* - eine Karriere-Passage, die ein Ingenieur notwendigerweise zu durch schreiten hat. Anschliessend stellt sich aber rasch die Frage, ob man sich als *"Bastler"*, *"Forscher"* oder *"Techniker"* fühlt oder ob man eher dem Verkauf, dem Marketing oder dem Management zugeneigt ist. Im ersten Fall wird die fachliche Kompetenz und eine damit verbundene Denkhaltung schnell zu einem zentralen Karriereanker, der den weiteren Karriereradius auf Positionen wie technischer Teamleader oder Leiter Qualitätskontrolle einschränkt. Die zügige Passung zwischen dem strukturellen Angebot der Industriefirmen und der Identifikation als Bastler führt zu einer eher kurzen und reibungslosen Versuchsphase.

Die Ingenieure, die realisieren, dass ihre Ambitionen sich nicht den strukturell verfügbaren Angeboten fügen, beginnen nach Alternativen Ausschau zu halten - obgleich diese institutionell nicht immer klar umrissen sind. Es kann für sie darum eine längere und kompliziertere Versuchsphase folgen. Die Betroffenen müssen ihre Berufsidentität anpassen. Es gelingt diesen Ingenieuren selten ganz aus dem industriellen Sektor auszubrechen, sie visieren meist Positionen im Personal-, Verkaufs- oder Marketingbereich *innerhalb* der Industrie an. Vor allem die technischen Ingenieure beurteilen diese sich vom Technischen entfernenden Schritte als riskant, zumal sie den Übergang vom technischen Bereich ins Management im Allgemeinen als unumkehrbar begreifen. Ganz unabhängig davon, ob diese Vorstellungen der Chronologie zutreffen, ist der Wechsel von technischen Aufgaben zu Stabsaufgaben oder ins Management *die* zentrale Karriereentscheidung von Ingenieuren in Grossunternehmen, mit weit reichenden Folgen für ihre berufliche und soziale Identität. Während die Identitätsfrage sich für die technischen Ingenieure kaum stellt, ist der Abschied vom Technischen in Richtung Management mit Identitätsanpassungen verbunden, die insbesondere unter Bedingungen von Reorganisationen zu späteren Karrieremomenten immer wieder aufstoßen können.

6.4.4 Das Vermeiden der Spezialisierung

Die Vielfalt potentieller Einstiegspforten ist für Betriebswirtschafter größer als für die Ingenieure. Die Firmen bieten einerseits Stellen für Buchhaltungs- Marketing- oder Verkaufsspezialisten an und zum anderen stehen auch spezifische *Einstiegspositionen* zur Verfügung: etwa Controllingstellen in Buchprüfungsfirmen die einen weiten Einblick in verschiedene Wirtschaftsfelder gewähren, dann "Traineeships" in Großfirmen in denen per Rotationsprinzip unterschiedliche Unternehmensgebiete gestreift werden oder aber Assistentenjobs, bei denen man, angeleitet von einem höheren Manager, eine breite Einsicht in die Firma gewinnt. Gerade dieser Unübersichtlichkeit wegen ist die Wahl für die Betriebswirtschafter anspruchsvoller und folgenreicher. Jede dieser Positionen verheißt ein spezifisches Potential und ist mit spezifischen Erwartungen angereichert. Abgesehen von jenen, die umgehend zu Spezialisten im Marketing oder in der Buchhaltung werden (mit einem den fachlichen Karriereanker der technischen Ingenieure durchaus vergleichbarem Motiv), versuchen die Betriebswirtschafter in dieser Phase *"generalistisch"* zu bleiben. Sie wollen eine all zu rasche und all zu tiefe Spezialisierung zu vermeiden, weil diese in ihrer Wahrnehmung zum Karrierehindernis werden könnte. Diese Vermeidung des Absinkens ins Spezialistentum scheint ihrer Karriere in der Versuchsphase Form und Rhythmus zu geben.

Häufige Stellenwechsel, wie sie für die Versuchsphase typisch sind, dienen nicht nur dazu eine professionelle Identität zu finden. Sie erlauben es den Karriereaspiranten eine möglichst große Anzahl von Aufgaben und Bereichen kennen zu lernen. Eine solche Serie von Wechseln erhöht ihre Aufstiegschancen, die in ihren Augen wiederum an eine möglichst breite und allgemeine Managementerfahrung geknüpft sind. Während Einstiegsjobs als Trainees oder Direktionsassistenten als offizielle Komponente der Nachwuchsförderung ganz gezielt solche breiten Einblicke bieten, gelten spezialisierte Stellenprofile, insbesondere in den als weiblich konnotieren Bereichen wie Marketing oder Personal als riskant. Ihnen wird die Gefahr zugeschrieben, davon nicht mehr los zu kommen. Spezialisierung ist aber nicht gleich Spezialisierung. Die als rational und männlich konnotierten, buchhaltungsnahen Fachbereiche geniessen einen Sonderstatus und gelten, vorausgesetzt die technischen Aspekte nehmen nicht überhand, als Sprungbretter für höhere Managementpositionen.

6.5 Aufstieg und Konsolidierung

Die Vorstellung, sich zu gegebener Zeit in einer Stellung niederzulassen, sich *„fürs Leben"* an eine Firma zu binden, ist auch heute noch tief in den Köpfen der Ingenieure und Betriebswirtschafter verankert. Die meisten der Befragten erwähnen in impliziter oder expliziter Form einen Knackpunkt, ab dem sie "besser wissen was sie eigentlich wollen".

Die Aufstiegs- und Konsolidierungsphase setzt ein, wenn die Ingenieure und Betriebswirtschafter meinen einen Job gefunden zu haben, bei dem die Zukunftsverheißungen mit ihren Zukunftsvorstellungen übereinstimmen. In den meisten Fällen handelt es sich um den Einstieg in einen Kanal, der einen regelmäßigen hierarchischen Aufstieg verspricht oder zumindest eine als logisch empfundene, längerfristig angelegte Abfolge von interessanten Aufgaben. In gewissen Fällen entspricht dieses imaginierte Sprungbrett einer Firma (zum Beispiel eine für ihre interne Promotionspolitik bekannte Bank), in anderen einer Funktion (eine Buchhaltungsfunktion deren Kompetenzen zu einem Aufstieg prädestinieren) oder einer bestimmten Branche (zum Beispiel die Uhrenbranche). Vielfach erkennen die Akteure das Potential einer bestimmten Position erst nach ein paar Monaten auf dem Job, in der Firma oder der Branche. Selten ist der der richtige Einstieg die Folge einer bewussten Entscheidung - eher entpuppt sich eine Stelle nachträglich als das unbewusst Gesuchte. In dem Moment scheint keiner der Befragten über einen präzisen "Karriereplan" zu verfügen oder wagt es zumindest nicht im Nachhinein einen solchen dem Interviewer zu offenbaren.

Die Dauer der Aufstiegsphase hängt davon ab wie lange die Akteure einen weiteren Aufstieg für realistisch halten und deshalb weiterhin, im Denken und im Handeln danach streben. Für ausserordentlich Erfolgreiche kann diese Phase bis in den Karrierenherbst hinein andauern. Die Mehrheit wechselt aber davor in die so genannte Konsolidierungsphase: Anstatt weitere Aufstiege anzustreben, gehen die Akteure in dieser Phase dazu über ihre Privilegien und Verantwortlichkeiten zu verwalten.

6.5.1 Aufstiegsphase: Leiter oder Karussell?

Die meisten Ingenieure und Betriebswirtschafter steigen auf, indem sie - ganz klassisch - die Sprossen einer organisationsinternen Karriereleiter empor klettern. Dafür müssen sie ihre Ambitionen für einen solchen Aufstieg ihren Vorgesetzten zeigen, die Verschiebungen im internen Arbeitsmarkt beobachten und die Angebote packen, die sich ihnen bieten. Hierarchieleitern bestehen aus verschiedenen Typen von Sprossen: Nebst den formalen Positionen spielt zum Beispiel auch die Internationalität einer Aufgabe eine Rolle. Je "internationaler" eine Position, desto höher wird sie von den Befragten eingestuft. Ein zügiges Vorwärtskommen entlang solcher Hierarchien ist für viele der Interviewten gleichbedeutend mit Erfolg. Einer der in diesem Sinne "erfolgreicheren" Betriebswirtschafter schildert seine Aufstiegsphase folgendermaßen:

> Interviewter #15: Ich zähle schnell auf: ich bin Sitzcontroller gewesen, dann bin ich Regionalcontroller Nordwestschweiz gewesen, dann bin ich Leiter Systeme gewesen, dann habe ich die Funktion übernommen Controlling Operations, Business Area Operations, dann Controlling Overseas, dann Controlling Europa, dann Controlling Wealth Management International, dann Controlling Global Wealth Management and Businessbanking. Das ist die höchste Controlling-Funktion, wenn sie das anschauen in diesen 10 Jahren eigentlich sehen sie einen klassischen Weg im Controlling. Wirklich eine logische Entwicklung und heute in dieser Position bin ich verantwortlich für 300 Controller weltweit in etwa 23 verschiedenen Locations.

Der Befragte betrachtet seine Aufstiegsphase in Kategorien wie *"erfolgreich"*, *"logisch"*, *"sauber"* oder gar *"perfekt"*. Sein Berufsverlauf eignet sich gut für eine etwas gründlichere Erörterung der Aufstiegsphase: sie folgt einem schnellen Rhythmus von linearen und zugleich inkrementalen Wechseln, die in hierarchisch immer höhere Sphären führen und einen immer internationaleren Duft annehmen. Gegenüber einer solchen außerordentlich erfolgreichen Karriere fällt das Gros der Berufsverläufe ab: sie sind langsamer, bestehen aus weniger Stationen und sind nicht notwendigerweise international.

Eine Minderheit der Befragten steigt auf, indem sie im selben Job verbleibt. Ihr Stellenprofil verändert sich im Laufe der Zeit stark und erhält dadurch einen höheren Status. Der folgende Ausschnitt spiegelt einen so gearteten Aufstieg:

> Interviewter #13:"Die technischen Rechnungswesen-Aufgaben sind kleiner geworden, die IT-Aufgaben sind gewachsen und jetzt bin ich im IT gelandet. Das hat zwei, dreimal bewusste Entscheidungen drin gehabt von meiner Seite, von der Laufbahn her, will ich da bleiben? Ja Service-Management, das ist ein neues Gebiet und das tönt eigentlich noch spannend also bleiben wir bei der IT, ich sitze sozusagen auf dem gleichen Stuhl aber die Arbeit ist an mir vorbeigezogen"

Insbesondere in wachsenden Sektoren - in den 1990ern zum Beispiel im Telekommunikationsbereich - werden die Aufsteiger eher vom Ausbau getragen und mit ihren Jobs nach oben transportiert, als dass sie über eine Sequenz von hierarchisch geordneten Stellen nach oben steigen. Besonders in Phasen in denen die Firmen Reorganisationen ankündigen hüten sich die Befragten davor sich zu exponieren indem sie ihre Aufstiegbegehren anmelden. Eher arbeiten sie darauf hin ihre Relevanz und das Prestige ihres Stellenprofils zu steigern - indem sie wie Politiker entsprechende Vorschläge an den richtigen Orten deponieren.

6.5.2 Innerhalb oder zwischen den Firmen?

Gewisse Karrieren sind sehr loyal, während andere sich durch häufige Wechsel zwischen den Firmen auszeichnen. Das Einschlagen einer dieser zwei Laufbahntypen scheint für die Ausbildung der Berufsidentität wichtig zu sein.

Statistisch wird Loyalität mit der Zeit angegeben, in der ein Akteur in der gleichen Firma angestellt ist. Subjektiv kann Loyalität mehrere Bedeutungen annehmen: Betriebswirtschafter in Finanz-Banking Karrieren verbleiben in der Aufstiegsphase meist in einer Firma, weil diese in ihren Augen ein viel versprechendes Ausbildungs- und Unterstützungsprogramm anbietet. Loyal bleiben heißt für sie, rational Opportunitäten wahrzunehmen, die ihnen eine Firma mit reichhaltiger Palette interner Förderungen und Chancen bietet. Es handelt sich bei ihnen um eine paradoxe Form egoistischer und rationaler Loyalität. In einer solchen Firma, so berichtet einer der befragten Betriebswirtschafter, wird den aussichtsreichen Karrierekandidaten zu Beginn alle 18 Monate und später nach längerer Zeitspanne ein Funktionswechsel oder die Möglichkeit zu einem Aufstieg angeboten.

Die Technisch-Industriellen Ingenieure dagegen sind loyal, weil sie der Überzeugung sind, dass die Entwicklung und Verbesserung technischer Produkte eines langfristigen Engagements bedarf. Ihr Begriff von Loyalität ist eng mit dem Glauben an technischen Fortschritt verknüpft und als Bekenntnis zu einer Firma zu verstehen. Der Karriererhythmus in industriellen Großfirmen deckt sich darum weitgehend mit dem Projekt- oder Produktionsrhythmus. Die Wechsel in der Firma sind Wechsel zwischen Projekten und nicht Karriereentscheidungen, die einer individuellen Entwicklungslogik gehorchen. Es überrascht daher kaum dass technische Karrieren langsamer sind.

Firmen- oder Branchengrenzen sprengende Aufstiege kann man hingegen als illoyal bezeichnen. Sie verlaufen meist abseits von Förderungsprogrammen und kohärenten Selektionsstrategien von Firmen. Die Ingenieure und Betriebswirtschafter mit illoyalen Laufbahnen, sind mit vergleichbar hochfliegenden und aggressiven Ambitionen gesegnet. Sie wechseln häufig zwischen verschieden Firmen- und Branchen und erreichen früh Positionen im höheren Management, häufiger in kleineren und mittleren Unternehmen, wo schnelle Aufstiege eher möglich sind. Ihre Karrierenverläufe sind unregelmäßig, durch hohes Tempo und manchmal Ungeduld geprägt. Es ist zu vermuten, dass das individuelle und aggressive Karriereverhalten dieser Akteure durch die häufigen Wechsel verstärkt wird.

6.6 Die Auskühlphase als sanfter Übergang zur Pensionierung

Die „Auskühlphase" beginnt damit, dass die Leute gegen Ende ihrer Karriere *„einen Schritt zurück machen"* und dauert bis zur Pensionierung. Eine solche Auskühlphase ist in die kollektive Vorstellung einer erfolgreichen Karriere eingebaut. In den meisten Fällen beruht dieser „naturalisierte" Auskühl-Moment auf einer gegenseitigen, oft impliziten Abmachung zwischen den Angestellten und der Firma. Der betroffene Ingenieur oder Betriebswirtschafter wird dabei von einem Teil seiner vorherigen Pflichten und Verantwortungen entlastet und stellt der Firma als Gegenleistung sein Wissen und seine Kompetenzen zur Verfügung, indem er beratend oder ausbildend einige Jahre weiter wirkt.

6.6.1 Die zeitliche Struktur der Auskühlphase

Biographisch fängt die Auskühlphase irgendwann zwischen 50 und 65 Jahren an. Der Übergang ist nicht an ein spezifisches Alter geknüpft, er soll aber binnen einer gewissen Altersspanne stattfinden. Je näher er sich um das gesetzlich vorgeschriebene Pensionierungsalter situiert umso legitimer ist er. Auch wenn Veränderungen mit 50 als Eintritt in die Auskühlphase verstanden werden können, so bedarf es zu einem solchen Zeitpunkt zusätzlicher Legitimierung.

Zu einem gewissen Karrierezeitpunkt heben die meisten der Befragten dazu an ihren Berufsverlauf durch die Linse einer mehr oder weniger bald bevorstehenden Pensionierung zu betrachten. Der Eintritt in die Auskühlphase entspricht in vielen Fällen einem letzten, bevorzugt internen Stellenwechsel. Die wenigen beobachtbaren Wechsel zwischen Firmen geschehen meist nicht freiwillig. Nicht alle jedoch, die eine Aufstiegskarriere verfolgen, durchlaufen notwendigerweise auch eine Auskühlphase. Diejenigen, die auf einen sanften Übergang ins Rentnerleben verzichten und ihren Aufstiegs- und Leistungsdrang bis zuletzt aufrechterhalten, sind aber rar und nur in den obersten Etagen anzutreffen. Gerade in den mittelgrossen und kleinen Unternehmen ist es durchaus Usus, dass der Geschäftsführer oder Besitzer bis 65 oder darüber hinaus seine Führungsfunktionen ausfüllt.

6.6.2 Die Gründe für das Auskühlen

Die Auskühlphase kündigt sich mit einem gewollten oder ungewollten Stellenwechsel an oder ergibt sich über eine Transformation einer schon bestehenden Stelle. Mehrere der älteren Ingenieure und Betriebswirtschafter sprechen von einem Turning Point als sie feststellten, dass sie nicht mehr *"rennen"* mochten bzw. ihre verbleibende Zeit im Beruf *"geniessen"* wollten. Diese freiwillige Pensionierungsvorbereitung ist offenbar meist implizit oder explizit mit der Firma ausgehandelt. In ihrer neuen Rolle werden diese älteren Semester zu *"internen Beratern"*, wie es ein Ingenieur nennt. Sie widmen sich dem internen Unterricht - zum Beispiel demjenigen für Junge Karriereaspiranten - oder kümmern sich um einen eng eingegrenzten technischen Bereich, um mit Musse *"noch ein paar Sachen auszuprobieren"*. Eine verwandte Form des freiwilligen und kollektiv gestützten Ausstiegs kennen auch die Kleinunternehmer. Im Karriereherbst betrifft eine ihrer brennendsten Fragen die Nachfolge. Für sie fällt die Pensionierung nicht nur mit dem Ende des Arbeitslebens zusammen, sondern bringt auch die Frage auf den Tisch, wie und von wem ihr Lebenswerk weitergeführt wird. Oft schauen sich Kleinunternehmer schon einige Jahre vor ihrer Pensionierung nach einem potentiellen Nachfolger um und übergeben ihm das Geschäft, aus welchem sie sich langsam zurückziehen. Die Integration des Partners erfolgt formal oder aber indem sie ihm schrittweise mehr Klienten und Aufträge übertragen.

Gewisse unter den Befragten hegen keinen Wunsch sich von der der Aufstiegs bzw. Konsolidierungsphase zur Phase der beruflichen Auskühlung zu verabschieden. Gerade die bejahrten Ingenieuren und Betriebswirtschaftern, wurden aber im Zuge der Umstrukturierungen der 1990er Jahre frühzeitig pensioniert, neuen Aufgaben zugeführt oder gar entlassen. Viele der späten Wechsel in neue Positionen oder neue Abteilungen bedeuten für die älteren Ingenieure einen hierarchischen Abstieg - auch wenn sie manchmal dazu dienen eine Entlassung zu verhindern und ihnen einen ehrenvollen Abschied ermöglichen. Solche Wechsel werden von den Betroffenen selten antizipiert und es verwundert nicht, dass sie mit ihren Plänen und Absichten nicht immer übereinstimmen. Einer der Ingenieure war zum Beispiel Teamleiter und wurde dann im Zuge einer Reorganisation seiner formalen Position und seinen Verantwortlichkeiten enthoben, um sich einer technischen Spezialaufgabe in einer der Forschungsabteilungen zu widmen. Auch wenn eine solche Entmachtung Unzufriedenheit und Verbitterung auslösen kann, so nutzen gewisse Akteure das kulturelle Orientierungsmuster der Auskühlung um sich ihre Situation erklärlich und begreiflich zu machen. So werden erzwungene Versetzungen als Chancen genutzt *"um einen*

Schritt zurück zu machen" und, mit leicht angekratzter, Würde der Pensionierung entgegen zu schreiten.

6.6.3 Der neue Vertrag

Als Vergütung werden den Arbeitnehmern in der Auskühlphase die üblichen Leistungserwartungen erspart. Sie geniessen Schutz und Freiheit. Im Gegenzug lassen sie Firma von ihrem grossen Erfahrungsschatz profitieren. Sie transferieren ihr Wissen in der Form von Beratungen, von Coaching oder Mentoring von hoffnungsvollen Karriereaspiranten. Als Beispiel kann der 62-jährige Ingenieur genannt werden, der es sich in einer grossen Baufirma zur Aufgabe macht, den jungen Bauingenieuren zu vermitteln wie es ist *"eine grosse Baustelle"* zu leiten. Oder der Direktor eines Human Resources Departments einer Grossbank, der sich, in Absprache mit der Firma, in seinen verbleibenden Jahren auf die Ausbildung von "High Potentials" zu konzentrieren gedenkt. Es liegt auf der Hand, dass auch die Firmen vom in langen Dienstjahren angeeigneten Wissen und den Erfahrungen ihrer Angestellten profitieren möchten. Gerade um sensibles und informelles Wissen weiterzugeben braucht es mehr als nur umfassende Kenntnisse des Faches und der Firma. Nur jemand in einer Outsiderposition innerhalb der Firma - dem täglichen Konkurrenzdruck enthoben - kann solches Wissen vermitteln. Ein älterer Ingenieur, der als Mediator zwischen verschiedenen Personen, Gruppen und Abteilungen der Firma wirkt, kann seine Rolle nur spielen, erklärt er, weil er seinen Karriereambitionen altershalber entsagt hat und nun intern als neutraler Schiedsrichter wahrgenommen wird.

6.7 Schlussfolgerungen

Das Gefühl das soziale Aufsteiger für die Loyalität oder die Regelmässigkeit ihrer Karriere entwickeln, ist weder die einzige noch die wichtigste Dimension der Wahrnehmung ihres subjektiven Berufsverlaufs. Analytisch besonders wertvoll erweist sich die Einteilung des Berufsverlaufs in Phasen. Diese Phasen informieren uns, im Zusammenspiel mit weiteren Facetten der Aufstiegskarriere, über deren Entfaltungsmechanismen. Ingenieure und Betriebswirtschafter teilen ihre Karriere in fünf Phasen ein: die Aufwachphase, die Mauserungsphase, die Versuchsphase, die Aufstiegs- und Konsolidierungsphase und die Auskühlphase. Jede dieser Phasen scheint bezüglich des Berufsverlaufs eine spezifische Funktionalität zu besitzen, die in einem kulturellen Muster der Aufstiegskarriere eingeschrieben ist: während der Aufwachphase lernt der künftige Karrierekandidat seine Ambitionen zu erkennen und diese seiner Umwelt zu kommunizieren. Die meisten der Befragten empfinden diesen Prozess als eine individuelle Distanzierung und Emanzipation vom Ursprungsmilieu. In der Mauserungsphase löst der angehende Aufsteiger sich sanft von seinem Ursprungsmilieu ab, geht an die höhere Fachschule und schliesst neue Bande mit einer Gruppe von Leuten die seine sozialen Ambitionen teilen. Danach gilt es in der Versuchsphase eine neue berufliche und soziale Identität zu finden, diese zu festigen und darauf eine Karriere aufzubauen. Sind diese Weichen einmal gestellt, treten die Ingenieure und Betriebswirtschafter in die Aufstiegs- und Konsolidierungsphase ein. In dieser Phase steigen sie auf, meist, indem sie den hierarchischen Karrierestufen folgen, in einzelnen Fällen aber auch über eine Aufwertung ihres Jobprofils. Der Übergang zwischen der Aufstiegs- und der Konsolidierungsphase kann zuweilen schmerzhaft sein und wird oft erst zeitlich verspätet akzeptiert. Ab dem Alter von ca. 50 Jahren treten die Betriebswirtschafter und Ingenieure in die Abkühlphase ein, ein kollektiv verankertes Modell des Übergangs in die Pensionierung. Sie treten einen Schritt zurück und schliessen einen neuen Vertrag mit ihrem Unternehmen, im Rahmen dessen sie vom Karrieredruck entlastet werden und sich im Gegenzug dazu bereit erklären, ihr Wissen und Können als Berater oder Mentor weiterzugeben.

Besonders interessant erscheint mir der Kontrast zwischen der als milieukonform beschriebenen Wahl der Lehre und der Darstellung der Entscheidung *"weiter zu gehen"*, als individueller und für die Karriere ausschlaggebender Schritt. Die Karrieretypologie hat gezeigt, dass die Wahl der Lehre einen entscheidenden Einfluss auf den weiteren Karriereverlauf hat. Ein bestimmter Lehrabschluss garantiert im Gegensatz zur Maturität keine freie Disziplinenwahl, sondern ist fest an einen bestimmten Lehrgang an der höheren Fachschule gekoppelt ist (entweder an die kaufmännische HWV oder die technische HTL). Weiter sind die Karrieretypen stark durch die Wahl der Studienrichtung an der höheren Fachschule vorbestimmt. Die Finanz-Karrieren und die Finanz-Banking-Karrieren stehen fast ausschliesslich Betriebswirtschaftern offen, während die Technisch- Industrielle-Karriere und die KMU-Karriere fast ausschliesslich von Ingenieuren eingeschlagen werden. Lediglich die industriellen Management-Karrieren und die Stabs-Karrieren im Dienstleistungssektor sind gemischt und nehmen Abgänger aus beiden Studienrichtungen auf. Deshalb sind die Karrierewege der Ingenieure und Betriebswirtschafter viel weniger als diese glauben, ein Resultat ihrer individuellen, emanzipatorischen Entscheidung *"weiter zu kommen"*. Ob die Karrierekandidaten Erfolg haben werden - und der Erfolg hängt, das habe ich gezeigt, stark vom Karrieretyp ab - ist eine Frage, die viel mit der Wahl der Lehre zu tun hat. Und diese Wahl wiederum, darauf lassen die Aussagen der Befragten schliessen, ist selten eine Entscheidung des individuellen, selbstverantwortlichen und mündigen Akteurs. Viel eher fällt sie im Einklang mit den Eltern und den Erwartungen des Milieus. Die zweite folgenreiche Karrierephase ist die Versuchsphase. Wie weit es die Karrierekandidaten in der Aufstiegsphase *"nach oben"* schaffen hängt zu grossen Teilen von der Weichenstellung während der Versuchsphase ab: die Aufstiegswilligen müssen sich zwischen kleinen und grossen Unternehmen, zwischen technischer und kaufmännischer Logik oder zwischen Spezialistentum und Generalistentum entscheiden. Diese Weichenstellung kann am Besten als ein iterativer Passungsprozess zwischen den Opportunitätsstrukturen und den Identitäten der Aufsteiger beschrieben werden. Im Trial-and-Error Modus überprüfen die Karrierekandidaten ihre Wünsche auf eine Übereinstimmung mit den von den Firmen gebotenen Stellen, nehmen diese an, wenn sie mit ihren Vorstellungen harmonieren, suchen weiter, wenn sie ihnen nicht genehm sind oder passen ihre ursprünglichen Vorstellungen dem strukturell Gebotenen an. Auch dieser Prozess weist darauf hin, dass die wichtigsten Karriereentscheide nicht rational und als solche getroffen werden, sondern über Umwege und verschleiert fallen. Zum Zeitpunkt der eigentlichen Aufstiegsphase, in der sich insbesondere die erfolgreichen Aufsteiger als selbstverantwortliche, rationale Architekten ihres Erfolges inszenieren, sind die wichtigsten Entscheidungen schon längst gefasst.

Unterscheiden sich die subjektive Wahrnehmung und Einteilung der Karriere in Abhängigkeit vom Karrieretyp? Sicherlich sind einige kleinere Unterschied festzustellen. Im Allgemeinen allerdings scheint die Wahrnehmung der Karriere in diesen fünf Phasen erstaunlich stabil und einheitlich zu sein. Gerade die Einschätzung der frühen Karrierephasen sind für alle Typen sehr ähnlich: alle geben an, zu diesem Zeitpunkt hätten sie einfach *"weiter kommen"* wollen. Fast alle Ingenieure und Betriebswirtschafter, hängen, unabhängig von ihrem tatsächlich eingeschlagenen Karriereweg, einem relativ einheitlichen, kulturell geteilten Karrieremodell an. Wie variiert Wahrnehmung der Karriere in Bezug zur Kohortenzugehörigkeit? Obgleich sich keine fundamentalen Veränderungen in der Wahrnehmung der Karrierephasen und ihrer Abfolge abzeichnen, ist es denkbar, dass ihre Dauer sich im Kohortenvergleich verändert hat. Es ist beispielsweise möglich, dass die Versuchsphase für die heutige Generation länger dauert und mit mehr Komplikationen verbunden ist. Zweitens könnten sich die Funktionen der einzelnen Phasen leicht gewandelt haben. Nutzen die Jungen den Suchprozess der Versuchsphase, der den älteren Kohorten dazu diente einen Karriereanker zu finden, um einen strukturell schwierigen Einstiegsprozess als Identitätssuche zu kaschieren? Es ist nicht immer klar ob die vielen und zum Teil abrupten Wechsel in dieser Phase getroffene Karriereentscheidungen oder erlittene Karrierebrüche sind. Analog zu dieser Uminterpretation der Versuchsphase, benützen ältere Ingenieure die Legitimität der Auskühlphase um ihre Deklassierung als

"Normalität" darzustellen. Sie deuten den Verlust ihrer vorherigen Position als einen ganz normalen "Schritt zurück", wie ihn viele Aufsteiger vor der Pensionierung machen.

7 Biographische Deutungsmuster Aufstiegswilliger

Karrieren werden massgeblich von Institutionen kanalisiert. Sie sind aber immer auch die Folge individueller Entscheidungen. Diese Entscheidungen, so mein Argument, basieren nicht nur auf den subjektiven Wahrnehmungen der eigenen Laufbahn, sondern auf tiefer liegenden Deutungsmustern. Diese Deutungsmuster sind wiederum strukturell eingebettet: sie sind ein Produkt der bisherigen Sozialisation, des Werdegangs, des kulturellen Kontexts. Im Laufe der Karriere werden Deutungsmuster kreiert, reproduziert, verändert oder abgeschwächt. Vier dieser Deutungsmuster habe ich im einführenden theoretischen Kapitel für die Aufstiegskarriere als zentral identifiziert: das Aufstiegsstreben, die Fortschrittsvorstellungen, die Zeit- und die Gerechtigkeitskonzeptionen.

In diesem Kapitel nehme ich diese "Sensitizing Concepts" auf und untersuche deren Widerhall in den qualitativen Interviews. Die Interviews dienen dazu die Konzepte mit empirischem Inhalt zu füllen. Zudem können sie auch zu einer Nuancierung, Differenzierung oder gar Abänderung der ursprünglichen Konzepte beitragen. Schliesslich soll es darum gehen das Zusammenspiel zwischen Deutungsmuster und den Strukturen zu ergründen.

Einleitend beschreibe ich meine analytische Vorgehensweise und komme dann der Reihe nach auf die vier "Sensitizing Concepts" zu sprechen: ich zeige zuerst wie sich Ambitionen im Karriereverlauf reproduzieren, transformieren oder abschwächen. Dann stelle ich technische Fortschrittsvorstellungen einem konkurrenzbasierten Modell von Innovation gegenüber. Im dritten Abschnitt verhandle ich die Pläne der Befragten, sowie die Wahrnehmung von Karriererhythmen und Sequenzen. Abschliessend geht es um die Gerechtigkeitsprinzipien, die modernen Aufstiegskarrieren zugrunde liegen und deren Verbindungen mit dem Leistungsprinzip.

7.1 Deutungsmuster im Verlauf der Karriere

Die im Folgenden verwendeten qualitativen Daten stammen aus der Teilstichprobe von 30 Ingenieuren und Betriebsökonomen. Für die Untersuchung der subjektiven Deutungsmuster und ihrer Veränderungen im biographischen Verlauf, stütze ich mich auf die von Strauss und Corbin entwickelte Grounded Theory (1990), die relativ offen ist für den Status ist, den der Forschende den Aussagen der Befragten zuschreibt. Die Aussagen der Interviewten können als Spiegelungen tiefer liegender kultureller Kategorien interpretiert werden, ähnlich dem Ansatz der Deutungsmusteranalyse von Oevermann (2002) oder des kategorial-analytischen Vorgehens von Demazière und Dubar (2004). In einer solchen Perspektive richtet der Forschende seinen Blick auf die narrativen Muster und syntaktische Ausdrucksformen und ergründet die Denkkategorien- und Stile, die ihnen zu Grunde liegen. Die Aussagen können aber auch inhaltsanalytisch, als Informationen über die soziale Welt der Befragten betrachtet werden, so im "restitutiven Ansatz" von Demazière and Dubar (2004). In diesem Fall interessiert sich der Forschende für den Erzählinhalt. Die Erzählungen werden als eine subjektive Beschreibung der sozialen Realität behandelt. In der vorliegenden Analyse versuche ich diese beiden Ansätze zu kombinieren. Die persönlichen Theorien der Befragten erschliessen mir die subjektiven Deutungen der Aufstiegskarriere verstehen und ergänzen und nuancieren die per Fragebogen gesammelten Informationen. Ich versuche dabei die tiefer liegenden, das Denken und Handeln steuernde, kulturelle Kategorien herauszuarbeiten.

Grounded Theory kann mehr oder weniger theoriegeleitet sein. Es ist jedoch unmöglich, sich vollkommen theoriebefreit einem Forschungsgegenstand zu nähern, wie dies in einem induktiven Modell vorgeschlagen wird (Kelle, 1994). Ziel ist vielmehr die Fachliteratur nutzbar zu machen um sich dem empirischen Material anzunähern. Oder in anderen Worten: *"Im Unterschied zu einer hypothetiko-deduktiven Forschungsstrategie beginnt eine qualitative Studie, bei der das Untersuchungsfeld mit Hilfe von sensibilisierenden Konzepten vorstrukturiert wird, nicht mit präzis operationalisierten Hypothesen, sondern mit unscharfen Begriffen, die im Laufe der Untersuchung sukzessive präzisiert werden"* (Kelle & Kluge, 1999: 27-28). Deshalb betrachtete ich das Material durch die Linsen der im Theoriekapitel vorgestellten Konzepte der Karriereforschung: "Aufstiegsstreben", "Fortschrittsvorstellungen", "Zeitkonzeptionen" und "Leistungsprinzip". Durch die stete Konfrontation mit dem Material können diese Konzepte im Laufe der Analyse empirisch bereichert, angepasst und neu formuliert werden.

Es wurde schnell klar, dass die typischen Konfigurationen von Deutungsmustern weder mit den objektiven Karrieretypen zusammenfallen, noch völlig unabhängig von diesen sind. Weitere Vergleichsdimensionen wie die Studiendisziplinen, die Kohorten oder die Wirtschaftsbranche erwiesen sich als ebenso wichtig für das Verständnis der Deutungsmuster. Die Vorstellung beispielsweise, die sich die Befragten von ihrer Zukunft machen, scheint stark von ihrer Studiendisziplin und sekundär vom Verlauf ihrer Karriere geprägt zu sein. Der Glaube an das Leistungsprinzip dagegen scheint praktisch allen Befragten gemein zu sein, drückt sich allerdings je nach Kohortenzugehörigkeit verschieden aus. Aus diesen Gründen verzichte auf eine strikt nach objektiven Karrieretypen oder Studiendisziplinen getrennten Untersuchung. Ich halte für aussichtsreicher zuerst die Deutungsmuster sorgfältig zu beschreiben und darauf zu erklären wie und warum ihre Charakteristiken mit einem bestimmten Karriereverlauf, einer Disziplin oder einer Kohorte zusammenhängen. Das Problem dieses Ansatzes: Weil vollendete und unvollendete Laufbahnen nicht miteinander konfrontiert werden, verbietet sich ein Vergleich der Deutungsmuster in den späteren Karrierephasen. Es ist zudem problematisch Deutungsmuster von Individuen in vergleichbaren biographischen Stadien miteinander in Bezug zu setzen, wenn diese aus unterschiedlicher zeitlicher Distanz erinnert werden und in unterschiedliche historische Kontexte gehören.

7.2 Die biographische Entwicklung des Aufstiegsstrebens

Alle Gesprächspartner fassen zu einem gewissen Moment ihrer Biographie den Entschluss *"etwas aus ihrem Leben zu machen"* oder *"weiter kommen zu wollen"*. Soziales Streben kann allerdings auch auf fachliche oder horizontale Ziele gerichtet sein (Becker, 1952). In einer Typologie von Karrieremotiven weist Schein darauf hin, dass nur ein Teil seiner Stichprobe von amerikanischen Businessschulabsolventen nach höheren Positionen und mehr Einfluss streben. Viele verfolgen alternative Ziele wie zum Beispiel eine Vergrösserung ihrer technischen Kompetenzen oder ihrer Autonomie (Schein, 1971). Diesem mehrdimensionellen Charakter des Strebens Rechnung tragend gehe ich im Folgenden davon aus, dass verschiedene Formen des Strebens neben- und miteinander gepflegt werden können. Tatsächlich manifestieren die Interviewten in vielen Fällen mehrere Typen des Strebens gleichzeitig. Häufig ist aber zu bestimmten biographischen Zeitpunkten eines der Motive dringender als die anderen. Das Streben nach hierarchischen Positionen und Macht scheint beispielsweise in den frühen Karrierejahren zu dominieren, während die Suche nach fachlichen Herausforderungen oder einer Autonomieausweitung in späteren Karrierephasen an Gewicht gewinnt.

Was macht den Unterschied zwischen der biographischen Abfolge des Strebens von Ingenieuren und von Betriebsökonomen? Suchen Betriebsökonomen eher den vertikalen Aufstieg, während die Ingenieure nach fachlichen Herausforderungen und Autonomie dürsten? Die Unterschiede zwischen den beiden Gruppen betreffen eher in der *Abfolge und im Rhythmus* der Ambitionsformen. In den frühen Karrierejahren scheinen alle Abgänger höherer Fachschulen nach einem vertikalen Aufstieg zu streben, unabhängig von ihrer Studiendisziplin.

Während der Versuchsphase tritt allerdings bei einem Teil der Ingenieure eine klärende Transformation ihrer Motive ein: technisch-industrielle Ingenieure lösen sich vom hierarchischen Streben und wenden sich der Suche nach fachlichen Herausforderungen zu. In einigen Interviews gibt sich diese Transformation als verschämte Strategie zu erkennen, mit denen Ingenieure ihre (von ihnen selbst heute als schnöde empfundenen) Ambitionen für einen Aufstieg ins Management zu kaschieren versuchen. Kurse zur Unternehmensführung, die nicht wenige Ingenieure direkt nach ihrem technischen Studium besuchen, sind Anzeichen dafür, dass solche Begehren durchaus vorhanden waren. Umgekehrt ist das vertikale Streben nicht das einzige Motiv der Betriebsökonomen. Häufig machen hierarchischen Ambitionen (im Laufe der Aufstiegsphase) auch bei den Betriebsökonomen der Suche nach fachlicher Herausforderung oder nach grösserer Autonomie Platz. Im Allgemeinen können wohl zwei Sequenzen von Formen biographischen Strebens unterschieden werden: Eine Mehrheit wandelt ihr hierarchisches Streben im Laufe der Biographie in andere Formen um (oder schwächt es ab); eine Minderheit macht aus dem hierarchischen Streben einen Lebensstil.

7.2.1 Biographische Transformationen hierarchischen Strebens

Der Moment der Konversion zwischen den Formen des Strebens hängt vom Karrieretypus ab. Die technisch-industriellen Ingenieure durchlaufen sie oft schon in der Versuchsphase; in der Finanzkarriere findet sie hingegen typischerweise erst im Laufe der späten Aufstiegsphase statt bzw. fällt mit dem Übergang von der Aufstiegsphase zur Konsolidierungsphase zusammen.

Die Mehrzahl derjenigen die zur fachlichen Herausforderungen konvergieren geben zu verstehen, dass sie nicht (oder nicht mehr) an Macht oder an Führungsaufgaben interessiert sind. Diese betrachten sie als uninteressant, administrativ und bürokratisch. Zudem fürchten sie, in solchen Position Kollegen herumdirigieren zu müssen. Ein Ingenieur, der ein kleines Team leitet, formuliert es so:

> Interviewter #19: Ich habe jetzt nicht die Ambition dass ich sage, ich will so und so viele Leute unter mir haben oder was auch immer... oder irgendwie einen gewissen Lohn, also ich habe in dem Sinne nicht Ambitionen in diese Richtung. Vielleicht innerhalb eines Projektteams. Schon projektmässig Leute führen, aber nicht noch administrative Aufgaben mit dem Personal. Also keine Lohngespräche oder sonstige Probleme, die die Leute haben. Also für mich ist es nicht unbedingt erstrebenswert zu führen"

Die Motivation technisch-industrieller Ingenieure gilt der Entwicklung neuer Produkte und des Vorantriebs der technischen Entwicklung - nicht der Verwaltung des Fortschritts. Deshalb wenden sie sich häufig schon während der Versuchsphase den technischen Aspekten zu. Die Konversion entspricht also einer individuellen Entscheidung, die sie klar identifizieren und zeitlich eingrenzen können.

Im Kontrast dazu, versuchen Betriebsökonomen verzweifelt "Generalisten" zu bleiben, werden dann aber, ohne es zu wollen und manchmal eine Weile ohne es zu merken, zu Spezialisten umgewandelt. Die meisten dieser Umwandlungen ereignen sich zwischen 30 und 40, während der Aufstiegsphase. Häufig befinden sich die Betroffenen „gefühlt" noch im Aufstieg, warten aber schon eine Weile auf einen weiteren Karriereschritt. Dabei rutschen sie in dieser Phase in die Gruppe der Spezialisten und verschwinden von der Firmenliste der weiter Beförderungswürdigen. Im Gegensatz zu einer bewussten und zeitlich klar eingrenzbaren Entscheidung zur Konversion, handelt es sich hier um eine nur zögerlich und widerstrebend akzeptierte, aufgezwungene Umorientierung.

7.2.2 Hierarchisches Streben als Lebensstil

Gewisse Ingenieure und Betriebsökonomen halten ihr aufwärtsorientiertes Streben deutlich über die erste Versuchsphase hinaus aufrecht. Sie nehmen auch während ihrer Aufstiegsphase und manchmal bis in ein Alter von 45, 50 Jahren ihre hierarchischen Ambitionen nicht zurück und beschreiben ihre Aufstiegsgelüste immer noch als ihre zentrale Triebfeder. Diese Strategie ist eine Reaktion auf biographische Ereignisse, sie reflektiert aber auch strukturelle Opportunitäten und deren subjektive Wahrnehmung. Zwei Verläufe scheinen ein solch anhaltendes hierarchisches Streben zu begünstigen.

Betriebsökonomen in Finanz-Banking-Karrieren haben in der Regel den Eindruck automatisch und kontinuierlich Aufstiegsmöglichkeiten angeboten zu bekommen. Ein Controller in einer Bank, Mitte 40, resümiert die letzten zehn Jahre einer sehr erfolgreichen Karriere:

Interviewter #15:„Wenn sie nicht eine Pumpe sind, dann haben sie hunderte von Opportunities und Möglichkeiten und dann müssen sie sie schlicht und ergreifend einfach nehmen. Wenn sie nach dem Grundsatz "Stillstand ist Rückschritt" leben, dann müssen sie alle Opportunities einfach annehmen".

Diesem Betriebswirtschafter präsentieren sich eine grosse Zahl von „Opportunities" (wie er sie in Englisch nennt), die es lediglich zu packen gilt. „Chancen packen" wird ihm zu einem Leitfaden, der ihn kontinuierlich in höhere Sphären der Hierarchie führt. Sein persönliches Motto *„Stillstand ist Rückschritt"*, das er laufend zitiert, zeigt wie er dieses ständige *„Chancen packen"* in einen eigentlichen Lebensstil kondensiert hat. Das Aufwärtsstreben ist ein Leitmotiv seines Lebens geworden das er in allen Bereichen zu verwirklichen sucht: im Berufsleben, in der Familie oder im Militär. Für Arbeitskollegen, die *„aufgegeben"* haben, die *„es sich gemütlich gemacht haben"*, hat er nur Verachtung übrig.

Eine zweite Gruppe mit anhaltenden Aufstiegsambitionen verfolgt autonome Karrieren über Firmen- und Branchengrenzen hinweg. Diese Akteure behalten ihre aggressiv aufstiegsorientierte Haltung auch ohne strukturellen Support von Firmen und über Krisenphasen hinweg. Hindernisgesäumte Pfade scheinen einen Karriereindividualismus zu kreieren und zu verstärken. Diese individualistischen Laufbahnen unterscheiden sich grundsätzlich von organisationsbasierten Karrieren - weil sichere organisatorische Alternativen fehlen, gilt es ständig weiter zu streben. Ein Ingenieur, der nach einer recht stürmischen Karriere eine längere Phase der Arbeitslosigkeit durchmachte und darauf einen Posten als Filialleiter eines grossen Detailhändlers gefunden hat, sagt:

> Interviewter #5:„Was ich mir durchaus sehr gut kann vorstellen, dass es irgend einmal heisst ‚X [sein Name], wir bauen in Neuseeland eine neue Gesellschaft auf, bist du dabei?' Dann kann ich mir aus heutiger Perspektive vorstellen dort dabei zu sein. Das ist ein Punkt. Natürlich spekuliere ich auch irgendwo ganz weit im Hinterkopf, dass ich vielleicht auch einmal Geschäftsführer einer regionalen Gesellschaft werde".

Diese Aussage ist die Antwort auf eine Frage nach seiner Zukunft und folgt einer längeren Sequenz in der er den Verlauf seiner Arbeitslosigkeit erklärte. Mit der Erwähnung Neuseelands, einem Land das sich förmlich auf der anderen Seite der Welt befindet, zeigt er an, dass er trotz durchlebter Krise abenteuerfreudig und flexibel geblieben ist. Auch für diese Teilgruppe wird das Aufwärtsstreben zu einem eigentlichen Charakterzug: sie zitieren unzählige Beweise ihrer Offenheit, ihrer Flexibilität und ihrer noch immer brennenden Ambitionen. Auch dehnen sie ihre beruflichen Denk- und Verhaltensweisen auf andere Lebensbereich aus: Einer der aggressivsten Kletterer der Stichprobe, der angibt in seinem Berufsleben grosse Risiken einzugehen und auch mal einen Machtkampf offensiv auszutragen, sagt zu seinem Privatleben befragt, er lasse in seiner Beziehung zu seiner Frau nur wenig Raum für Routine oder Sicherheit; in 20 Jahren hätten sie sich schon drei mal getrennt. Er schildert sein gesamtes Familienleben als eine ständige fordernde und auch mal riskante Aushandlung zwischen den Partnern. Ein anderer Betriebsökonom bezeichnet seine Familie als *„Projekt"*. Seine Ehe funktioniere vor allem deshalb, sagt er, weil sie ebenfalls mit den ständigen Fle-

xibilitätsanforderungen seines Berufslebens konfrontiert sei. Diese Herausforderungen hätten sein Paarleben *"fit"* gehalten.

7.3 Fortschrittsvorstellungen

Die Zukunftsorientierung und der Glaube an die Verknüpfung von persönlichem
und kollektivem Fortschritt werden einschlägig als charakteristisch für Akteure
mit Aufstiegsambitionen betrachtet (Berner, 1990). Wie denken die Schweizer
Ingenieure und Betriebsökonomen tatsächlich über den sozialen und wirtschaftlichen Fortschritt? Aus den Daten kristallisieren sich zwei kontrastierende Fortschrittsvorstellungen heraus: eine technologische und eine konkurrenzorientierte
Variante. Die Erste ist vor allem unter den Ingenieuren verbreitet, während die
zweite von den Betriebswirtschaftern verfochten wird. Die zwei Modelle sind
durchaus in die politische und wirtschaftliche Entwicklung der Schweiz eingebettet: das technologische Modell entspricht einem ökonomischen Regime wie es
in der Schweiz bis Mitte der 1990er Jahre vorherrschte (Mach, 2006). Das konkurrenzorientierte Modell scheint eher dem neuen Geist des Kapitalismus zu
entsprechen. Beide Modelle allerdings verweisen auf das Allgemeingut und
benutzen volkswirtschaftliche Argumentationen. Der Bezug zur kollektiven
Wohlfahrt scheint legitimatorisch unabdingbar zu sein.

7.3.1 Das technologische Innovationsmodell

Die Ingenieure führen den Erfolg der Schweizer Industrie nach dem zweiten
Weltkrieg auf effiziente Produktionsmethoden, die Qualität und den innovativen
Charakter ihrer Produkte zurück. Die Protagonisten dieser Erfolgsgeschichte sind
in ihren Augen die Ingenieure und manchmal auch sehr spezifisch die HTL-
Ingenieure, weil diese im Gegensatz zu den Theoretikern der ETH den „pragma-
tischen Geist" der Schweizer Industrie verfechten. Nur sie sind fähig theoretische
Planung mit praktischer Erfahrung zu paaren[25].
 In den Augen der Ingenieure ist Qualität ein Produkt langfristiger und praktischer Planung. Diese stellen sie *"Basteln"*, *"trial-and-error"* und *"Unordent-
lichkeit"* gegenüber, die vorab unter Bedingungen von *"Preisdruck"* und *"Zeitdruck"* zustande kommen. Qualität kontrastieren sie auch mit *"Quantität"*. Die
Produktion großer Mengen bedürfe Produktionsbedingungen die es verunmög-

---

25 Diese Vermählung von Theorie und Praxis sehen sie gleichzeitig auch als spezifisch Schweizerische Tugend: anderen Industrienationen gehen die praktischen Erfahrungen (Frankreich) oder aber
das theoretische Verständnis ab (China oder Indien).

lichten qualitativ hochwertige Produkte herzustellen. Ein Ingenieur erklärt diesen
Gegensatz zwischen Qualität und Quantität als Unterschied der Arbeitsstile der
Generationen:

> Interviewter #14: Bei der Firma X haben wir natürlich anders gearbeitet, das hat
> müssen schnell gehen und hat nicht so viel kosten dürfen. Sonst haben wir ja den
> Auftrag nicht bekommen, dann haben sie aber trotzdem irgendwie mal müssen fertig
> werden und dann haben sie einfach x-wie probiert oder und ich habe eben lieber
> vorher ein bisschen studiert und dann die Sache einmal gemacht und fertig. Eben
> schon Qualität, ja.

Dieser Ingenieur, zum Zeitpunkt des Gesprächs eine leicht bitter schmeckende
Pension genießend, erzählt wie sich gegen Ende seiner Berufslaufbahn ein Graben zwischen seinem Verständnis eines guten Produktionsprozesses und den
Realitäten an seinem Arbeitsplatz auftat. Damit technische Innovationen möglich
seien, müssten eine Reihe von Grundbedingungen erfüllt sein. Die wichtigste sei
die Garantie für eine bestimmte Form von Produktionszyklus. Idealerweise sei
der Produktionszyklus eine Abfolge von Erkundung, Investitionen, Entwicklung,
Testen und Produzieren. Eine in diesem Sinne befriedigende Berufserfahrung
beschreibt ein Ingenieur mit folgenden Worten:

> Interviewter #28: „Das Spannende ist zu sagen ,wir wollen etwas Neues herstellen'.
> Wir sind zum Beispiel in den Kupferdatenkabel-Markt eingestiegen. Und dann ha-
> ben wir gesagt, wir wollen ein Hundert-Megabite-Kabel machen und ,was muss
> man machen?' Wir haben freie Hand gehabt auf dem Weltmarkt, welche Maschi-
> nenlieferanten haben wir, welche Varianten? Go! Einen Test fahren, Messungen
> machen und so weiter, also effektiv vom Plan der Geschäftsleitung, wir wollen im
> Prinzip in drei oder vier Jahren diesem Bereich 10 Millionen machen, was braucht
> man dazu? X! [sein Name]"

So ein Prozess, meinen die Ingenieure, ist nur in bestimmten Organisationen
möglich. Er bedarf großer, oft anti-zyklischer Investitionen. Er dauert mehrere
Jahre und ist Teil langfristiger industrieller Wertschöpfungsstrategien. Grosse,
paternalistisch geführte Industriefirmen würden diesen Anforderungen am ehesten gerecht. Solche Unternehmen förderten erfahrungsbasierte und projektorien-
tierte Karrieren mit Etappen von 5 bis 7 Jahren. Nur solche Firmen, so die Ingenieure, hätten den Mut für langfristige, riskante und voluminöse Investitionsent-
scheide, die es zur Entwicklung von innovativen Produkten bedürfe.

Indes, spätestens seit den 1990ern fordern neue Organisationsmodelle diese
Ideale heraus: hier sei eine langfristige Perspektive einer *"kurzfristigen Profit-
gier"* oder dem *"Vierteljahresdenken"* gewichen. Der mutige und verantwor-
tungsvolle Unternehmer sei durch *"zaghafte Buchhalter"* ersetzt worden, die die

tägliche Ingenieurarbeit mit engmaschigen Kontrollsystemen und pfennigfuchsendem Geist gängeln würden. Auf der Ebene des mittleren Managements würden die technologiebewussten Ingenieure durch unwissende *"Manager"* ersetzt, die zu schnell aufsteigen und zu früh zu viel verdienen. Der Fokus auf Qualität und Innovation werde mehr und mehr durch *"Preisbewusstsein"* und *"Zeitdruck"* abgelenkt. Dies führe zu mangelhafter Qualität und Nachlässigkeit, die in den Augen der Ingenieure für den Niedergang der Schweiz verantwortlich sind. Die Schweizer Industrie hätte ihre Erfolgsformel unter dem Druck der Investoren und Aktionäre leichtsinnig preisgegeben, beklagen sie sich. Sie hoffen eine Rückkehr zu einer mutigen, qualitativ hoch stehende Hightech-Produkte bevorzugende Investitionspolitik werde den industriellen Werkplatz der Schweiz retten.

7.3.2 Innovation durch Konkurrenz

Für viele Betriebswirtschafter ist per Konkurrenzdruck geschaffene Effizienz der Schlüssel zum Fortschritt. Im Gegensatz zu den Ingenieuren ist Fortschritt in dieser Vorstellung nicht an einen spezifischen Produktionsprozess oder ein besonderes Produktionsmodell gekoppelt. Allerdings gilt es, um *"effizient"* zu bleiben, den jeweils aktuellen Modus operandi ohne Unterlass in Zweifel zu ziehen. Höchst willkommen sind *"revolutionäre Ideen"* und *"Visionen"*, die sich von einem Verständnis von Unternehmensführung als *"Verwaltung"* oder *"Management"* abgrenzen. Dabei kann es sich um Ideen für Reorganisationen, um neue Budgeting-Ideen oder aber darum handeln, etwas als *"Prozess"* zu verstehen was bisher als *"Regel"* galt. Die Betriebsökonomen behaupten sehr genau zu wissen wie Effizienz gefördert und kreiert werden kann: Mittels eines Wettbewerbs der Ideen. Diesen Wettbewerb schafft man indem man sich dem Markt *"aussetzt"*. Einer der Betriebsökonomen, in einer internationalen Bank tätig, beschreibt seine Vorstellungen von Fortschritt so:

> Interviewter #15: „Ich behaupte die Unternehmen die sehr stark gefordert sind indem sie permanent dieser Bewegung unterworfen sind, die sind automatisch gezwungen, sich immer wieder Gedanken zu machen, auch über sich selber. Wenn sie nicht gewissen Bewegungen unterworfen sind, dann werden sie schlicht und ergreifend einfach träge [betont] und es wird gemütlich und es ist so nett und so. Und sie fangen an sich nicht mehr zu hinterfragen. Das ist ein bisschen Darwinismus, oder "Survival of the Fittest".

Zuweilen genügt eine Konfrontation mit dem Markt nicht mehr. Die Firmen simulieren deshalb künstliche, interne Märkte und kompetitive Situationen um den Ideenfluss, die Kreativität und damit die Effizienz zu stimulieren. Als Beispiel kann hier das "Diversity"-Konzept dienen: gewisse Manager in den Grossbanken halten homogene und kulturell uniforme Teams für unfähig defensives Verwaltungshandeln zu überwinden und Effizienz verbessernde Ideen zu generieren. Sie bilden deshalb heterogene Teams, damit verschiedene Kulturen und Visionen kollidieren können und erhöhte Kreativität frei setzen. Ein Personal-Manager in einer Grossbank meinte:

> Interviewter #17:„Ich bin großer Fan von der Multikultur. Die Manager haben gesehen, dass sie die Teams mit Leuten verschiedener Nationalitäten zusammensetzen müssen, weil diese unter Umständen bessere Ergebnisse erreichen als nur irgendwie sechs Schweizer zusammen. Gerade in einem internationalen Umfeld. Wenn du Inder dabei hast und einen Türken und einen Amerikaner und noch einen Japaner, dann sind die erfolgreicher, behaupte ich, als rein ethnozentrische Teams. Und die Spitze der Bank X widerspiegelt heute genau das. Es hat multikulturellen Einheiten auf fast allen Hierarchiestufen, da kannst du schauen gehen. Die Diverse Workforce ist heute Realität"

Dieser Ausschnitt zeigt bis zu welchem Grad die Angestellten dieser Bank, zumindest die Kaderangestellten, diese Kultur verinnerlicht haben und sie gegenüber Außenstehenden, wie hier dem Interviewer, vertreten und verteidigen[26]. Implizit entspricht dieses Verständnis von Effizienz einem Gegenmodell zur *"traditionellen Schweizer Bank"*. Gerade die Banker beschreiben das alte System als *"hierarchisch"*, *"rigide"*, *"mechanisch"*, *"träge"*, *"komfortabel"* und *"stabil"*. Im Gegensatz dazu verändere sich das neue System ständig. Die Wechsel seien nicht inkremental und behutsam sondern radikal. Traditionelles, auf persönlichen Netzwerken und Kontakten beruhendes Geschäften wird als obsolet betrachtet:

> Interviewter #13: „In der Vergangenheit hat die ganze Branche und damit auch die Firma extrem von einzelnen Köpfe gelebt. Von den Beziehungsnetzen, die diese Leute seit über 20 Jahren gehabt haben. Nur irgendwann ist dann einen Ruck gekommen vom Markt draußen. Damit reicht es nicht, wenn ich mit dem Kunden zweimal im Jahr gut essen gehe, sondern der will auch Resultate sehen. Es reicht nicht mehr, dass ich die Aktionärsversammlung im November mache, wie die Firma X das noch vor ein paar Jahren gemacht hat, sondern dass muss man auch im Mai, April drin machen. Man muss diese Zahlen viel schneller durch das System schleusen".

---

26   Dass es jemand wagt gegenüber einem Outsider (den er nicht kennt) über das « survival of the fittest » zu sprechen, eine Idee die, übertragen auf gesellschaftliche Themen, kaum zum Arsenal der politisch korrekten Konzepte gehört, sagt etwas über die Stärke dieser Identifikation aus.

Laut diesen Betriebswirtschaftern betrifft die Beschleunigung nicht nur den Geldfluss oder die Reorganisationen. Es betrifft auch die Karriere- und Entscheidungsrhythmen. In einer effizienten Organisation würden die Entscheidungen nicht mehr systematisch von den Vorgesetzten überprüft und gewännen dadurch an Geschwindigkeit. Zur Förderung von Kreativität und Visionen würden Trial-and-Error-Strategien ermutigt und Fehler zugelassen. Nur ein solches Klima nähre Ideen mit dem Potential eine Firma von ihren Mitwettbewerbern abzuheben.

7.4 Zeitkonzeptionen: Pläne, Rhythmus und Abfolge

In der Literatur wird den Aufstiegswilligen spezifische Zeitvorstellungen zugeschrieben, insbesondere was die Abfolge und den Rhythmus von Karriereetappen betrifft. Autoren wie Gun und Bell behaupten, dass Mittelschichtsangehörige besonders langfristige Zeitvorstellungen hegten und jeden Schritt ihrer Karriere im Voraus planen würden (Gun & Bell, 2002). Im Kontrast dazu hält Schmeiser solche detaillierten, langfristigen Pläne aufgrund der zunehmenden biographischen Unsicherheit, für historisch immer unwahrscheinlicher (Schmeiser, 2006; Kohli, 1985). Aufsteiger seien auch für soziale Normen bezüglich biographischer Rhythmen besonders empfänglich. Gemäß Wohlrab-Sahr, interpretieren sie frühen Erfolg als ein Zeichen für „Potential" und betrachten ihn als wichtige Ressource für den weiteren Werdegang (Wohlrab-Sahr, 1995). Die Karrierewilligen orientierten sich an einem idealen Karriererhythmus, der schnelle Wechsel und Aufstiege zu Beginn der Karriere als ein Zeichen von Erfolg wertet. Soziale Aufsteiger würden eine bestimmte Chronologie der Phasen und Ereignisse ihrer Karriere verinnerlichen. Sie würden sich Ideen über biographische Übergänge und kritische Phasen machen, welche wiederum ihr biographisches Handeln anleiten würden.

7.4.1 Das Fehlen von langfristigen Karriereplänen

Die Interviewten zu ihren Karriereplänen zu befragen erwies sich als heikel. Ein Betriebsökonom im Bankensektor drückt es folgendermaßen aus:

Interviewter #15:„Meine tiefste Erkenntnis nach 10 Jahren im CFO-Bereich ist: ‚sie können eine Karriere gar nicht planen'. Das ist schlicht und ergreifend unmöglich. Das heißt, das ergibt sich immer aus der Situation".

Mit dieser Aussage, hier sehr explizit, ist der Betriebswirtschafter nicht die Ausnahme, sondern typisch für das verbreitete Fehlen von langfristigen Karriereplänen. Nur wenige der Befragten haben detaillierte und langfristige Karrierepläne. Diese Pläne existieren entweder tatsächlich nicht oder können gegenüber Arbeitskollegen oder Fremden nicht ausgesprochen werden. Mehrere Interviewpartner meinten es sei eigentlich gar nicht möglich, einen „Karriereplan" zu haben. Zwei Erklärungen für die fehlenden Pläne sind denkbar: einerseits, dass gewisse Aufsteiger ihre Ambitionen nicht zu laut verkünden wollen. Aus taktischen Gründen (um die Karten gegenüber den Konkurrenten nicht offen zu legen) oder weil es unziemlich (bzw. teilweise karriereschädigend) ist diese Projekte hinaus zu posaunen. Vielleicht scheitert das Fassen langfristiger Pläne aber auch am strukturell zu großen und zu verschlungenen Möglichkeitsraum, der es den Aufsteigern erschwert sich ein fest umrissenes Bild von einer weiter entfernten Zukunft zu machen.

Dieser Befund widerspricht der Vorstellung, dass Karrierekandidaten langfristige und detaillierte Lebenspläne hegen (Berger et al., 1973). Vielleicht ist aber auch der Begriff „Lebensplan" zu ambitiös. Wenn das Leben besser vorhersehbar geworden ist und gewisse Mittelschichtsfraktionen langfristige Sicherheiten genießen (Goldthorpe, 1982), heißt dies nicht, dass ein 20-jähriger Karrierekandidat schon weiss welche Schritte er in welcher Reihenfolge bis zu seinem 65igsten Altersjahr nehmen wird. Vielleicht sollten wir das Zeitverständnis der Ingenieure und Betriebswirtschafter konzeptuell anders fassen. Eine alternative Position postuliert eine Art „biographischen Inkrementalismus" oder eine „Planung der kleinen Schritte" (Schmeiser, 2006: 83). Hier geht man nicht von einem Akteur aus der sich langfristige Ziele setzt um diese mittels rationaler Planung zu erreichen. Vielmehr nimmt man an, dass Ziele oftmals vague sind, Strategien aus dem Stegreif entwickelt und immer wieder kurzfristig angepasst werden (Schmeiser, 2006: 83). Auch wenn detaillierte Lebenspläne in einer Idealform nie existiert haben - der Detaillierungsgrad und die Langfristigkeit kann historisch variieren. Indes, die Mischung zwischen retrospektivem und aktuellem qualitativem Material verbietet es mir den Wandel des Detaillierungsgrades historisch zu untersuchen.

Viel wichtiger erscheint mir die Zentralität der Furcht vor einer längeren Periode des Stillstandes für die Zeitkonzeption der Ingenieure und Betriebswirtschafter. Der negative Gegenentwurf zur Karriere, geprägt von langen Phasen ohne Bewegung, von „Langeweile" und „Routine", ist ein wichtiger Grund um eine Karriere ein zu schlagen. Die kategoriale Unterscheidung zwischen einer Karriere als ständige Bewegung und einer Nicht-Karriere als deprimierender und langweiliger Stillstand nährt ihr Streben. Ein selbständiger Betriebsökonom, beschreibt wie er von seinen Eltern ausersehen war Lehrer zu werden:

Interviewter #11: "Und nachher als ich mich mit dem Lehrerjob auseinander zu setzten begann, da habe ich gewusst: ‚Sorry, wenn du Lehrer bist, weißt du mehr oder weniger was du machst bis 65'. Und das ist mir zu langweilig gewesen, definitiv. Das hat mich gegraust.

In ganz ähnliche Worte kleidet ein Ingenieur seine frühe Karriere und seine damaligen Zukunftsvorstellungen:

Interviewter #5:„Mit 22-23, da ist man ja noch relativ jung und in diesen Jahren kann man schon noch eine gewisse Zeit investieren. Weil man arbeitet dann noch lange Jahre auf dem Beruf, das geht dann lange bis man 65 ist. Dass man hier etwas investieren kann ist für mich eigentlich klar gewesen. Insbesondere ist mir schnell einmal klar geworden: ‚am Reißbrett werde ich nicht pensioniert', das kann es nicht sein".

Diese negativen Gegenentwürfe eines langen Stillstandes sind typisch und offenbar prägender für die Karrierekandidaten als rationale und detaillierte Karrierepläne. Viele der Befragten leiten ihre Karriereambitionen aus einer Abgrenzung gegenüber diesen Negativ-Szenarien ab.

7.4.2   Rhythmus als Karrierenorm?

Betriebsökonomen und Ingenieure haben genaue Ideen was den Rhythmus anbelangt dem eine Karriere idealerweise folgen sollte. Sie können auch beurteilen ob ihr eigener Werdegang diesem Ideal entspricht. Oft blicken die Befragen auf den Rhythmus ihrer Karriere zurück, um daraus Schlussfolgerungen für ihre nahe Zukunft zu ziehen und um ihren Wunsch nach Veränderung zu erklären. Während der Versuchs- und Aufstiegsphase ist die Frage des Karriererhythmus am brennensten und auch für die Entwicklung der sozialen Identität von höchster Bedeutung. In späteren Phasen, mit dem Ausklingen oder der Umformung des Strebens, verliert die Frage ihre Dringlichkeit. Der Idealrhythmus und die Bedeutung des Karriererhythmus können je nach Karrieretyp differieren. Abgesehen von Fällen wo „Rhythmus" als ein Messinstrument für das Karrierepotential verwendet wird, kann der Karriererhythmus auch ein Symbol für Flexibilität sein oder er kann den Loyalitätsgrad einer Karriere angeben.

Vielfach sprechen die Interviewten von einem *„logischen"* oder *„natürlichen"* Karriererhythmus und drücken ihr Unbehagen über Abweichungen von diesem Schema aus. Es gibt also einen idealen Karriererhythmus, der den Karrierekandidaten interpretierbare Zeichen zu ihrer zukünftigen Karriere beibringt.

Der folgende Ausschnitt zeigt wie ein leidlich erfolgreicher Betriebsökonom seinen Karriererhythmus interpretiert:

> Interviewter #10: "On a vu que les finances étaient sous contrôle, on m'a nommé directeur-général adjoint et on m'a refilé tous les services internes, on m'a refilé les achats, parce qu'il y avait aussi beaucoup d'argent à faire, on m'a refilé les ressources humaines, le pay-roll, la qualité, le marketing. J'avais tous les services internes sauf l'opération et la vente. Voilà, et chaque fois sur des étapes de 2 ou 3 ans. On voit que c'est sous contrôle, on passe au suivant...oui c'était un bon rythme, le timing était très bon".

Für diesen, in der Aufstiegsphase äußerst erfolgreichen Betriebswirtschafter ist der beschleunigte Karrierenrhythmus ein Zeichen für den Erfolg. Er funktioniert als ein Indikator für weiteres Karrierepotential. Dies ist auch eine Erzählstrategie: Um einen Werdegang als erfolgsgekrönt darzustellen greifen die Interviewpartner auf Erzählungen von einem beschleunigtem Rhythmus zurück. Die Wechsel geben dem Zuhörenden einen zusätzlichen Eindruck von Erfolg, den der Hinweis auf die hierarchischen Positionen allein nicht zu vermitteln vermag.

Nicht in allen Erzählungen indes funktioniert der Rhythmus als Indikator für Erfolg. Gewisse Interviewpartner erwähnen den Rhythmus, wenn sie sich gegenüber dem Interviewer als (immer noch) flexible und mobile Person präsentieren wollen. Seine Erwähnung soll anzeigen, dass das Streben noch nicht vollständig abgeebbt ist.

> Interviewter #22: „Seit einem halben Jahr habe ich so ein bisschen das Gefühl ,ja jetzt, irgendwo könnte schon wieder etwas passieren'. Nicht dass ich Krach hätte mit dem Chef und dort das Gefühl hätte ,jetzt muss ich weg' oder mit den Leuten oder mit den Konditionen nicht zufrieden bin. Es stimmt eigentlich alles, aber eben jetzt habe ich es 5 Jahre gemacht. Vielleicht gäbe es wieder mal einen neuen Kick wieder mal etwas anderes anzufangen oder wieder eine Veränderung zu machen, dass ich irgendwo bei Null wieder anfange".

Womöglich um dem Interviewer seinen anhaltenden Hunger und seine Flexibilität zu demonstrieren lässt dieser Betriebswirtschafter beiläufig durchsickern er habe begonnen sich „umzuschauen". Er empfinde es als natürlich von Zeit zu Zeit den Job zu wechseln, auch wenn dieser Wechsel nicht wirklich mit einem Aufstieg verbunden ist. In vergleichbaren Formeln schützen andere vor „einfach mal etwas anderes" machen zu wollen. Es sei ihnen eigentlich „egal" was. Rhythmus und Bewegung werden hier zum Selbstzweck und schützen diese Individuen davor, ihren Werdegang als stagnierend wahrzunehmen, auch wenn ihre Wechsel nicht mehr direkt mit einem Aufstiegsprojekt verbunden sind.

Insbesondere die Laufbahnen der Angehörigen der Technisch-Industriellen-Karriere sind stark durch Rhythmus der Produkteentwicklung getaktet. Im Gegensatz zu individuellen Rhythmen, die diskursiv als Zeichen für Erfolg oder einen flexiblen Charakter eingesetzt werden, sind produktionsabhängige Rhythmus-Normen in einen kollektiven Kontext eingebettet. In den Augen der Ingenieure können Wechsel nur am Ende solcher Produktionszyklen überhaupt ins Auge gefasst werden. Denn Ingenieure fühlen sich, viel ausgeprägter als Betriebswirtschafter, ihrem Projekt, ihrem Team oder ihrer Firma gegenüber verantwortlich. Ein zu zügiger Karriererhythmus steht dem industriellen Produktionsideal entgegen und gilt den Ingenieuren als Zeichen eines egoistischen Charakters. Kurzfristigkeit und schnelle Karriererhythmen werden deshalb von den Ingenieuren kritisiert:

> Interviewter #18: „Das ist dann eben nur ein Viertel-Jahres-Denken, die denken nur in drei Monats-Abschnitten, ich meine früher hat ein Unternehmer 10-20 Jahre gedacht, so sind die Firmen groß geworden. Die haben sich gesagt: ‚das spielt doch im Moment keine Rolle, ich habe es ja, also stecke ich das Geld mal rein und schaue was passiert‘, und wenn man das im Team macht, das ist eben dann wichtig oder, dass man eben gemeinsam dahinter steht und sagt ‚doch, man macht, stecken wir rein, wir ziehen es durch und wir bleiben jetzt vier Jahre‘, weil dann muss auch jeder für den Entscheid den er heute fällt in vier Jahren Rechenschaft ablegen und dann sage ich ‚du das hast du auch einen Seich entschieden dort vorne oder‘, hingegen wenn er nur ein-zwei Jahre auf dem Stuhl hockt, dann kommt er gar nie in die Situation wo er für seine Entscheidungen Rechenschaft ablegen muss.. Der rennt davon bevor er zur Kasse kommt, oder. Das ist eben dieses kurzfristige Denken oder, die sind schneller weg als man es merkt...

Dieser ältere Ingenieur empfindet die ständige Beschleunigung seines Berufsfeldes als Bedrohung. Die Individualisierung und Beschleunigung des Karriererhythmus stellt für ihn eine Abkehr von einem idealen Produktionsmodell dar.

7.4.3 Deutungsmuster der zeitlichen Abfolge

Welche Vorstellungen der zeitlichen Abfolge von Karrierephasen und Karriereereignissen machen sich die Aufsteiger? Evident scheint, dass Deutungsmuster über den zeitlichen Ablauf zentral für die Karrierekonzeptionen sind. Viele der Interviewten glauben, dass nach dem Verlassen einer Position eine Rückkehr zur vorherigen Position nicht mehr möglich sei. Dies weil die Sozialisierung in der neuen Position sie so verändert, dass sie sich ihr Profil mit der Zeit stark von demjenigen unterscheidet, welches sie für die vorherige Position prädestinierte.

Fast alle Ingenieure und Betriebsökonomen halten es für sozial erniedrigend von einer erreichten hierarchischen Stufe zu einer tiefer liegenden Stufe zurück zu kehren. Allerdings bleibt diese Norm für soziale Aufsteiger, die kaum je absteigende Wechsel erleben, eher implizit. Aufstieg ist selbstverständlich, er wird kaum je verbalisiert. Nur in den Momenten in denen die Norm verletzt wird, nimmt sie einen problematischen Geschmack an. Dies lässt sich anhand von Akteuren beobachten, die den Gipfel ihrer Karriere zu früh erreichen und dann gezwungen sind einen Schritt zurück zu machen. Die Norm wird ebenfalls explizit, wenn die Akteure anlässlich einer Periode der Arbeitslosigkeit gezwungen sind sich neu auszurichten. Ein Ingenieur in den späten Dreißigern erzählt seine Erfahrungen mit einer solchen Re-orientierung:

> Interviewter #5: „Ich hab schon ein gewisses Alter gehabt als ich arbeitslos geworden bin. Ich war da 35 und da hat man hat dann auch gewisse Vorstellungen was das Salär etwa sein könnte. Daneben habe ich auch schon mal als Geschäftsführer gearbeitet. Nachher als Statiker arbeiten gehen, dann ist dann in der Karriere ganz klar ein Rücksprung oder".

Mehr noch als solche explizite Aussagen sind es die subtilen, aber kontinuierlichen gezogenen Vergleiche der Ingenieure und Betriebsökonomen, die zeigen, dass sie eine relativ klare Idee ihrer Position und ihres Status haben. Sogar in düsteren Situationen (der oben zitierte Ingenieur war zum Zeitpunkt des Interviews seit 13 Monaten arbeitslos) sind sie nur sehr zögerlich bereit, ihre Prinzipien aufzugeben. Gegenüber Deklassierungen werden horizontale Wechsel, beispielsweise in eine andere Einheit oder einen noch unbekannten Bereich, bevorzugt. Ein solcher Wechsel verwischt die hierarchischen Grenzen, weil Außenstehende oft Mühe bekunden deren genauen Stellenwert einzuschätzen.

Ingenieure und Betriebswirtschafter halten zuweilen auch funktionale Grenzübertritte für unumkehrbar. Am Häufigsten wird die Passage zwischen technischen und nicht-technischen Funktionen erwähnt. Ingenieure halten es für schwierig nach einem Verlassen des technischen Bereiches in Richtung kommerziellem Bereich oder Management ins Technische zurückkehren. Sie argumentieren, die Technik entwickle sich so rasant, dass alle, die den technologischen Bereich auch nur kurzzeitig verlassen, unvermeidlicherweise den Anschluss verlieren würden. Der folgende Ausschnitt reflektiert diese Vorstellung, die häufig nur als Drohkulisse oder Legitimation bemüht wird, um die Frage nach dem Verharren im technischen Bereich zu beantworten.

> Interviewter #16: „Mein Boss hat gesagt: ‚schau, wenn du einmal Manager wirst dann kannst du nicht mehr zurück, dann bist du weg von der Technik'. Je höher man in der Karriere kommt, desto mehr kommt man von der Technik weg. Irgendwann

muss diese Entscheidung fallen und dann ist man aber weg. Ich habe einen Kollegen, der hat die Fachhochschule und ein Nachdiplomstudium gemacht. Vor drei Jahren hat er sich entschieden die Technik zu verlassen. Nachher ist er eine Zeitlang
Vize-Direktor gewesen. Im letzten Herbst hat die Firma X diesen Bereich übernommen und ihn einfach geschlossen, nicht rentabel. Jetzt steht er auf der Strasse,
hat aber drei Jahre nur organisiert...als Elektroniker ist er drei Jahre lang weg vom
Fenster. Er hat keinen Job gefunden, während man Ingenieure sucht wie verrückt,
aber jetzt ist er eben weder Fisch noch Vogel"

Obwohl der Wandel der Arbeitstechniken im Managementbereich wohl ebenso
rapide ist, hegen die Betriebsökonomen viel seltener die Furcht den Anschluss zu
verlieren. Dafür ist in deren Augen die Grenze zwischen Spezialisierung und
Generalistentum problematisch. Sie befürchten nach einer gewissen Zeitspanne
in einer Spezialistenfunktion (Informatik, Buchhaltung oder Personal zum Beispiel) nicht mehr zum Generalmanagement zurückkehren zu können. Ähnlich
wie bei der Grenze zwischen Technik und Management ist diese Schwelle eher
antizipierend aufgebaut als reales Hindernis: Betriebswirtschafter fürchten eine
Schubladisierung als Spezialist, weil diese Etikette wiederum ihre Chancen auf
eine Rückkehr zum Generalistentum (und damit auf einen weiteren Aufstieg)
beschneiden würde.

Manche der Deutungsmuster von Karrierennormen sind mit der zeitlichen
Dauer verbundenen. Die Zeit, die man in einer bestimmten Position verbringt, so
eine Vorstellung, entferne einen durch einen langsamen und unbewussten „Ak-
kulturationsprozess" von den Denkweisen, die man pflegte, bevor man in diese
Position eintrat[27]. Je länger man in einer Position bleibt, desto so kleiner wird die
Chance zur Rückkehr.

Bei der Angst der Betriebsökonomen, unumstößlich in der Spezialisierung
zu "versinken" und sich für den Aufstieg zu disqualifizieren, geht es nicht so sehr
um die Spezialisierung an sich als um die Dauer einer spezialisierten Tätigkeit.
Eine kurze Passage in einem speziellen Feld wie der Informatik oder Human
Resources ist durchaus willkommen - wenn sie kurz bleibt. Der Moment jedoch,
in dem ein Schnupperaufenthalt in einer Stabsdisziplin in Spezialisierung um-
schlägt, ist schwierig zu bestimmen. Fast alle können eine Geschichte von jemandem erzählen, der es verpasst hat, rechzeitig auszusteigen und dann unauf-
haltsam in die Spezialisierung geschlittert ist.

Die Mechanismen selbstverstärkender Prozesse sind den Karrierewilligen
nicht immer bewusst. Meist scheint es ein langsamer und nur in kleinen Schritten
voranschreitender Prozess zu sein. Wie Wasser einen Felsen höhlt, so erodiert

---

27   De Coninck and Godard (1990) sprechen in diesem Zusammenhang von "langsamer Kausali-
      tät".

die tägliche Konfrontation und Einbettung in einen bestimmten Kontext subtil das Denken und Handeln, bis eine Schwelle überschritten ist, nach der man nicht mehr zurück kann.

7.5 Leistungsprinzip?

Ganz vehement lehnen die Befragten askriptive Gerechtigkeitsmodelle ab. Weder angeborene Attribute wie Geschlecht, Nationalität, ethnische Angehörigkeit noch der soziale Hintergrund sollen darüber bestimmen, was eine Person sozial und ökonomisch verdient. Sie sind Anhänger eines "meritokratischen" Gerechtigkeitsprinzips, dass die Leistung ins Zentrum stellt und die Leute entsprechen ihrer Leistungen entlöhnt sehen will. Was die Anhänger eines solchen Prinzips aber als "gerecht" empfinden, hängt stark von den Messungen der Leistung und deren Legitimität ab.

7.5.1 Bildungstitel als Formalität

Formale Bildungstitel spielen bei den Ingenieuren und Betriebsökonomen eine zwiespältige Rolle. Einerseits kann sich bei einem Titel um etwas handeln, für das in der Ausbildungszeit hart gekämpft werden musste und das im Ursprungsmilieu einen hohen Stellenwert hat. Einer der Ingenieure erzählt, dass seine Mutter damals sein Diplom in einen goldenen Rahmen gehängt habe, dieses bei ihm nun aber im Keller vor sich hin staube. Obwohl der Titel seine Ursprungsfamilie stolz machte, ist er für den Besitzer kein legitimer Grund davon seine aktuelle soziale Position abzuleiten. Er betitelt ihn als *"Papierchen"*.

Gleichzeitig sind die Bildungstitel ein Art „Basis" die einen erst als valablen Karriereaspiranten auszeichnen: als jemand, der Aufgrund seiner Leistungen zu einer Promotion berechtigt ist. Das Curriculum oder der Titel bildet einen Nachweis für die Beherrschung eines gewissen Wissens und bisweilen auch zur Illustration und Legitimation der Grenze zwischen Technikern und Ingenieuren. Nur selten aber wird der Titel argumentativ mobilisiert, um das Recht auf Beförderung einzufordern. Fachhochschulabgänger leiten Positionsansprüche nicht von Bildungstiteln ab.

Im Gegenteil: Die Entgeltung eines Bildungstitels mit einer Position verschmähen die Aufsteiger als obsoletes und statusorientiertes Denken. Dies widerspiegelt den stark individualistischen Gegenwartsbezug der Aufsteiger und deren Verachtung für nicht „demokratische" und leistungsbasierte Aufstiege – was jemand vor 10 Jahren in einem anderen Kontext geleistet hat, ist für die

heutige Verdienstbeurteilung irrelevant. Ein Betriebsökonom, der über Absolventen mit *„falschen Ideen"* spricht, illustriert diesen Punkt akkurat:

> Interviewter #15:„Wenn man so eine Ausbildung gemacht hat, hat man am Schluss
> eine Qualifikation die einem ermöglicht irgend an einem Ort eine Funktion anzu-
> nehmen. Wenn man nachher kommt und meint: ,ja hey, ich habe das gemacht und
> aufgrund von dem was ich gemacht habe muss ich diesen Weg machen', das ist völ-
> lig die falsche Attitüde, oder. Es hört nicht auf, es steht und fällt mit dem was sie
> selber draus machen"

Er betrachtet den Glauben junger Berufseinsteiger kritisch, ein Universitätstitel
führe automatisch zu einer Beförderung. Eine solche, falsche Einstellung, meint
er, würde an der *„Realität"* scheitern. Diesem Stereotyp setzt er eine Idealfigur
des Aufsteigers gegenüber, die nicht nur aufzusteigen versucht in dem sie kontinuierlich Leistung bringt, sondern zusätzlich auch noch ständig an sich selbst
feilt.

Interessanterweise bestätigt die Interpretation des Wertes von Nachdiplo-
men den nebensächlichen Status von Titeln. Obwohl zum Beispiel der MBA
meist der erste akademische Titel dieser Leute ist und ihm deshalb ein spezieller
Status zugesprochen werden kann, zeigt es sich, dass die Aufsteiger ihn eher als
formale Bestätigung der Leistung sehen, die sie sowieso schon erbringen. In
anderen Worten: nur die Leistungen im Berufsalltag zählen. Der MBA sanktio-
niert diese Fähigkeiten lediglich formal und verschafft ihnen einen Wert, der den
Kontext der Firma transzendiert.

7.5.2 Angewandtes und theoretisches Wissen

Parallel zur Abwertung von Titeln als *"abstrakt"* und *"hohl"*, wird das Bil-
dungswissen immer mit dem *„praktisch"* erlernten Wissen verglichen. Auch
wenn die Ingenieure und Betriebswirtschafter durchaus der Meinung sind, das
konzeptuelles Denken und die an der höheren Fachschule erlernten Theorien
eine notwendige Basis für ihre tägliche Arbeit bilden, werten sie theoretisches
Wissen als *„abstrakt"* und *„unbrauchbar"* ab.

Diese Haltung ist auch ablesbar an der Wertschätzung, die HTL-Ingenieure
den „theoretischen Konkurrenten" von den Eidgenössisch Technischen Hochschulen entgegenbringen. Sie respektieren deren theoretisches Wissen, deren
"Intelligenz" – allerdings nur, wenn sie sie praktisch anwenden. Vor allem zu
Beginn ihrer Berufskarriere würden die ETH-Abgänger aufgrund ihres ausschließlich theoretischen Hintergrundes den praktischen Ingenieure hinterher-
hinken und müssten zuerst lernen ihr Wissen *„anzuwenden"* und *„einzusetzen"*.

Nach ein paar Jahren hätten sie dann ihren Rückstand aufgeholt und seien fähig mit den Fachhochschulingenieuren bezüglich ihrer täglichen praktischen Leistung zu konkurrieren.

Dieser Anti-Intellektualismus wird ergänzt durch eine Verherrlichung von *„Kompetenzen"* und *„angewandtem Wissen"*. Dies ist das Wissen, das aus der Konfrontation von theoretischem Wissen mit der *„Realität"* hervorgeht. Das praktische Wissen halten die Ingenieure und Betriebswirtschafter, insbesondere im Vergleich mit dem *„rigiden"*, *„abstrakten"* und *„ziellosen"* theoretischen Wissen das an Universitäten verinnerlicht wird, für *"pragmatisch"*, *"nützlich"* und *"flexibel"*. Es kann nur *„on the job"* anhand konkreter Fälle erlernt werden, es passt sich ständig flexibel an und sträubt sich gegen starre *„Regeln"* und *„Rezepte"*. Das *"Know-how"* oder die *"Kompetenzen"* sind in den Augen der sozialen Aufsteiger legitimer als theoretisches Wissen. Mehrere Interviewte erzählten mit einem nur schlecht kaschierten Lächeln Anekdoten über Universitätsabgänger, die nicht in der Lage waren ihr theoretisches Wissen praktisch umzusetzen:

> Interviewter #30: „Ich habe in meiner langjährigen Praxis mehr als einmal unfähige Uni-Absolventen erlebt. Sooo einen Rucksack oder, aber sie schaffen es nicht die Theorie in die Praxis umzusetzen. Von St. Gallen oder von Bern oder von wo auch immer oder, aber in der Praxis hast du sie fortschmeissen können. Wir haben so einen gehabt bei der Firma X, einen Dr. rer. pol, alle 250 Leute dort haben ihn nur den ,Billetdirektor' genannt. Das einzige was der organisieren konnte war der Betriebsausflug (lacht). Sonst hast du den nicht können brauchen, das ist jetzt etwas boshaft, aber denn hast du echt nicht brauchen können" .

Es ist möglich – und einige Interviews legen dies auch nahe – dass diese schadenfreudigen Anekdoten über Universitätsabgänger eine Art Rache für Situationen sind, in denen diese den Fachhochschulabgängern vorgezogen wurden, ohne den Maßstab der Leistung in die Entscheidung miteinzubeziehen.

7.5.3   Die Leistung und ihre Legitimationskraft

Der legitimierende Wert von Leistung – als eine Art von aktualisierter und bewiesener Kompetenz – ist bei den Interviewten noch höher als jener von Kompetenz. Sowohl für den technischen Entwicklungsingenieur als auch für den internationalen Versicherungs-Controller zählt, *„was jemand bringt"* oder *„was jemand erreicht"*. Unterschiede zeigen sich am ehesten zwischen *„intuitiver Einschätzung"* und *„controllinggestützter Einschätzung"* von Leistung. Junge Betriebsökonomen halten die höchst individualisierten „Performance Measurement" mit großen Personal-Controlling-Systemen für besonders legitim (Power,

1997). Ingenieure – im Besonderen ältere Ingenieure - betrachten solche rein *„rationalen"*, *„individuellen"* und *„technischen"* Evaluationssysteme als reduktionistisch. Sie ziehen ihnen intuitive Formen der Leistungsevaluation vor. Intuitiv heißt hier, dass die Evaluation auf einem persönlichen Urteil des direkten Vorgesetzten beruht – dies ist eine weniger transparente Methode, weil sie auf eine Explizierung und Gewichtung der einzelnen Beurteilungsfaktoren verzichtet. Allerdings erlaubt ein solches Modell relationale und kontextuelle Faktoren miteinzubeziehen.

7.5.4 Erfahrung

Die Gerechtigkeitsvorstellungen von Ingenieuren und Betriebsökonomen bauen auf Gegenwartsbezug und Pragmatismus. Welcher Wert kommt der Erfahrung und dem Dienstalter zu? Erfahrung ist wohl ein Faktor, dessen Wert und Bedeutung sich über den Lebenslauf hinweg am meisten wandelt. Die Einstellungen von jüngeren und älteren Individuen gegenüber der Erfahrung reflektieren direkt ihre Position im Machtgefüge: jüngere Ingenieure und Betriebsökonomen sehen Erfahrung und Dienstalter als formalistisch-hohle Kriterien an, welche ihnen auf ihrem Weg nach oben als Hindernis im Wege stehen. Oft fühlen sich jüngere Karrierewillige ungerecht behandelt und beklagen sich:

> Interviewter #6: « C'était juste une question d'âge mais pas de compétence, ils étaient là parce qu'ils étaient là depuis 20 et pas parce qu'ils étaient performant ».

In den Augen der Jüngeren ist die Anzahl der Jahre im Betrieb kein adäquater Indikator für Leistung. Ältere, im Besonderen jene, die ihre Karriere zu konsolidieren trachten, verwenden einen entspannteren und positiveren Erfahrungsbegriff. Natürlich rührt dieser Respekt auch daher, dass sie nun erst *„sehen was Erfahrung eigentlich heißt"*. Die Bedeutung von Erfahrung kann sich recht dramatisch verändern, je nach der Position, die man im Lebenslauf besetzt: für ältere Individuen bedeutet Erfahrung die Geschichte der Firma zu kennen, ein großes Netzwerk zu haben und einen kontextuellen Wissensschatz zu besitzen. Alle diese Faktoren tragen in ihren Augen direkt zu besseren Leistungen bei. Allerdings sind diese Leistungen nicht mit personalisierten Controllingsystemen messbar, weil sie kollektiven Charakter haben und langfristig ausgerichtet sind. Sie betreffen nicht nur die Leistungen des Einzelnen, sondern auch jene der Firma. In einigen Fällen beklagen sich die älteren Akteure über die Konsumhaltung der jungen Generation und deren fehlenden Respekt vor der Erfahrung als Ausdruck von Leistung.

Interviewter #2: « Aujourd'hui, si vous avez 20 ans, le système vous permet en effet d'avoir toute suite quelque chose et à mon avis, ça a pour effet qu'on veut tout tout de suite, en entend même parfois de gens qui disent ' Moi je veux pas faire des études, je veux pas faire les 5 ans, les 10 ans, je vous donne l'argent et puis donnez le moi'. Mais le savoir, le savoir-faire, on arrive pas à l'acquérir comme ça".

7.6 Schlussfolgerungen

Manche Deutungsmuster verändern sich im Biographieverlauf ständig während andere stabil bleiben. Hierarchische Ambitionen dominieren in den frühen Karrierestadien. Das Streben nach fachlicher Herausforderung und Autonomie dagegen wird erst in späteren Karrierephasen bestimmender. Das Streben ist an einer mehr oder weniger kurzen Leine an die zum jeweiligen Zeitpunkt objektiven Karrierechancen gebunden: in vielen Fällen passen die Ingenieure und Betriebwirtschaften ihr Streben den strukturellen Möglichkeiten. In anderen Fällen führt eine Veränderung ihres Strebens - zum Beispiel eine Reduktion der Aggressivität - langsam auch zu einer objektiven Einschränkung der Opportunitäten. Diejenigen, die ihr Streben am Längsten aufrechterhalten, wandeln es in einen Lebensstil um, den sie auch auf andere Lebensbereiche übertragen.

Im Unterschied zum biographischen Streben entwickeln sich Fortschrittskonzeptionen im Biographieverlauf nur wenig. Die Konzeptionen des Fortschritts sind stark von der beruflichen Ausrichtung geprägt. Sie unterscheiden sich bei Ingenieuren und Betriebswirtschaftern. Haben die Befragten mal eine der beiden Richtungen eingeschlagen, wechseln sie ihr Fortschrittsverständnis nicht mehr grundlegend. Früh angenommene Einstellungen werden im Laufe der Karriere verstärkt und stabilisiert. Im Gegensatz zum Streben sind hier Strukturen und Interpretationen nicht aneinander gekoppelt, sondern bewegen sich in parallelen Universen. Die Analyse der Zeitkonzeptionen ist essentiell: sie zeigt, dass längerfristige biographische Lebenspläne auch bei den zukunftsbesessenen Aufsteigern nicht im Vordergrund stehen. Diese imaginieren sich ihre Zukunft vielmehr in inkrementalen Schritten und geben an, von der Furcht vor Stagnation angetrieben zu werden. Die Deutungsmuster zur Abfolge von Karriereetappen bestätigen die Zentralität der Vorstellungen über die Umkehrbarkeit bzw. Unumkehrbarkeit von bestimmten Übergängen für das Verständnis von Karriereverläufen. Das Beispiel der Gerechtigkeitsprinzipen zeigt, dass die zugrunde liegenden Prinzipien zwar biographisch stabil bleiben können, die Ausdrucksformen dieser Prinzipien sich aber im Laufe der Karriere anpassen. Alle Befragten definieren ihr Gerechtigkeitsempfinden stark über Leistung und Anpacken. Nur darüber wie diese Leistung gemessen werden soll, divergieren die Meinungen: während die Jüngeren gegenwartsbezogene Vorstellungen von Leistung

verfechten und individualisierte Messsysteme vorziehen, schließt die Leistungs-
vorstellung der Älteren auch Erfahrung mit ein und ist in der Regel ganzheitli-
cher.

Die Analyse der Zeitkonzeptionen von Ingenieuren und Betriebsökonomen
relativiert die Bedeutung von langfristigen Karriereplänen. Karrierepläne werden
in der Karriere- und Mittelschichtsforschung bis heute überschätzt. Der biographische Planungsprozess der meisten Aufsteiger verläuft eher inkrementalistisch.
Wie die Stirnlampe eines Läufer im Dunkeln werfen die Pläne sozialer Aufsteiger Licht auf einen mehr oder weniger langen Pfadausschnitt voraus. Die Hellig-
keit der Lampe hängt von historisch variierendem institutionellen Support und
der Stabilität der Karrieremuster ab. In ganz seltenen und stabilen Perioden vermag sie vielleicht die Wege ganzer Berufsbiographien bis zur Pensionierung zu
erleuchten. Ich vermute, dass auch in den 1950ern und 1960ern langfristige und
sichere Lebenspläne die Ausnahme gewesen sind. Was bedeutet dies? Karrieren
können nicht über eine Gegenüberstellung von "Idealen" und "Realitäten" verstanden werden. Wenn eine Karriere nicht gemäß einem statistischen oder normativen Ideal verläuft, so hat dies nicht automatisch eine "Desillusionierung" mit
irreparablen psychologischen Schäden zur Folge. Jedenfalls nicht in den Fällen,
in denen Ideale enttäuscht wurden, die sich entlang des biographischen Verlaufs
sowieso transformieren. Enttäuschungs- und Frustrationspotential schlummert
dagegen in den besonders tief im "Self" verankerten, stabilen Deutungsmustern.
Es ist zu vermuten, dass psychologische Konflikte sich in erster Linie an den
biographisch stabilen Fortschrittsvorstellungen entzünden - weniger an Gerechtigkeitsprinzipien und noch weniger am Streben an sich.

Die Negative Gegenentwürfe, die Karriererhythmen und die Abfolge der
Karrierenphase sind relevanter für den Verlauf der Karriere als langfristige Pläne. Ingenieure und Betriebsökonomen haben relativ präzise mentale Konzeptionen von einem idealen Karriererhythmus und von einer idealen Abfolge verschiedener Karrierephasen und Ereignisse. Diese Vorstellungen biographischer
Umkehrbarkeiten scheinen auch ihre Karrierestrategien zu prägen: Während
Ingenieure zögern den technischen Bereich zu verlassen, weil sie ihren Abschied
für unumkehrbar halten, fürchten Betriebsökonomen auf einer Passage durch
Stabsaufgaben in der Spezialisierung zu versinken und die Rückkehr ins Generalmanagement nicht mehr zu schaffen. Diese Mechanismen sind bemerkens-
wert: bisher wurden Effekte der zeitlichen Dauer oder Schwelleneffekte in erster
Linie als strukturelle Mechanismen verstanden. Zum Beispiel als Akkumulation
von bestimmten Ressourcen im Laufe der Biographie (Dannefer, 1987) oder als
Einschluss in bestimmten institutionellen Konstellationen nach dem Überschreiten einer strukturellen Schwelle. Die Befunde zu den subjektiven Deutungsmustern zeigen, dass die Dauer von biographischen Prozessen oder biographische

Schwellen auch in den Köpfen der Aufstiegswilligen wirken und in ihre Karriereentscheidungen einfließen. Karrieren können also nicht als Folge von rationalen Entscheidungen zur Maximierung von Prestige oder Macht verstanden werden. Individuelle Deutungsmuster, basierend auf dem Sinn, den die Akteure der Zeitstruktur geben, sind, im Zusammenspiel mit den Strukturen, ein wichtiger Bestandteil der Karrieredynamik.

8 Bedrohte, Gebrochene, Surfer und Ikaruse

Die Frage nach dem Wandel der Karrieren wurde nun schon einige Male gestreift. Einige Anhaltspunkte für eine Diskussion lieferten die Analysen des Strukturwandels und der objektiven Karrieren im Kohortenvergleich. Um aber ein umfassenderes Bild der Veränderungen zu gewinnen, ist es nötig zu beschreiben wie die Ingenieure und Betriebswirtschafter die strukturellen Umwälzungen selber erleben. Durch die Konzentration auf die "Krise" lässt sich ein Eindruck davon gewinnen wie Gruppen in verschiedenen Karrierephasen und Karrieretypen davon betroffen waren und wie sie damit umgingen.

Ich nähere mich den „Krisen" und deren Folgen für die Aufstiegskarrieren mit einer vorsichtigen Strategie. Denn der beobachtete "Wandel" kann nicht automatisch mit "Krise" gleichgesetzt werden. Und allgemeine, strukturelle Krisen fallen nicht notwendigerweise mit persönlichen Krisen zusammen. Beziehungsweise muss, wenn sich jemand in einer beruflichen Krise wähnt, dies nicht direkt oder ausschließlich dem strukturellen Wandel geschuldet sein. Zur Analyse stütze ich mich wieder auf die 30 qualitativen Interviews. Ich überblicke diesmal nicht die Gesamtkarriere, sondern konzentriere mich auf die von den Akteuren als krisenhaft empfundene Ausschnitte.

Ich beschreibe zuerst die narrativen Muster, die die Ingenieure und Betriebswirtschafter verwenden um den Wandel der jüngsten Dekaden zu erzählen. Dann zeige ich auf, inwiefern diese Wechsel ihr berufliches Leben als "Krise" touchiert haben. Darauf aufbauend, lässt sich ich eine Typologie der Betroffenheiten entwickeln. Diese Typologie unterscheidet zwischen den "Bedrohten", den "Gebrochenen", den "Surfern" und den "Ikarusen". Ich postuliere implizit, dass das Involviertsein in Krisen und deren Interpretation stark von der Karrierephase, dem Karrieretyp und den biographischen Deutungsmuster der Akteure abhängen.

8.1 Erlebter Wandel

In diesem Kapitel kombiniere ich die in den vorangehenden Kapiteln verfolgten Forschungsstrategien. Ich nehme diesmal nicht den ganzen biographischen Prozess mit seinen Anfängen, Übergängen und Enden in den Blick, sondern fokussiere stattdessen auf spezifische biographische Ereignisse: die subjektiven Krisen (oder Veränderungen, um auf einem allgemeineren Niveau zu bleiben) die die Befragten in ihrem Berufsleben erfahren. Dem Vorgehen im Kapitel zu den subjektiven Karrieren entsprechend, versuche ich die zeitlichen Strukturen und den Rhythmus der Ereignisse mit Methoden zu rekonstruieren die an das „narrative Interview" von Schütze angelehnt sind (Schütze, 1983). Ich bin deshalb interessiert an zeitlichen Kategorien wie „Anfänge" und „Ende" der Krise, aber auch an beschreibende Kategorien wie „vorher" oder „nachher". Zudem wird es aufschlussreich sein, die Abfolge der Ereignisse zu verstehen. Werden die Krisen als eine einzelne zeitliche Einheit wahrgenommen oder teilen Ingenieure und Betriebswirtschafter sie in mehrere Teilphasen und Perioden auf? Wenn ja, welches ist die Struktur dieser Phasen und Abschnitte? Ich möchte außerdem in Erfahrung bringen, ob in der subjektiven Interpretation der Wandel oder die Krise sich langsam und stetig entwickelt oder sich als plötzliche und abrupte Ereignisse manifestiert. Ich möchte verstehen wie die Zeit- und Zukunftskonzeptionen und das Streben mit den strukturellen Krisen zusammenspielen. Zu diesem Zweck nehme ich die zuvor beleuchteten biographischen Deutungsmuster wieder auf und zeichne deren Veränderungen im Angesicht der Krise in größerem Detail nach

Anders als im Kapitel über subjektive Karrieren stellt hier der gleichzeitige Gebrauch von kompletten und noch laufenden Berufsverläufen kein schwerwiegendes Problem dar. Ich vergleiche biographische Ereignisse, die zeitlich eng eingegrenzt sind und von allen Befragten retrospektiv erzählt werden können. Weil die hier relevanten Ereignisse laut offizieller Geschichtsschreibung Mitte der 1970er bzw. Anfang der 1990er stattgefunden haben, sind sie für alle Interviewten geschichtlich etwa gleich fern und sind darum kein Problem bezüglich der Erinnerungsfähigkeit: Ich bin nicht gezwungen 35-jährige Erinnerungen mit 5-jährigen zu vergleichen. Der strukturelle Wandel und die Krisen sind historische Prozesse bzw. Ereignisse die von allen Mitgliedern meiner Stichprobe mehr oder weniger während der gleichen Zeit durchlebt wurden. Allerdings erleben die Akteure sie zu unterschiedlichen biographischen Momenten. Deshalb ist es entscheidend, dass die biographische Position in die Analyse eingeflochten und als eine entscheidende Vergleichsdimension verwendet wird.

8.2 Interpretationen des Wandels

Im Allgemeinen nehmen die Befragten die letzten Jahre als eine Zeit des schnellen und radikalen Wandels wahr. Erstens erleben sie eine fortschreitende Digitalisierung der Arbeit, beispielsweise die Einführung von Personal Computern, das

Aufkommen von CAD-Plottern oder die Digitalisierung der Buchhaltung und der Finanzverwaltung. Es findet sich keine Erzählung, in der dieser Topos nicht auftaucht und als einschneidende Veränderung ihres Berufsalltags beschrieben wird. Zweitens diskutieren die Gesprächspartner den Wandel der Mentalitäten. Die Vergangenheit wird in den einschlägigen Passagen als *„langsam"*, *„starr"* und *„hierarchisch"* beschrieben, aber auch als berechenbarer und komfortabler – *„menschlicher"* in einem gewissen Sinne.[28] Drittens werden die Organisationsstrukturen und Organisationsregeln als flexibler und verschwommener erlebt. Zugleich glauben die Ingenieure und Betriebsökonomen, dass die Kontrollen und Regeln in der Vergangenheit weniger strikt gehandhabt wurden – eine Einschätzung, die besonders für den industriellen Bereich gilt. Schließlich hat sich auch das geographische Referenzsystem für die meisten der Befragten gewandelt. Auch wenn Banker oder Ingenieure in großen Industriefirmen direkter von der *„Globalisierung"* durchgerüttelt werden, so ist es ein Topos dem die wenigsten entfliehen können. Fast alle Ingenieure und Betriebsökonomen betrachten ihre Arbeit heute als *„internationaler"* und beschreiben sie als vermehrt von Entwicklungen abhängig, in den USA, Osteuropa, Indien oder China vor sich gehen.

8.2.1 Vorher und Nachher

Die Bedeutsamkeit der Unterscheidung eines „Vorher" und „Nachher" deutet darauf hin, dass der Wechsel als ein Ereignis betrachtet wird, das zeitlich relativ eindeutig eingrenzbar ist. Allerdings beziehen sich die Begriffe „Vorher" und „Nachher" auf eine Vielzahl von Gefühlen und Geschichten. In der einen Geschichte scheint eine Rhetorik des „goldenen Zeitalters" auf, während eine andere von Fortschritt und Entwicklung erzählt. Besonders die älteren Ingenieure sprechen vom „Vorher" als einer Ära mit fast paradiesischen Zügen: die Margen waren höher, die Arbeit freier und die Unternehmen vielfältiger. Ein Ingenieur in der Auskühlphase spricht über die gemütliche Atmosphäre, die das Bauwesen vormals geprägt habe:

> Interviewter #1: „Ich habe das Gefühl früher haben wir das ein bisschen lockerer genommen, es ist trotzdem noch gegangen. Die Anspannung, die Leistungsbereitschaft und so weiter ist früher nie so groß gewesen wie sie heute ist. Also ich darf schon sagen, wir arbeiten heute mehr und intensiver. Das hätten die nie mitgemacht, die hätten gesagt ‚läck du mir, ich gehe zur Konkurrenz'".

---

28   Siehe auch Honegger et al., *« Das Ende der Gemütlichkeit »*, 1998.

Laut diesem Befragten wurde diese *„angenehme"* und *„lockere"* Atmosphäre durch *„gute Preise"* und eine starke Wirtschaft verstärkt. Im Speziellen die von der 1990er-Krise betroffenen Ingenieure haben die Tendenz, die Vergangenheit als eine Zeit zu interpretieren in der eine paternalistische Ordnung Erfolg versprach. Die Industrieunternehmen standen unter Fuchtel von traditionellen Industriefamilien, die in den Regionen verankert waren und sich gegenüber ihren Angestellten verpflichtet fühlten. Die Unternehmen hätten Häuser für ihre Arbeiter und Angestellten gebaut, ihnen Sportinfrastrukturen zur Verfügung gestellt oder gar mal eine lokale Kneippe geschlossen, um die Absenzraten zu verringern, wie mir ein Ingenieur mit verschmitztem Lächeln berichtet. Diese Familienunternehmen hätten eine langfristige Geschäftspolitik verfolgt. Wurden sie von einer Krise getroffen hätten sie versucht Entlassungen zu vermeiden. Sie hätten sich um ihre Angestellten gesorgt, auch wenn dies kurzfristig nicht profitabel gewesen sei. Der folgende Ausschnitt eines bereits pensionierten Ingenieurs – dessen Karriere radikal in sich zusammenbrach, als seine Firma reorganisiert wurde – beschreibt die *„guten, alten Zeiten"* wie folgt:

> Interviewter #14: „Das ist eine sehr anständige Firma gewesen, die hat in dieser Zeit auch noch einen Chef gehabt der als Patron gewirkt hat. Klar, der hat gesagt wie es geht und wenn der ‚nein' gesagt hat, ist es ‚nein' gewesen und wenn er ‚ja' gesagt hat, ist ‚ja' gewesen. Aber das sind noch Leute gewesen, die ihren Betrieb haben vorwärts bringen wollen und langfristige Perspektiven gehabt haben. Die haben noch Söhne gehabt und vielleicht gedacht ‚der kann ja das mal übernehmen'. Und wenn es mal nicht gut gegangen ist, dann hat er die Leute nicht einfach auf die Strasse gestellt".

Aus dem Blickwinkel der Ingenieure, verdanken diese Firmen den Erfolg dem Ingenieurwissen, den risikofreudigen Investitionen in die Forschung und der Entwicklung von innovativen Qualitätsprodukten. Mit diesem Modell, so einer der Ingenieure, wurden Gewinne gemacht indem man Rationalisierungspotential langfristig und systematisch identifizierte und als komparativer Vorteil gegenüber Konkurrenten eingesetzt hat. Die Geschäftsbeziehungen seien in diesem Modell durch persönliche Kontakte geprägt gewesen, die über rein rationale Businessbeziehungen hinausgingen. Hinter all diesen Anekdoten schimmert daher immer auch das Bild eines *„humanen"*, *„vernünftigen"*, *„warmen"* und *„väterlichen"* Kapitalismus durch. Jüngere Ingenieure gebrauchen die Unterscheidung zwischen "Vorher" und "Nachher" schon viel weniger. Oft haben sie, da sie unmittelbar vor oder während den Umstrukturierungen ins Berufsleben eintraten, keine Bilder eines idyllischen *„Vorher"* im Kopf. Für sie sind die Transformationen ein Teil ihrer Berufsnormalität.

Betriebswirtschafter interpretieren den Wandel zwar formal mit den gleichen
Kategorien von „Vorher" und „Nachher" – sie meinen mit den Begriffen allerdings etwas substantiell anderes. Obwohl ein Grossteil des Dienstleistungssek-
tors Veränderungen durchmachte, wurden solche besonders im Banken- und
Versicherungswesen, dem Herz des Schweizerischen Servicesektors (Honegger
et al., 2002), als besonders einschneidend erlebt. Als Turning Point erleben die
Banker die Amerikanisierung der Schweizer Grossbanken in den späten 1980er
Jahren. Vorher, sagen sie, war die Arbeitsatmosphäre *"gemächlich"*, die Strukturen jedoch *"strikt"* und *"hierarchisch"*. Ein Banker einer großen internationalen
Bank spricht von fast absurden Formalitäten die sich in strikten Kleidungsvor-
schriften und symbolischen Sitzordnungen ausdrückten. Die dazugehörende
"Schweizer Mentalität" bestand aus einem überlegten und langfristigen Planen
und bot den Angestellten einen paternalistischer Schutz. E-mails hätte es noch
keine gegeben und so seien auch die Kommunikationskanäle eher langsam gewesen; man kommunizierte in erster Linie über so genannte Memos. Des Weiteren wird die frühere Kultur als *"befehlsorientiert"* und *"passiv"* beschrieben: jede
Aktion musste von einem Vorgesetzten abgesegnet werden. Die Banken hätten
ein dichtes Netz von Filialen gepflegt, die *"wie kleine Königreiche"* organisiert
gewesen seien und *"Kantonen des Schweizerischen Bundesstaat"* geglichen hätten. Es herrschten also föderalistische Strukturen, die Internationalität war beschränkt und die Generaldirektion hatte nur einen limitierten Einfluss. Nicht alle
Banken und Versicherungen durchliefen den Wandel auf die gleiche Weise und
im gleichen Rhythmus. Ein Angestellter einer Genfer Privatbank meint sein
Arbeitgeber atme immer noch den *"alten Geist"* des Schweizer Bankings. Er
unterstreicht die familiäre Atmosphäre, den gegenseitigen Respekt - *"wir schrei-
en uns nicht am Telefon an"* -, die Wichtigkeit der internen Rekrutierung, sowie
der Ausbildung und Rotation zwischen den Einheiten. Genau wie die Ingenieure
haben auch die jüngeren Betriebswirtschafter keine genauen Vorstellungen eines
"Vorher" und "Nachher". Einige jüngere Betriebswirtschafter konstruieren sich
allerdings eine solche - hypothetische - *"gemütliche"* und *"langsame"* Vergangenheit, um im Vergleich ihre Vorzüge und Kompetenzen herausstreichen zu
können.

8.2.2 *Strukturelle Kräfte vs. individuelles Handeln*

Die Mechanismen des Wandels werden auf zwei verschiedene Arten beschrieben: während die Ingenieure *"strukturelle"* Faktoren am Werk sehen, tendieren
die Betriebswirtschafter dazu, den Wandel als Verdienst der CEO's oder der
Verwaltungsräte der Schweizer Banken zu beschreiben.

Die Ingenieure im Bausektor beispielsweise führen eine *"strukturelle"* Immobilienkrise als Auslöser der Krise an. In den späten 1980ern sei der Immobilienmarkt kollabiert und die Baufirmen seien darauf auf stark abgewerteten Landportfolios gesessen, die massive Abschreibungen und Verluste nach sich gezogen hätten. Die *"Marktdynamik"* habe die Preise zunehmend unter Druck gesetzt. Ein Ingenieur, Geschäftsführer einer kleinen Planungsfirma, meinte:

> Interviewter #4:„Heute müssen wir das doppelte Volumen in der Realisierung planen für das gleiche Geld. Wenn wir das gleiche Volumen an Leistungen erbringen, dann bekommen wir heute höchstens die Hälfte dafür an Verkaufserlös. Die Preise in der Planungs- und Ingenieurbranche sind gewaltig zusammengebrochen".

Dieser Druck auf die Preise und die Margen hat in den Augen der Ingenieure zu einem einschneidenden Konzentrationsprozess geführt. Viele Firmen hätten aufgegeben, Angestellte seien entlassen worden und etliche Großfirmen seien fusioniert oder von anderen Firmen übernommen worden. Der Wandel in den Industriefirmen sei durch die *"Marktliberalisierung"* oder die *"Globalisierung"* ausgelöst worden. Sie stünden nun mit der ganzen Welt in Konkurrenz, nicht nur was die Produktion, sondern zunehmend auch was die Forschung und Entwicklung angeht. Die erhöhte Konkurrenz würde den Umsatz und die Gewinne der Schweizer Firmen schwächen. In gewissen Fällen - zum Beispiel in der Telekommunikationsindustrie - hätten Marktliberalisierungen die Situation in den 1990ern dramatisch verändert. Aus der Sicht eines in der Branche arbeitenden Ingenieurs trug diese Liberalisierung ganz direkt zum Untergang großer Unternehmen bei, die sich den Markt bisher geteilt hatten. Die Liberalisierung ließ einige Firmen schrumpfen oder gewisse Einheiten schließen, andere Firmen fusionierten oder kauften ihre Konkurrenten, wieder andere vertrauten auf interne Restrukturierungen. In Gegensatz zu den Ingenieuren finden viele Banker oder Versicherungsangestellte die Veränderungen der 1990er seien den CEO's oder *"visionären Persönlichkeiten"* in den Verwaltungsräten zu verdanken. Diese hätten *"retrospektiv die richtigen Entscheide getroffen"*. Die Banker nehmen die Veränderungen nicht als Bedrohung durch schwer fassbare Kräfte wie die *"Globalisierung"* wahr. Eher sehen sie sie als Resultat strategischer Entscheide ihrer Leader. Auch jene, die den Wandel nicht unbedingt positiv beurteilen, konzeptualisieren die Fusionen kaum je als Reaktion auf *"unsichtbare Kräfte"*, wie dies bei den Ingenieuren verbreitet ist.

8.2.3   Der Wandel im Arbeitsalltag

Der wirtschaftliche Strukturwandel führt zu Veränderungen im täglichen Arbeitsleben. Ihre Arbeit sei *"rationalisiert"*, *"intensiviert"* und immer *"enger überwacht"* worden, meinen viele Ingenieure. Die relativ losen Kontrollen seien durch rigide Buchhaltungsindikatoren ersetzt worden. Die zentrale Tugend eines Ingenieurs, so beklagen sie sich, sei das *"Kostenbewusstsein"* geworden. Diese Entwicklung gehe Hand in Hand mit einer Beschleunigung des Produktionsprozesses und einer zunehmenden Wichtigkeit von Terminen. Außerdem unterliege nun alles einer immer flexibleren Arbeitsplanung. Ein Ingenieur, der ein kleines Planungsbüro leitet, redet von einer *"Stop-and-Go-Mentalität"*:

> Interviewter #4: „In der Bauerei ist es ja heute ‚Stop-and-Go'. Dann heißt es: 'wir wollen das machen, wir müssen sofort, DRINGEND' oder und dann heißt es: 'ouh, wir haben Rekurs, halt, Projekt eingestellt, warten oder' und dann irgendwann heißt es: 'ouh jetzt ist alles bereinigt, jetzt muss das sofort vorwärts gehen, weil der Fertigungsstellung bleibt'. Und dann ist es vielfach so, dass man die Planungszeit von einer vernünftigen Zeit die man eigentlich bräuchte einfach zusammenstreicht auf die Hälfte oder ein Drittel und sagt 'wir machen jetzt einfach das Nötigste, dass wir zu bauen beginnen können und nachher haben wir dann die so genannt rollende Planung'".

Vertrauensvolle Abmachungen zwischen den Planern und der Baufirma seien immer mehr die Ausnahme und würden von formalistisch interpretierten Verträgen abgelöst. Dazu komme, dass neue institutionelle Akteure auf den Plan träten, die den Planungs- und Bauprozess zu dominieren begännen. So genannte *"Generalunternehmen"* würden viel weniger Wert auf traditionelle und von der Profession hoch gehaltene und kontrollierte Qualitätskriterien legen. In der Industrie brächten Börsenkotierungen und Käufe durch internationale Investoren neue Strukturen mit sich. Ein Ingenieur meint, die Stellenprofile hätten nun englische Namen und eine *„Matrix-Organisation"* sei eingeführt worden. Die Gesprächspartner erzählen, die Hierarchien würden regelmässig neu organisiert und anstelle professioneller Strukturen würden die Leute mit *"Incentives"* oder flexibleren Zeitstrukturen motiviert. Weil neue Besitzer diese Veränderungen aber wiederum schnell nichtig machen können, sind diese neuen Regeln selber regelmäßigen Wechseln ausgesetzt. Die Ingenieure beklagen sich, dass die neuen Managements anstatt längerfristig und anti-zyklischen zu investieren, den schweren Zeiten oft mit rigiden Sparprogrammen und einer buchhalterischen Ausgabenkontrolle begegnen würden. Aufgrund der technologisch beschleunigten Produktionszyklen, dem wachsenden Preis- und Zeitdruck, würde das *"Qualitätsdenken"* immer mehr verdrängt. In der Wahrnehmung der Ingenieure zielt dieser

Wechsel in eine grundsätzlich falsche Richtung. Statt auf Innovation und Qualitätsprodukte zu setzen, nehmen Überlegungen zu Zeiteffizienz und Kosten überhand. Zu diesen *"verantwortungslosen"*, *"feigen"* und *"buchhalterischen"* Produktionsstrategien kommen beschleunigte Karriererhythmen hinzu, die die Manager zu Zeitpunkten aus der Verantwortung entlassen, in denen der Produktionszyklus noch nicht abgeschlossen ist.

Die Veränderungen führen auch im Banken- und Versicherungswesen zu neuen Organisationsformen. In erster Linie prägte der wachsende Einfluss übernommener amerikanischer Geschäftsbanken das Bewusstsein der Schweizer Banker[29]. Die Amerikanisierung brachte ihnen ein neues *„Mind Set"*, das sich fundamental von der Schweizer Mentalität unterscheidet. Der Arbeitprozess sei schneller und intensiver geworden und es würde nun auch mehr gearbeitet. Dazu komme, dass die Amerikaner am Morgen später zur Arbeit kämen, dafür aber *"in die Nacht hinein arbeiteten"*. Ein neuer *"kunden- und zielorientierter"* Stil habe Einzug gehalten und die rigide Schweizer Hierarchie ersetzt. Die neue Kultur wird im Allgemeinen als demokratischer, informeller und dynamischer beschrieben. Initiativen der Angestellten würden nun begrüßt, es würde nicht mehr alles strikte kontrolliert und Fehler in Kauf genommen. Diese Öffnung der Kultur habe sei auch symbolisch sichtbar gewesen: *"Die Hälfte der Teilhaber der X-Bank kamen mit Turnschuhen und ohne Krawatte zur ersten Sitzung"*, sagt ein Angestellter einer großen Bank, die Veränderungen unterstreichend. Die *"amerikanische Kultur"* sei auch *"akademischer"* als die schweizerische, in der traditionell intern befördert wurde. Akteure, die diese Veränderungen aus einem kritischeren Winkel betrachten, beklagen die zunehmende Dominanz des kurzfristigen Planens und die skrupellosen Anstellungs- und Kündigungspraktiken. Diese Praktiken ermutigen die Banken kurzfristig Leute einzustellen wenn es gut läuft und diese auf die Strasse zu stellen, wenn erste Wolken am Horizont aufziehen.

8.3 Vom Wandel zur Krise

Auch wenn der strukturelle Wandel der 1990er immer auch in einem persönlichen Wandel für die Ingenieure und Betriebswirtschafter widerhallt, so kann die Betroffenheit stark variieren. Je nach Karrierephase und struktureller Position können dieselben Veränderungen als individuelle Chance, nötiges Übel oder persönliches Drama erlebt werden. Eine Krise wird definiert als ein „entscheidender Punkt oder Situation" und in seiner wirtschaftlichen oder sozialen Bedeu-

---

29   First Boston wurde von der früheren "Schweizer Kreditanstalt" in den frühen 1980er übernommen; der "Schweizer Bankverein" kaufte 1992 "O'Connor & Associates" und später auch noch "Warburg" und "Dillon Reed".

tung als eine „unstabile Situation, die einen abrupten Wechsel herbei führen kann". Nicht alle der oben beschriebenen strukturellen Transformationen und deren implizieren eine „instabile Situation" oder einen „abrupten Wechsel". Wenn die Befragten auch dazu tendieren, narrativ eine verkürzende Gegenüberstellung von „Vorher" und „Nachher" zu bemühen, verlaufen diese Übergänge oft recht langsam. Dazu kommt, dass nicht alle Gesprächspartner die Veränderungen als Krise im Sinne einer problematischen Situation wahrnehmen. Gewisse Ingenieure und Betriebswirtschafter dagegen sind tatsächlich mit schweren individuellen Krisen konfrontiert, obgleich ihr Unternehmen als Ganzes von der strukturellen Krise verschont blieb. In diesen Fällen ist die individuelle Krise womöglich die Folge von Inkompatibilitäten zwischen persönlichen Ambitionen und strukturellen Angeboten oder ganz persönlicher Natur.

Welches sind nun ganz konkret die typischen Krisenbetroffenheiten? Manche der Befragten sind aufgrund von Fusionen und Restrukturierungen für eine kürzere oder längere Periode arbeitslos geworden. Arbeitslosigkeit wird von allen Betroffenen als eine "traumatisierende" Zeit erlebt. In der männlichen Normalbiographie und besonders in Aufstiegskarrieren ist ein solches Ereignis nicht eingeplant. Es kommt unerwartet und überrascht jene, die sich davon geschüttelt sehen. Allerdings: nach einer Phase des "Schocks" gehen viele Ingenieure und Betriebswirtschafter dazu über, die Arbeitslosigkeit als Chance wahrzunehmen um sich psychologisch zu sammeln oder um bisher verdrängte Wünsche und Erwartungen an das Berufsleben zu formulieren. Von den drei Befragten die durch eine Phase der Arbeitslosigkeit gingen, wurden zwei selbständig. Der Dritte formulierte seine Ambitionen neu und fand eine Anstellung bei einem Detailhandelsunternehmen.

Eine zweite Gruppe fühlt sich zwar von Arbeitslosigkeit bedroht, antizipiert die Gefahr jedoch mit einem Wechsel des Arbeitgebers. Der Wechsel kann begleitet sein von formeller - oder bloß informeller - Deklassierung oder einem Funktionswechsel. In einem Fall beispielsweise wurde eine Einheit einer Firma ausgelagert und der betroffene Ingenieur der neu geschaffenen Firma zugeteilt, die weiterhin dieselben Serviceleistungen an die Mutterfirma erbrachte. Eine solche Deklassierung oder Marginalisierung kann als Krise empfunden werden. Sie kontrastiert stark mit dem Streben nach Aufstieg oder demjenigen nach fachlicher Herausforderung, das den Ingenieuren und Betriebswirtschaftern eigen ist. Die individuellen Interpretationen solcher Versetzungen hängen jedoch stark von der Karrierephase ab, in der der Betroffene sich befindet.

Eine Deklassierung kann auch innerhalb einer Firma eintreten. Einige der Befragten wurden deklassiert weil die Firma sich neue Strukturen gab, neue Positionen und Hierarchien errichtete oder eine Matrix-Struktur konstruierte. Aus strukturellen Gründen sind die Angestellten, die schon eine gewisse Position erreicht haben, von solchen Reorganisationen eher tangiert als jene, die sich immer noch auf den Einstiegsstufen befinden. Einer der Ingenieure, zum Beispiel, war für eine lange Zeit gleichzeitig *"team leader"*, *"project manager"* und *"senior engineer"*. Im Zuge der Restrukturierung blieb im nur die Position als *"senior engineer"*. Er empfand diesen Wechsel als eine persönliche Niederlage, nicht weil sein Salär reduziert worden ist, sondern weil er an Prestige einbüsste. Auch wenn er nicht mehr besonders hochfliegende Ambitionen hegte, so wurde er in seiner Vorstellung einer idealen Karriere durch dieses Ereignis stark brüskiert.

Subtilere Beispiele von Krisenfolgen sind zu beobachten. Gewisse Akteure schwächen ihre ursprünglichen Karrierepläne ab oder ziehen sie zurück, weil sie mit unsicheren organisatorischen Situationen konfrontiert sind oder weil die anvisierten Pfade plötzlich blockiert sind. Ein Betriebswirtschafter beschreibt beispielsweise, wie seine Firma periodisch restrukturiert werde und immer wieder Phasen verstärkten *"Kostenbewusstseins"* durchlebe. Während dieser Perioden, würden sich die Angestellten der Firma in der Regel ruhig verhalten. Sie halten Bewegungen in diesem Stadium für riskant. Nur dieser Druck kann zu vorauseilenden Anpassungen führen, weil man fürchtet entlassen zu werden - man entscheidet sich vielleicht eher für Sicherheit, als für einen hochfliegenden, dafür riskanten Karriereschritt.

Nicht in allen Fällen hat Strukturwandel Folgen, die die Akteure als "individuelle Krisen" einstufen. Im Gegenteil, gewisse Gesprächspartner sehen Krisen gar als Karrierechancen: sie nehmen aktiv an den Veränderungen teil, in dem sie die Restrukturierungen planen oder durchführen. Ein Human Resources Manager in einer großen Telekommunikationsfirma beispielsweise wurde beauftragt, die Entlassungen und Neu-Rekrutierungen im Zuge einer Restrukturierung zu verwalten. Eine Restrukturierung die zu einer Teilung, dann einem Verkauf und schließlich zu einem teilweisen Wiederaufbau dieser Firma führte. Diejenigen, die für die Restrukturierungen verantwortlich sind, sind also fähig die „Welle zu surfen". Für andere öffnen sich mit Restrukturierungen blockierte Wege oder sie können Ressourcen gewinnbringend einsetzen, die vorher als entwertet galten.

8.4 Typische Betroffenheitslagen

Wie äußern sich diese Krisen nun individuell? Wie bündeln sie sich zu typischen Situationen und welche Strategien entfalten die Akteure um sie zu überwinden? Um diese Fragen zu beantworten entwickle ich ein Leseraster, das mir erlaubt die typischen Konfigurationen der Krisenbetroffenheiten besser zu verstehen.

8.4.1 Die Bedrohten

Eine erste Gruppe von Interviewpartnern ist von keinem der oben geschilderten Syndrome einer persönlichen Krise direkt betroffen. Weder wurden sie entlassen noch erlebten sie eine Phase der Arbeitslosigkeit oder wurden hierarchisch deklassiert. Sie leben allerdings in einem Kontext in dem Restrukturierungen oder Fusionen/Akquisitionen ständig möglich sind und fühlen sich deshalb latent bedroht. Viele malen sich aus, dass es nur eine Frage der Zeit ist, bis auch ihr Unternehmen oder ihre Abteilung mit einschneidenden Veränderungen konfrontiert wird. Einige sind nur knapp einer Entlassung entkommen. Ein 35-jähriger Betriebswirtschafter erklärt eine solche Situation im folgenden Ausschnitt:

> Interviewter #22: "Ein Jahr nachdem ich dort angefangen habe, hat man müssen Stellen abbauen, entlassen. Mein Chef hat mir dann gesagt es gäbe zwei Szenarien, ein größeres wo er 8 oder 9 hätte abbauen müssen und ein kleineres wo es 3 oder 4 gewesen wären. Beim grösseren wäre ich auch auf der Liste gewesen und das hat er mir gesagt als ich in den Ferien gewesen bin, in Italien gerade. Das ist mir recht eingefahren dort. Doch diese Ängste gibt es auf jeden Fall. Es ist dann das große Szenario gewesen, aber einer weniger und ich bin einfach der erste auf der Liste gewesen und musste nicht gehen. Aber es fährt einem schon noch ein"

Die Allgegenwärtigkeit der Restrukturierungen macht allen Aufsteigern bewusst, dass eine Krise auch sie selber betreffen könnte. Sogar ein im öffentlichen Dienst arbeitender Betriebswirtschafter macht sich Sorgen um seine Zukunft. Er ist mit dem Schicksal von Kollegen konfrontiert, die ihrerseits tangiert sind.

Alle Mitglieder dieser Gruppe sind relativ jung, zwischen 30 und 40 Jahre alt, und stehen am Beginn ihrer Aufstiegsphase. Sie haben zwar meist schon ihren Karriereanker gefunden. Andererseits befinden sie sich noch auf relativ niedrigen Hierarchiestufen – sie arbeiten beispielsweise als Leiter eines Forschungsteams oder als Stabsleiter einer Dienstleistungsabteilung. Ihr Berufsverlauf vor der Krise der frühen 1990er dauerte nicht lange genug, um eine klare Konzeption eines "Vorher" zu entwickeln. Sie haben noch keine tiefe Verbundenheit zu etwas entwickelt, das nun durch Veränderungen bedroht wäre. Sie können in ihrer Position also noch kaum Status oder Privilegien verlieren. Auch sind sie noch nicht in Positionen, die ihnen erlauben würden den Wechsel aktiv mitzugestalten. Bedroht sind in erster Linie ihre Projekte, ihre langfristigen Pläne und ihre *künftige* Sicherheit. Auch wenn sie ihre Biographie in sehr inkrementalen Begriffen beschreiben, halten sie an einer Hoffnung auf einen relativ stabilen Verlauf der Karriere fest. Dieser Typ von Betroffenheit setzt sich aus Ingenieuren und Ökonomen zusammen. In meiner Stichprobe kommt er aber häufiger bei

Karrieren vor, die an große Unternehmen gebunden sind und direkt durch organisatorische Strukturen gestützt werden.

Solche latente Bedrohungen von Zukunftsplänen, auch wenn sie nicht unmittelbar zu Veränderungen der persönlichen Situation führen, lösen eher defen-
sive Strategien aus. Die betroffenen Ingenieure und Betriebswirtschafter wollen
sich selbst – und ihre Familien – gegen mögliche Auswirkungen der Krise absi-
chern. Deshalb ziehen sie sich in weniger konkurrenzorientierte, anspruchslosere
Positionen zurück, die regelmäßigere Arbeitszeiten und komfortableren Bedingungen bieten. Ein Ingenieur erklärte er habe seine Position als Teamleiter in
einer vor kurzem mit einer anderen Firma fusionierenden Drahtfabrik verlassen.
Er konnte seine Position während der Fusion stabil halten bzw. gar verbessern.
Die Fusion bedeutete für ihn aber eine solche Menge an zusätzlichen Stress,
Überzeiten und Unsicherheiten, dass er beschloss zu einem traditionelleren Familienunternehmen ohne Börsenkotierung zu wechseln. Obwohl für ihn an diesem neuen Arbeitsplatz die Möglichkeiten für einen weiteren vertikalen Aufstieg
fehlen, profitiert er von einem komfortableren Job, ist weniger Belastungen ausgesetzt und genießt regelmäßigere Arbeitszeiten. Analog dazu erzählt ein Betriebswirtschafter wie er kürzlich seine „Spezialisierung" in der Informatikabtei-
lung einer traditionellen Privatbank akzeptiert hat und damit einen Teil seiner
Aufwärtsambitionen begrub. Obwohl er sich manchmal wie ein *"Beamter"* fühl-
te, sei er stolz zu einer Bank zu gehören, die sehr *"traditionell"* funktioniere und
nichts unversucht lasse, ihre Angestellten mit internen Fortbildungen und Beförderungen an sich zu binden. Beide Beispiele zeigen Akteure die Schutz suchen
und ihr Karrierepotential dagegen eintauschen. Auf höhere Positionen zu aspirie-
ren heißt sich höheren Risiken auszusetzen; ein Rückzug in funktionale Spezialisierung ist mit der Hoffnung auf mehr Schutz gegen die Unabwägbarkeiten des
Marktes verbunden.

8.4.2 Die Gebrochenen

Wenig überraschend stehen die „Gebrochenen" für eine Gruppe die markant von
der Krise der frühen 1990er gebeutelt wurde. Deren Mitglieder befinden sich in
biographischen Phasen und organisatorischen Positionen, die aus der allgemeinen Krise eine ernsthafte Bedrohung ihrer Persönlichkeit und ihrer Privilegien
macht. Die meisten Gebrochenen sind technisch-industrielle Ingenieure, einige
machen auch Industrielle Management-Karrieren oder KMU-Karrieren. Sie wurden alle entweder deklassiert, neuen Aufgaben zugeteilt, mussten die Firma
wechseln, wurden entlassen oder rutschten gar in eine Phase der Arbeitslosigkeit.
Die Veränderungen treffen sie abrupt und überraschend – sie erschüttern ihre

Welt voller Sicherheit und Normalität. Die Krise geht oft über eine Positionsver-
änderung hinaus. Die Akteure fühlen sich existenziell unter Druck gesetzt, sozial
abgewertet oder glauben nicht mehr in die heutige Welt zu passen.

> Interviewter #4: „Ich habe den Eindruck da hat sich einiges verschoben. Die Wert-
> schätzung hat abgenommen und sicher ein massiver Preisdruck. Und halt immer
> wieder diese Frage, vor allem bei diesen Generalunternehmungen, 'ja ist das über-
> haupt nötig, wir brauchen doch keinen Planer, wir können doch ohne bauen, oder?'"

Dieser Ingenieure erlebt regelmässig, wie er und seine Arbeit als „unnötig" abgetan werden. Bourdieu schuf für solche Situationen den Begriffs des „Don Quichotte Effekts": die in einer früheren Zeit angeeigneten Werte, Fähigkeiten und
Wissensbestände werden abgewertet, weil neue Strukturen neuen Werten, Fähigkeiten und Wissensbeständen zu sozialer Geltung verhelfen (Bourdieu, 1979).
Bei von solchen Abwertungsprozessen Betroffen kann dies zu Bitterkeit führen,
die mit Klagen über die symbolische und materielle Abwertung ihrer Identität
einhergehen. In den Gesprächen schwankt diese Gruppe zwischen der Hoffnung
darauf die Vertreter der Neuordnung würden ihre Fehler einsehen und sozialen
Beschimpfungen ihrer Gegner als *„Räpplispalter"* oder *"Abzocker"*.

Diese Art von Krise trifft in erster Linie ältere Ingenieure über 45 in Tech-
nisch-Industriellen- Karrieren und industriellen Management-Karrieren. Ingenieure in KMU-Karrieren werden selten deklassiert oder entlassen. Trotzdem sind
auch sie mit einem symbolischen und ökonomischen Druck konfrontiert, der auf
einer abstrakteren Ebene durchaus mit jenem der anderen Karrieren vergleichbar
ist. Aufgrund ihres Alters und der Zeitspanne, die sie schon in ihren Firmen
angestellt sind, besitzen diese Ingenieure ein recht klares Bild von einem „Vorher". Durchgehend schätzen sie dieses als *„bessere Zeiten"* und als *„erfolgreicher"* ein als die Gegenwart. Die Neuerungen stellen nichts weniger als die Fort-
schrittsvorstellung dieser Ingenieure in Frage. Weil ihre Denk- und Handlungs-
weisen biographisch schon verfestigt sind, sind die strategischen Alternativen für
diese Gruppe recht mager: Sie sind an den industriellen Sektor und innerhalb
diesen an die Produktions- und Forschungsabteilungen gebunden – in erster
Linie, weil ihr technisches Wissen nur schwer in andere Bereiche zu transferieren ist. Ihre Gebundenheit hängt aber auch maßgeblich mit ihren biographischen
Deutungsmustern zusammen: während der Versuchsphase erwerben sie eine
relativ solide Identität als technische Ingenieure und distanzieren sich mit dem
Bekenntnis zur Technik nachdrücklich vom Management oder Verwaltungsfunk-
tionen. Die technische Ausrichtung wird verstärkt durch ein stark technisches
Verständnis von Fortschritt. Als Folge dieser strukturellen und mentalen Verankerung rücken sowohl funktionale Wechsel als auch weitere Aufstiege in weite
Ferne.

Da sie mit solchen beschränkten Opportunitätsstrukturen konfrontiert sein, erstaunt es kaum, wenn ihre Strategien defensiv und manchmal fatalistisch sind. Manche Akteure warten ab und sitzen die Deklassierung oder den Funktionswechsel leicht verbittert aus. Ironischerweise warten sie öfters auf die nächste Reorganisation, die ja wieder eine Verbesserung ihrer Situation mit sich bringen könnte. In gewisser Weise versuchen sie durch dieses Abwarten doch noch vom beschleunigten Restrukturierungsrhythmus zu profitieren, der am Anfang ihrer Misere gestanden hatte. Insbesondere Ingenieure im Herbst ihrer Karriere akzeptieren zwar eine Deklassierung oder eine Funktionswechsel, interpretieren diese Schritte aber für sich selber positiv als eine Art unorthodoxe Auskühlungsphase.

> Interviewter #14: „In der Firma Y, da habe ich nichts zu sagen gehabt, da haben die anderen gesagt was ich machen soll [lacht]. Dort bin ich fast schon 60 gewesen, da habe ich gesagt ‚ja was willst du jetzt noch, machst du gute Miene zum bösen Spiel oder'. ich habe ja eigentlich mit meinen alten Kollegen von der Firma X können zusammenarbeiten, das ist dann immer noch gegangen".

Diese Strategie des Interviewten besteht darin die erzwungene Deklassierung als ein *„normales"* Zurücktreten in die zweite Reihe zu kaschieren, wie es viele Ingenieure und Betriebsökonomen kurz vor der Pensionierung tun.

Ein Ingenieur, der seinen Job im höheren Management einer Telekommunikationsfirma verloren hatte, entschloss sich, weil ihm Langzeitarbeitslosigkeit drohte, sich im reifen Alter von 55 Jahren selbständig zu machen. Gerade für diejenigen, die eine Industrielle Management-Karriere machen (d.h., die im Laufe ihres Berufslebens technisches *und* manageriales Wissen erworben haben), ist die Option Selbständigkeit wichtig. Für einen dieser Ingenieure spielt beim Gang in die Selbständigkeit auch der Aspekt der "Rache" gegenüber seiner alten Firma eine Rolle:

> Interviewter #12: „Wenn mich früher einer gefragt hätte ob ich selbständig werden will, ich hätte es nicht gemacht. Ich bin in die Selbständigkeit reingerutscht. Und im Nachhinein muss ich sagen: ‚ich habe Spaß daran'. Mit dem Erfolg und alles drum und dran, ich hätte das im Minimum vier oder fünf Jahre früher machen sollen. Das wäre vielleicht sogar noch besser gegangen, mir kommt natürlich heute speziell entgegen, dass offenbar auch der Staat sehr viele Leute abbaut und die Arbeit trotzdem nicht zurückgeht. Wunderbar für mich, muss nur die Arbeit abholen gehen".

Der Ingenieur möchte es *„ihnen"* zeigen; beweisen dass er im Grunde fälschlicherweise entlassen wurde. Mittels seines materiellen Erfolges als Selbständiger demonstriert er, dass das technologische Fortschrittsverständnis immer noch

Gültigkeit beanspruchen kann und dass es der kurzsichtigen Konzeption des Konkurrenzmodells überlegen ist.

8.4.3 Die Surfer

Die Gruppe der so genannten „Surfer" leidet, obwohl im Auge des Hurrikans agierend, nicht an den strukturellen Veränderungen. Im Gegenteil erweist sich die Krise für sie als eine Chance. Ihre Angehörigen profitieren von den durch die Umstrukturierungen geschaffenen Opportunitäten. Sie sehen sich als dynamische, frische und unverbrauchte Generation, die fähig ist die Manager der alten Schule zu ersetzen. Manche übernehmen die Organisation und Leitung der Reorganisation einer Firma. Diese Funktion kann – vor allem wenn die Umorganisation „erfolgreich" ist – zu einem Sprungbrett für Positionen mit ähnlichen Aufgaben werden. Im Kontrast zu jenen, die sich von der Krise bedroht oder überrollt fühlen, scheint diese Gruppe auf der Welle zu surfen. Sie schafft es die Chancen zu packen, die in solchen Umbrüchen freigelegt werden.

Entgegen der Annahme, dass in wirtschaftlichen Krisensituationen die Jungen "gewinnen" und die Alten "verlieren", müssen die Surfer treffend als eine nicht zu junge und nicht zu alte Gruppe charakterisiert werden. Sie haben ihren Karriereanker schon gefunden, stehen meistens am Beginn ihrer Aufstiegsphase und sind immer noch von hierarchischen Ambitionen getrieben. Sie sind avanciert genug um größere Verantwortung zu tragen. Diesen Akteuren wird Organisation der Restrukturierungen, der Entlassungen oder der Neurekrutierungen aufgetragen. Als Direktor der Human Resources in einer Grossbank, wurde einer der Gesprächspartner im Zuge der Fusion dieser Bank zum Personalchef der Gesamtbank befördert, um die "Unternehmenskultur" auch bei den Vertretern der unterlegenen Bank zu verbreiten. Ein anderer Betriebsökonom arbeitete in der Anfangsphase eines Restrukturierungsprozesses als Finanzdirektor einer Catering-Firma. Weil mit der Fusion ein gemeinsames Buchhaltungs- und Lohnsystem geschaffen werden sollte, wurde er schnell zum „Mister Fusion" – einer Art Stabsfunktion mit dem Auftrag die Fusion zu einem erfolgreichen Ende zu bringen. Voraussetzung für eine solche Beförderung ist ein ungebrochenes hierarchisches Streben. Der oben erwähnte Direktor der Human Resources schildert die Fusion so:

> Interviewter #17: „Ich bin einer gewesen, der erst 40 gewesen ist. Ich habe noch können umsetzen und adaptieren. Ich bin voll im Saft gewesen und habe meine Netzwerke gehabt und Karrierenambitionen und so. Andere die 50 gewesen sind, die haben sich nicht mehr anpassen können"

178   8 Bedrohte, Gebrochene, Surfer und Ikaruse

Die Surfer sind in verschiedenen Karrieretypen zu finden, wenn auch mit einigen Einschränkungen. Die Technisch-Industrielle-Karrieren und die KMU-Karrieren produzieren beispielsweise kaum Surfer. Die Mitglieder dieser Karrieretypen scheinen in ihrer Verbundenheit mit dem technischen Bereich nicht zur Revolutionierung von Organisationsstrukturen geeignet; bzw. die kleinen und mittleren Unternehmen sind dafür nicht genug ausdifferenziert. Alle anderen Karrierentypen, so scheint es, können potentiell Surfer hervorbringen. Am prädestiniertesten dazu sind Funktionen im Finanz- oder Personalbereich. Mit der zunehmenden Dominanz des Buchhaltungs- und Controllingbereichs, boten sich Finanzspezialisten fast natürlicherweise als Spielgestalter der Umstrukturierungen an. Weil Umstrukturierungen immer auch Entlassungen und Neuanstellungen mit sich ziehen wurden auch die Personalabteilungen zu Schaltzentralen der Reorganisation (Buss-Notter, 2006).

Die Surfer verfügen also über die Ressourcen und Kompetenzen die Restrukturierungen zu organisieren. Ein anhaltendes hierarchisches Streben scheint ebenfalls eine Vorbedingung oder zumindest ein Vorteil zum surfen zu sein. Nur in wenigen Karrieretypen hält ein ursprüngliches Streben nach vertikalem Aufstieg länger an – Technisch-Industrielle-Karrieren gehören wie gezeigt nicht dazu, Finanzkarrieren schon viel eher. Diejenigen, die die Wellen zu surfen verstehen, haben – wohl als Folge ihrer bisherigen Karrieredynamik – kaum Irreversibilitätsvorstellungen bezüglich ihrer Karriereschritte. Schließlich scheint es auch von Vorteil zu sein ein konkurrenzbasiertes Verständnis von Fortschritt zu pflegen. Akteure die Reorganisationen leiten oder davon profitieren, entwickeln wohl fast automatisch ein solches Verständnis. Surfers sind besonders erpicht darauf aufzusteigen und weiterzukommen, deshalb bedeuten die Veränderungen auch keinen umwälzenden Wandel ihrer persönlichen Haltungen und Strategien.

8.4.4 Die Ikaruse

Für alle bisher präsentieren Fälle individueller Krisen war der strukturelle Umbruch der 1990er ursächlich verantwortlich. Eine Reihe von Fällen allerdings, sind nur schwerlich mit dieser Verwerfung in Verbindung zu bringen. Aufgrund ihrer Ähnlichkeiten beschloss ich diese Fälle in einem Typ zusammenzufassen. In Anlehnung an die mythologische Figur die sich fliegend zu den Göttern erheben wollte und ins Meer stürzte, weil die Sonne ihre wächsernen Flügel schmolz, nenne ich diese Gruppe die Ikaruse.

Die Ikaruse sind meist von einer plötzlichen Entlassung oder einer scharfen Deklassierung betroffen, der oft eine längere Phase der Arbeitslosigkeit folgt. Diese persönliche Krise ist nicht notwendigerweise Restrukturierungen geschul-

det. Eher – zumindest in der Interpretation der Betroffenen – ist sie die Folge
„persönlicher Konflikte" oder eines *„zu ungestümen"* Strebens. Diese Krisen
werden also nicht als von strukturellem Wandel verursacht gesehen, sondern als
Resultat von sehr individuellem Aufstiegsverhalten. Ein Betriebswirtschafter
beispielsweise wurde in die Geschäftsleitung einer mittelgroßen Firma im Tourismussektor berufen und hatte dort, so erklärt er, vom ersten Tag an Schwierigkeiten wegen seines anspruchsvollen und ungestümen Charakters:

> Interviewter #8: Schon an der ersten Geschäftsleitungssitzung haben wir Krach be-
> kommen. Ich habe da gefragt gehabt wieso das EDV-System an diesem Tag zwei-
> mal abgestürzt sei. Und dann hat man mir gesagt das ginge mich nichts an und dann
> habe ich gesagt ‚he aber jetzt...ja sorry, da haben wir ein Problem'".

Retrospektiv interpretiert er diese Probleme, die sich sehr schnell zu einem
Machtkampf auswuchsen, der mit seinem Abgang endete, in erster Linie als
Folge seines individuellen Verhaltens:

> Interviewter #8: „Vielleicht bin ich halt schon mit der Einstellung gekommen, ‚ich
> bin immer noch der Chef' und dann habe ich denen halt nachher die ‚Kuttlen ge-
> putzt' oder ich weiss doch nicht. Zuerst habe ich nicht den Eindruck gehabt, aber
> nachher habe ich nicht so ein gutes Gefühl gehabt."

Auch wenn diese zwischenmenschlichen Kämpfe in einem spezifischen strukturellen Umfeld stattfinden und von der wirtschaftlichen Dynamik nicht unberührt
bleiben, suchen und finden die Ikaruse in erster Linie Erklärungen in ihrem eigenen Verhalten. Sie bemühen in ihren Erklärungen keine Opponenten, so wie dies
die Gebrochenen mit den *„Räpplispaltern"* oder den *„internationalen Investoren"* tun. Noch fühlen sie sich durch eine unpersönliche Macht wie die *„Globalisierung"* oder den *"Markt"* bedroht. Diese Art von persönlicher Krise ist typisch für Akteure, die eine aggressive und individuelle Karriere über Firmen und
Branchengrenzen hinweg verfolgen. Sie bleiben selten einer einzigen Firma treu
und versuchen auch nicht von internen Förderungsprogrammen zu profitieren.
Ein solches Muster entspricht am ehesten der Finanz-Karriere: die leicht zu
transferierenden Finanzkompetenzen scheinen am besten geeignet für eine Mig-
ration zwischen den Firmen und einen ungestümen Aufstieg. Ähnliche Strategien
wie die Finanzkarrieristen haben auch einige der Akteure die eine industrielle
Management-Karriere machen. Die Ikaruse fühlen sich vor allem während der
Aufstiegsphase von der Krise gebeutelt, zu einem Zeitpunkt zu dem sie schon
Positionen im mittleren oder höheren Management besetzen. Nur in solchen
Positionen, so scheint es, werden aus „persönlichen Konflikten" existenzielle
Situationen, die zu Trennungen oder Entlassung führen können.

Die Ikaruse stützen sich kaum auf organisatorische Programme zur Karriereförderung und ihre Deutungsmuster nehmen selten je auf Organisationsstrukturen Bezug. Die Ikaruse sind relativ offen: ihre Karrierepfade sind erratisch, oft durch radikale und abrupte Wechsel geprägt. Deshalb scheinen keine strukturellen Regelmäßigkeiten ihre Vorstelllungen einzuschränken. Ihre biographischen Deutungsmuster sind von hierarchischem Streben geprägt. Ihre Offenheit kommt ohne Vorstellungen von biographischen Irreversibilitäten, Karriererhythmen und normativen Abfolgen aus. Ein Betriebsökonom beschreibt seine Philosophie wie folgt:

> Interviewter #8: „Ich habe mich auch gefragt, wieso gehe ich immer in andere Branchen? Ich merke eben auch: ‚Gopfertammi, das Leben ist zu spannend um immer im gleichen Bereich zu bleiben'. Ich könnte mir schon vorstellen nach Zürich arbeiten zu gehen, aber ich merke, das müsste ich auf 2 Jahre befristen. Und ich müsste wissen: ‚in zwei Jahren kannst du dort wieder gehen weil, hey da passt du einfach nicht rein', da ecke ich an, da ecke ich schlussendlich an".

Weil für sie die Krise individuellen Charakter hat und sie sich persönlich dafür verantwortlich fühlen – weil sie zu fordernd, zu ambitiös oder zu aggressiv waren – überrascht es nicht, dass ihre Reaktionsstrategien aus Arbeit an sich selber bestehen. Ein Ingenieur in einer Technischen Management-Karriere gab an, während seiner Arbeitslosigkeit intensiv über sich selbst nachgedachte zu haben und mehr Bücher als je zuvor gelesen zu haben. Auf meine Frage welche Bücher er denn gelesen habe, antwortete er:

> Interviewter #5: „Vorwiegend Biographien von Persönlichkeiten aus dem wirtschaftlichen und politischen Bereich. Also Wirtschaft und Politik: von Konrad Adenauer oder von Helmut Kohl oder Jack Welch, der ehemalige CEO von General Electrics und so solche Geschichten"

Diese Suche nach Inspiration bei erfolgreichen Persönlichkeiten ist typisch. Ein Betriebsökonom, der längere Zeit arbeitslos war, begann eine Psychotherapie und konsultiert jetzt von Zeit zu Zeit einen Kinesiologen um „seinen Knopf zu öffnen".

Im Allgemeinen evozieren Ikaruse Bilder eines Stehaufmännchens, das in der Folge eines durch ihr ambitioniertes Verhalten ausgelösten persönlichen Konflikts am Arbeitsplatz in eine persönliche Krise rutschten, dann auf psychologischer Ebene an ihrem Charakter zu arbeiten beginnen. Nicht selten sind die Positionen die die Ikaruse nach der Krise finden ein bisschen bescheidener. Ein Ingenieur, vormals Geschäftsführer eines mittleren Telecom-Unternehmens, fand eine neue Stelle im mittleren Management eines Detailhändlers. Ein Betriebsökonom, der Direktor einer Nichtregierungsorganisation war, entschied sich für eine kleinere, weniger den Medien ausgesetzte Organisation im selben Sektor. Nicht selten entscheiden sie sich für eine Aufgabe die näher an ihren Kernkompetenzen liegen – wo sie sich besser *„zu Hause fühlen"* und *„die Regeln kennen"*.

8.5 Schlussfolgerungen

Der strukturelle Wandel wird von den Ingenieuren und Betriebswirtschaftern subjektiv als solcher empfunden. Sie wähnen sich in einer Zeit rasanten Wandels, der sich sowohl technologisch, organisatorisch und geographisch äußert. Der dominierende Gebrauch epochalisierender Erzählelemente zeigt, dass sie insbesondere die 1990er Jahre als einen Angelpunkt wahrnehmen. Trotz formell ähnlicher Wahrnehmungen offenbaren sich in den Erzählungen der Ingenieure und Betriebswirtschafter Unterschiede bezüglich des Inhalts der Wandels: während Erstere die Zeit vor der Krise als Zeit eines vernünftigen und humanen Kapitalismus wahrnehmen, empfinden Letztere dieselbe Epoche als starr, hierarchisch und formalistisch. Ebenfalls interessant: für die Ingenieure wurden die Veränderungen der 1990er durch verborgene, strukturelle Kräfte - die Globalisierung, die Investoren - ausgelöst. Für die Betriebswirtschafter, die dieselben Veränderungen viel positiver beurteilen, sind sie die Folge der Entscheide cleverer und weitsichtiger Wirtschaftsführer. Obwohl längst nicht alle Befragten die Veränderungen als Krise interpretieren, konnten einige typische Betroffenheiten identifiziert werden: Arbeitslosigkeit, Deklassierung als die eindeutigen Beispiele. Aber auch antizipierende Firmenwechsel, diffuse Gefühle des Bedrohtseins oder späte Wechsel in die Selbständigkeit. Allgemein lassen sich vier Betroffenheitslagen herausarbeiten: die "Bedrohten" sind zwar nicht direkt von Restrukturierungen tangiert, empfinden sie aber als allgegenwärtig und fürchten, dass diese sie jeden Moment selbst betreffen könnten. Ältere Ingenieure in Technisch-Industriellen-Karrieren sind am schwersten von der Krise tangiert: sie gehören zur Gruppe der Gebrochenen, die am häufigsten deklassiert oder entlassen wird. Ihnen bleiben in solchen Situationen nur wenig Alternativen, sie haben große Schwierigkeiten mit diesen Demütigungen umzugehen. Die Surfer befinden sich in der Karrieremitte und arbeiten entweder im Controlling oder in Personalfunktionen. Diese Positionen erlauben es ihnen von den Restrukturierungen zu profitieren und diese zum Teil auch aktiv mit zu gestalten. Die Ikaruse schließlich stolpern zwar auch in ihrer Karriere, allerdings nicht direkt als Folge der strukturellen Umbrüche. Sie führen ihre Probleme auf zu hitzige, individuelle Ambitionen zurück und versuchen die Krise zu bewältigen in dem sie an sich selber arbeiten.

Laut einer linear-rationalistischen Konzeption der biographischen Betroffenheit ist eine Person, je älter sie ist, desto stärker dem Status quo verpflichtet, hängt konservativen Ansichten an und steht Neuerungen kritisch gegenüber. Umgekehrt sind jüngere Personen offener gegenüber neuen Ideen und deshalb eher in der Lage von Reorganisationen zu profitieren. Solche Erklärungsmuster sind zu einfach gestrickt. Nur die biographische Phase und die Position, die die Individuen in diesen Phasen besetzen, können erklären inwiefern Akteure tangiert sind. Diese Karrierenphasen sind an gewisse strukturelle Opportunitäten und biographische Repräsentationen geknüpft; sie entsprechen auch gewissen Entscheidungsgewalten in den Firmen. Denjenigen, die das mittlere Management zum Zeitpunkt von Umstrukturierungen noch nicht erreicht haben, fehlt der nötige Einfluss und die Macht, um Surfer zu werden. Gleichzeitig haben sie noch keine substantiellen Privilegien erreicht, deren Bedrohung zur Entwicklung von abwehrenden und konservativen Haltungen und Strategien führen würde. Die Leute in der Mitte der Aufstiegsphase verfügen im Gegensatz dazu über eine Kombination von höheren Positionen und immer noch vorhandenem Streben - ideale Bedingungen um zu einem Surfer der Krise zu werden. Akteure in diesen Profilen können danach vielfach in höhere Managementpositionen aufsteigen oder in ähnlichen Positionen bei anderen Firmen einsteigen können. Akteure, die sich schon in der Konsolidierungsphase oder gar der Auskühlphase befinden, sind von der Krise am stärksten betroffen. Sie haben nur wenige Chancen sich neu zu erfinden und ihre Denkweise radikal zu verändern, weil diese sich in langen Dienstjahren tief eingebrannt haben. Weil sie materielle Privilegien und Prestige zu verlieren haben, kann sich für sie die Krise zu einem persönlichen Drama ausweiten.

9 Die Aufstiegskarriere: Entfaltung, Mechanismen, Wandel

Aufstiegskarrieren sind das Produkt des Zusammenspiels von institutionellen Strukturen und individuellen Deutungsmustern. Ausgehend von dieser Grundannahme, präsentierte ich die den Aufstiegskarrieren formgebenden Institutionen, beschrieb die Karrieren als objektive Verläufe, beleuchtete die subjektiven Aspekte der Verläufe und studierte die typischen Deutungsmuster, die mit einer Karriere einhergehen. Allerdings sind diese Elemente bisher nur isoliert behandelt worden. Sie sollen nun zu einem Ganzen zusammengefügt werden. Entsprechend versuche ich die bisherigen Befunde zu verknüpfen und sie auf ein höheres Abstraktionsniveau zu heben. Drei essentielle Facetten möchte ich herausheben und an laufende theoretische Debatten anbinden: die Entfaltungsdynamik der Karrieren, die Karrieremechanismen und der Wandel der Aufstiegskarriere.

In einem ersten Abschnitt untersuche ich die Entfaltungsdynamik der Karriere und deren Bedeutung für die Vorstellungen der Aufsteiger über ihren Werdegang. Danach komme ich vertieft auf die Karrieremechanismen zurück: Auf Opportunitätsstrukturen, Wissen, Identität und Selbstverstärkende Prozesse/Critical Junctures. Abschließend analysiere ich den Wandel der Aufstiegskarriere in der Schweiz. Ich zeige wieso die Aufstiegskarriere trotz des rasanten Wandels relativ stabil geblieben ist, wie sie sich verändert hat und warum die Aufsteiger durch den institutionellen Wandel der Aufstiegskarriere nicht massenhaft desillusioniert wurden.

9.1 Die Entfaltungsdynamik von Karrieren

Im Kapitel 3 kritisierte ich die methodische und theoretische Sackgasse in die sich insbesondere die quantitative Mobilitätssoziologie manövriert hat. Quantitative Analysen der so genannten intra-generationellen sozialen Mobilität versuchen die Ankunftsposition der Akteure mittels ihrer Ausgangsposition zu erklären. Dazu verwenden sie Regressionsmodelle und messen die Position der Eltern, die Position zum Zeitpunkt des ersten Jobs und die im Alter von 35-40 Jahren. In diesem Modell sollen die soziale Herkunft, das Geschlecht, die ethnische Zugehörigkeit oder der höchste Bildungstitel ursächlich erklären wieso es gewisse Akteure in höhere Positionen schaffen und andere nicht (Blau und Duncan, 1967). Eine solche Analyse birgt einige Probleme in sich: bei diesem Vorgehen muss der Forscher annehmen, dass weder die Dauer die jemand in einer bestimmten Stellung zubringt noch die chronologische Ordnung der Positionen die bis zum Erreichen der "Ankunftsposition" durchlebt werden, einen Einfluss auf die Ankunftsposition hat (Abbott und Hrycak, 1990). Zweitens muss der Forscher postulieren, dass sich Karrieren linear entfalten und dass der Einfluss der erklärenden Variablen sich kontinuierlich über den Karrierenverlauf entwickelt, unabhängig von der zeitlichen Strukturierung des Lebenslaufes selber (Sorensen, 1986). Gestützt auf die Kombination von Sequenzanalysen und qualitativen Interviews konnte ich in dieser Studie zeigen, dass solche Modelle von trügerischen Annahmen ausgehen und letztlich nur wenig zu einem Verständnis von Biographien im Allgemeinen und Aufstiegskarrieren im Besonderen beitragen. Nicht nur ist den Regressionsmodellen vorzuwerfen, dass sie die tatsächlichen Karrieremechanismen in eine Blackbox verschwinden lassen und so der Analyse entziehen. Auch die diese Modelle grundierende Annahme einer linearen Karriereentfaltung entbehrt jeglicher empirischer Abstützung. Der Glaube an eine "constant cause" (Stinchombe, 1959), die zu jedem Zeitpunkt der Karriere in gleicher Richtung und gleicher Stärke auf den Berufsverlauf einwirkt, ist irrig. Im hier vertretenen Ansatz gehe ich darum davon aus, dass Karrieren weder ursächlich erklärt werden können, noch linear verlaufen.

9.1.1 Die Phasen der Aufstiegskarrieren

Die Herausarbeitung von subjektiven Karrierephasen ist für die Analyse von Karrieren von hervorragender Bedeutung. Die Strukturierung in Phasen erlaubt es zu zeigen, welche Perioden für die Karriereentwicklung ausschlaggebend sind, und zu illustrieren, was genau in welchen Karrierephasen geschieht. Durch diese Einteilung in Phasen können die verschiedenen biographischen Funktionalitäten herausgearbeitet werden und gezeigt werden wie Dauer- und Sequenzeffekte zur Karrieredifferenzierung beitragen. Der methodisch essentielle Beitrag der Phasenbildung besteht darin, empirisch zu unterfüttern, dass Aufstiegskarrieren nicht linear verlaufen

Dank der Phasenstrukturierung wissen wir, dass in der Aufwach- oder der Versuchsphase *mehr* und *entscheidenderes* passiert als in der Konsolidierungs- oder Auskühlphase. Wir konstatieren aber auch, dass gewisse Phasen, wie die Mauserungsphase für die Aufsteiger zwar essentiell und höchst reminiszenzreich ist, für die spätere Ausdifferenzierung jedoch nur wenig Bedeutung hat. Die

Mauserungsphase scheint eine *neutrale Phase* zu sein, die zwar alle durchlaufen, in der aber keine folgenreichen Entscheidungen fallen. Außerdem hängen die Phasen von einander ab: wenn wir Kenntnisse über die Entscheidungen in der Aufwachphase haben, können wir beurteilen wie diese in der Vorbereitungsphase integriert und weiter gestrickt werden. In anderen Worten: wir können Karrieren *kumulativ* und *konditionell* erklären.

Die Phasen lassen auch Aussagen über das Timing der Karrieren zu. Und zwar wiederum nicht gemäß einem linearen Muster, wie dies Regressionsmodelle implizieren. Obwohl schneller Erfolg am Anfang der Karriere als Hinweis auf vorhandenes Potential gedeutet werden kann, ist es vermessen zu behaupten, dass der Erfolg von Karrieren mit dem Timing der Phasen erklärlich sei. Hinter der "zeitlichen Dauer" verstecken sich Prozesse sozialer Akkumulation und sozialisatorischer Beeinflussung. Eine kurze Versuchsphase ist deshalb nicht notwendigerweise ein Indiz für eine erfolgreiche Karriere. Im Gegenteil: es kann sich hier auch um eine schnelle Passung für einen strukturellen Pfad handeln, der zu einer vergleichsweise langsamen und nur mäßig erfolgreichen Karriere führt. Andererseits scheint es, dass die Akteure die eine Industrie Management Karriere verfolgen, ihre Laufbahn zu einem für die weitere Karriereentwicklung ausschlaggebenden Moment "verschleppen" und deshalb gegenüber finanzbasierten Karrieren in einen Rückstand kommen den sie nicht mehr "aufzuholen" im Stande sind.

Kommt dazu, dass der Einfluss von Faktoren, denen in Regressionsmodellen kontinuierliche oder nicht näher zeitlich spezifizierte Kausalitätswirkung zugeschrieben wird, in einem Phasenmodell genauer beschrieben werden kann. Erklärende Faktoren wie soziale Herkunft, Bildungswahl, Geschlecht, Familienmodell oder die Strukturen des Beschäftigungssystems spielen nicht permanent in allen Phasen eine Rolle bzw. nicht die gleiche Rolle. Das soziale Milieu in dem die zukünftigen Ingenieure und Betriebswirtschafter heranwachsen, ist ausschlaggebend für den Entschluss eine Lehre zu absolvieren und für die Wahl des Typs der Lehre. In der Aufwachsphase wird das engere soziale Umfeld nebensächlicher und in späteren Phasen hat es keinen direkten Einfluss mehr. Die Wahl der Lehre allerdings legt die Bedingungen fest unter denen Entscheidungen in späteren Phasen getroffen werden können. Die Strukturen des Beschäftigungssystems kommen erst in der Versuchsphase ins Spiel und interagieren während dieser Periode stark mit den Deutungsmustern der beteiligten Akteure.

9.1.2 Entfaltung und Interpretationen der Karrierephasen

Eine Einteilung in Phasen schafft auch die Voraussetzungen für eine präzisere Einschätzung der subjektiven Bedeutung des politischen Gehalts der Aufstiegskarriere. Die kritische Soziologie zeigt, dass Akteure die Gefangenen verschleierter sozialer Strukturen sind (Bourdieu, 1979). Historisch und sozial konstruierte Ungleichheiten und Gesetzmäßigkeiten werden von den Akteuren als "natürlich" wahrgenommen und über sozialisatorische Prozesse ihrem Arsenal eigener Weltdeutung einverleibt. So kommt es, dass die Akteure, obwohl eigentlich Opfer dieser Strukturen, helfen diese zu rechtfertigen, zu legitimieren und zu perpetuieren. Sie nehmen das Leben als selbstbestimmt und frei wahr, obwohl viele dieser „freien" Entscheide und „selbstgewählten" Strategien das Resultat sozialisatorischer Einflüsse und sozialstruktureller Kanalisierungen sind. Die Aufstiegskarriere, so habe ich dies in der Einführung aufgezeigt, spielte eine wichtige Rolle in einer politischen Utopie der Befreiung von sozialen Strukturen und einer gerechten Verflüssigung der Gesellschaft. In einer freien, durchlässigen und nivellierten Gesellschaft hätten danach alle, unabhängig von ihrer sozialen Herkunft, die Chance aufzusteigen und an den Privilegien und der Macht teilzuhaben. Vorausgesetzt man bringe die erwartete Leistung und arbeite hart, könne jeder zum Architekt seines eigenen Erfolges werden und die Sprossen der Gesellschaft empor klettern.

Diese Vorstellung einer selbstbestimmten Überwindung der sozialen Strukturen ist auch bei den Ingenieuren und Betriebswirtschaftern tief verwurzelt. Dies äußert sich unter anderem darin, dass sie ganz bestimmte Phasen als für ihren Aufstieg ausschlaggebend betrachten, während sie andere Phasen und Ereignisse als unerheblich beschreiben. Aus ihrer Sicht ist ihr Aufstieg das Resultat ihrer individuellen Entscheidungen während der Aufwach- und der Aufstiegsphase. Sie hätten Erfolg weil sie einerseits den Wunsch verspürt hätten *"weiter zu kommen"* und andererseits, weil sie in der Aufstiegsphase mit Leistungen überzeugt und die ihnen gebotenen Chancen gepackt hätten. Die Entscheidung weiter kommen zu wollen sehen sie als einen ganz persönlichen Entschluss aus der Normalität ihres Ursprungsmilieu auszubrechen. Ohne Vorbilder, ohne Ermutigungen hätten sie nach Höherem zu streben begonnen und sich einem zuweilen schmerzhaften Ablösungs- und Neuanbindungsprozess unterzogen. Der eigentliche Aufstieg beginnt für sie während der Aufstiegsphase: ihre Leistungen und ihr Verhalten während dieser Zeit nehmen sie als den Motor ihres Aufstiegs wahr. Ihre Selbstdarstellung als Architekten ihres leistungsbasierten Erfolges bedarf der Hervorhebung bestimmter Karrierephasen, während denen sie sich als besonders aktiv, entscheidungsfreudig und leistungsstark und nur wenig von sozialen Strukturen beeinflusst präsentieren können.

Genau die Interviewphasen, die die Aufsteiger selber für ausschlaggebend halten - die Aufwach- und die Aufstiegsphase - scheinen aber für die Ausdifferenzierung der Karrieren und damit für den Erfolg ihres Aufstiegs sekundär zu sein. Ich konnte zeigen, dass in erster Linie die Wahl der Lehre und darauf aufbauend, die Versuchsphase den Karrieren ihre Richtung geben. Und genau in diesen Phasen sind die Aufsteiger viel weniger selbstbestimmende Architekten ihrer Biographie als vielmehr Spielbälle sozialer Strukturen. Die *Wahl der Lehre* verläuft höchst milieukonform und ist deshalb oft für die Tradierung der Werte und Entscheidungen der Herkunftsfamilie verantwortlich. Da die Studienrichtung an der Fachhochschule fachgebunden ist, müssen die Abgänger handwerklicher Lehren ein technisches und die Absolventen kaufmännischer Lehren ein wirtschaftliches Studium wählen. Weil gleichzeitig vier der sechs Karrieretypen von einer der zwei Studiendisziplinen dominiert werden, ist die Wahl der Lehre entscheidend für den weiteren Karriereverlauf. In der *Versuchsphase* müssen die Ingenieure und Betriebswirte schnell gewisse Eintrittsportale wählen oder refüsieren und Posten suchen, die ihren Ambitionen und ihrer Identität entsprechen. Dies führt schnell zu einer limitierten aber entschiedenen Differenzierung betreffend Funktion, Branche und Position. Die Karrierekandidaten entwickeln rasch differierende Repräsentationen, Denkweisen und Wahrnehmungen. Die Entscheidungen in dieser Phase verankern die Karriere und bestimmen die Richtung des künftigen Berufsverlaufs.

9.2 Die Karrieremechanismen

Karrieren können nicht über einzelne ursächliche Variablen erklärt werden. Um sie zu begreifen müssen wir die Karrieremechanismen analysieren. Im folgenden Abschnitt diskutiere ich vier der wichtigsten Karrieremechanismen - Opportunitätsstrukturen, Wissensressourcen, Karriereidentitäten und selbstverstärkende Prozesse/ Critical Junctures.

9.2.1 Ein erweiterter Opportunitätsstruktur-Begriffs

Das Konzept der Opportunitätsstruktur wurde in der Politikwissenschaft entwickelt um die Handlungsmöglichkeiten und Erfolge von sozialen Bewegungen in verschiedenen institutionellen Kontexten zu diskutieren (Eisinger, 1973). Der Begriff thematisiert also die Kontaktstelle zwischen individuellem Handeln und sozialen Strukturen. Wie ich gezeigt habe, sind auch Karrieren durch biographisch sich verändernde strukturelle Handlungsräume geprägt. Die Reibungsflächen zwischen Handeln und Struktur sollten deshalb auch in der Karriereforschung im Fokus stehen. Opportunitätsstrukturen, definiert als die objektiven Möglichkeiten die sich zu einem bestimmten biographischen Zeitpunkt einem Akteur eröffnen, sind entscheidend für die Entwicklung von Karrieren (Eisinger, 1973; Bruderl et al., 1993). Sie sind nicht indes nicht nur als objektive Barrieren oder Kanäle von Belang, sondern auch in ihrer *subjektiven Interpretationen* durch die Akteure.

Sowohl in der Forschung zu sozialen Bewegungen, als auch in der Anwendung des Begriffs auf Karriereverläufe werden Opportunitätsstrukturen als "objektive" oder "institutionelle" Strukturen verwendet, die die Handlungen der Akteure mittels Barrieren oder Durchgängen in gewisse Bahnen lenken. Auch in dieser Studie konnte *diese* Wirkungsweise von Opportunitätstrukturen herausgearbeitet werden. Als erste wichtige Karriere-Entscheidungen entpuppte sich die Wahl der Eintrittsportale (Spilerman, 1977: 560). Während die Industrie den Ingenieuren nur ein einziges Eingangsportal - Forschung- und Entwicklung - anbietet, sind die Eingangspforten für Betriebswirtschafter variantenreicher. Die Mehrheit der Befragten sucht eine "generalistische" Eingangspforte - beispielsweise in einer Kleinen- oder mittleren Unternehmung wo alle Positionen mehr oder weniger generalistisch sind, als Assistent des Direktors oder in einer großen Revisionsfirmen mit breitem Kundenspektrum. Die Single-Entry Struktur zwingt die Karriereanwärter früh dazu sich für diesen Weg zu entscheiden oder einen identitätspolitisch heiklen Schritt ins Ungewisse zu machen. Die Vielzahl der Einstiegsmöglichkeiten macht die ersten Schritte für die Ökonomen weniger bedeutend und bietet ihnen die Möglichkeit verschiedene Tätigkeiten ohne unmittelbaren Zukunftsdruck auszuprobieren. Zweitens werden die Karrieren von organisatorischen Segmentierungen bestimmt. Industriefirmen, zum Beispiel, sind zunehmend in ein technisches und ein kaufmännisches Universum gespalten. Die höheren Positionen entsprechen dem Management, die Basisfunktionen sind technisch besetzt. Die Linie zwischen den zwei Welten kann nicht beliebig überquert werden. Ist sie biographisch einmal überschritten - vom technischen ins kaufmännische Universum ist die Regel - so ist es schwierig, sie später wieder in umgekehrter Richtung zu traversieren.

Die Segmentierungen der Großfirmen im Servicesektor sind nicht nur in den Köpfen der Karrierekandidaten viel durchdringbarer. Wechsel zwischen Spezialisierungen wie Marketing, Personal oder Buchhaltung sind immer möglich, sofern die Phase nicht zu lange dauert und die Spezialisierung nicht zu tief geht. Ein dritter struktureller Aspekt betrifft den Karriererhythmus. Im technisch-industriellen Universum, die Arbeit idealerweise in Produktionszyklen oder Projekten organisiert ist. Ein Produktionszyklus eines Teams dauert in der Regel drei bis fünf Jahre und umschließt Planung, Entwicklung und Produktion. Ein

Team investiert seine gesamte Arbeitskraft über den gesamten Zyklus in dasselbe Projekt. Die Ingenieure halten es für problematisch das Team während eines solchen Zyklus zu verlassen oder unterwegs dazu zu stoßen. Ihre Karrieren sind deshalb durchwegs von den Rhythmen dieser Produktionszyklen durchdrungen. Natürlich sind so genannte Projekte auch eine wichtige Organisationsform im Dienstleistungsbereich. Allerdings wird hier der Begriff in einem anderen, weniger präzisen Sinn verwendet. Projekte sind hier flexibler gestaltet, kürzer und erfordern nicht dieselbe Loyalität wie im technischen Bereich, wo oftmals auch horrende Investitionen nötig sind.

Bei allen bisher genannten Opportunitätsstrukturen handelt es sich nicht um ausschließlich strukturelle Mechanismen. Der Einbezug von qualitativen Interviews hat gezeigt, dass die Opportunitätsstrukturen nicht einfach objektiv gegeben sind, sondern von den mit ihnen konfrontierten Akteuren ständig *bewertet, gedeutet und interpretiert werden*. Strukturen können die Handlungen von Akteuren auch lenken, wenn ihre Wirkung nur antizipiert oder imaginiert wird. Diese subjektiven Strukturinterpretationen sind genau so wichtig wie die objektiven Strukturen selbst und manchmal schwierig analytisch von diesen zu trennen. So kann beispielsweise die Besonderheit des Einzeleingangs im technischen Bereich nur verstanden werden, wenn man die identitären Bande der Ingenieure zum „Technischen" mit einbezieht. Die Barriere zwischen dem technischen und dem kaufmännischen Bereich ist nicht nur eine strukturelle, sondern vor allem auch eine Barriere in den Köpfen. Es ist sehr gut vorstellbar, dass die Interpretation der Passage vom technischen zum managerialen als "unumkehrbar" diese tatsächlich strukturell irreversibel werden lässt. Und auch die Wirkungsweise von Projektrhythmen auf Karriererhythmen kann nur unter Berücksichtigung des spezifischen Loyalitätsverständnisses von Ingenieuren verstanden werden. Diese Erkenntnisse sprechen für eine Erweiterung der bisher weitgehend strukturalistischen Karrieretheorien um eine subjektive Perspektive. Eine detaillierte Untersuchung der objektiven Opportunitätsstrukturen bringt nichts, wenn das Wissen dafür fehlt wie diese von den Akteuren interpretiert und eingeschätzt werden. Iihre Entscheidungen, so eine Grundannahme des symbolischen Interaktionismus, basieren letztlich auf ihrer *Wahrnehmung* der Realität.

9.2.2   Offenes und gebundenes Wissen

Zur Erklärung von Aufstiegskarrieren und ihrer Ausdifferenzierung kann nicht auf den Miteinbezug einer Wissenstypologie verzichtet werden. Die herrschaftstheoretische Variante der Professionssoziologie (Freidson, 1970; Larson, 1977) geht davon aus, dass verschiedene Professionen in Konkurrenz darum stehen für ein bestimmtes Problem eine Lösung anzubieten (Abbott, 1988). Ein solch legitimer Lösungsanspruch einer Profession wird von Abbott als "Jurisdiction" bezeichnet. Um eine Jurisdiction zu etablieren oder zu verteidigen, verlassen sich Professionen nebst anderen Strategien auf den abstrakten Charakter ihres Wissens. Ein optimales Gleichgewicht an Abstraktion erlaubt Professionen Anspruch auf die wirksamste Methode zur Behandlung eines bestimmten Problems anzumelden und gegenüber konkurrierenden Professionen zu verteidigen (Abbott, 1988). Funktionalistische Professionstheoretiker (Fligstein, 1987) teilen dieses Postulat. Allerdings, begreifen sie die Dominanz gewisser Wissensformen nicht als Resultat von spezifischen Legitimationsstrategien von Professionsgruppen. In ihren Augen sind gewisse Wissensformen zu bestimmten Zeiten für bestimmte Organisation funktional wichtiger als andere.

In diesem Sinne können wir vermuten, dass die Unterschiede zwischen Ingenieuren und Betriebswirtschaftern bezüglich des Karrierenerfolges auch darauf zurück zu führen sind, dass es den Betriebswirtschaftern besser gelingt glaubhaft zu machen, dass ihr Finanzwissen für das Führen, Kontrollieren und Managen eines Unternehmens besser geeignet ist als andere Wissensformen - unabhängig davon, was die Firma produziert oder um was für einen Firmentyp es sich handelt. Finanzielles Wissen — und auch zu einem gewissen Ausmaß "Stabs-Wissen" (Personal, Marketing oder Informatik) - ist in fast jedem Sektor und jedem Firmentyp von Nutzen. Es ist nicht wie technisches Wissen an einen spezifischen Sektor oder an einen bestimmten Typ von Firma gebunden. Dies ist dem abstrakten Charakter von Management- und Buchhaltungswissen geschuldet (Abbott, 1988: 102).

Das Postulat reflektiert sich in den Aussagen der Befragten dieser Ausrichtung, die zu fast jedem Moment in ihrer Karriere sich vorstellen können zwischen verschiedenen Sektoren und Firmen zu wechseln. Ein Betriebswirtschafter, der sein ganzes Berufsleben in Controlling-Abteilungen im Bankenwesen verbracht hat, kann im Alter von 45 Jahren ernsthaft damit liebäugeln *"in die Industrie zu wechseln"*. Dies bedeutet, dass die Opportunitätsstrukturen für Finanzspezialisten größer sind als für andere Gruppen. Nicht nur haben Finanzspezialisten die besseren Chancen höhere Positionen zu erreichen, sie sind auch fähig Karriereblockaden horizontal zu umgehen, indem sie in andere Sektoren oder Firmentypen ausweichen. Andere Wissenstypen sind anders positioniert: Stabs-Wissen wie Marketing, Human Resources oder IT, sind vielleicht genauso abstrakt wie buchhalterisches Wissen und auch in mehreren wirtschaftlichen Sektoren von Nutzen. Trotzdem ist Stabswissen wohl aufgrund von zwei Faktoren eingeschränkter als buchhalterisches Wissen: erstens brauchen weniger ausdifferenzierte, kleinere oder mittlere Firmen nicht in jedem Falle Marketing- oder Personalspezialisten. Diese Funktionen können in solchen Unternehmen auch von Leuten mit generalistischem Profil ausgefüllt werden, von Kadermitgliedern oder dem Geschäftsführer. Zweitens scheint es recht klar, dass in zeitgenössischen Firmen finanzielle Funktionen auch in anderer Hinsicht dominant sind: Nebst dem CEO wird der CFO üblicherweise als die zweitwichtigste Funktion gehandelt und vielfach sind es auch die CFO die bei internen Besetzungen zum CEO befördert werden (Fligstein, 1987). Aus diesen Gründen können Marketing- oder Personalspezialisten nicht mit Controllern konkurrenzieren wenn es um höhere Positionen geht. Die technische Spezialisierung im Gegensatz ist eher eine organisatorisch gebundene als eine türöffnende Wissensform. Sie kann fast nur im industriellen Sektor gebraucht werden und hat offensichtlich wenig Kredit als Wissenstyp, der es seinem Träger erlaubt Firmen zu leiten. Laut Abbott kann technisches Wissen als formalisierter Wissenstyp gesehen werden, der nur in einem relativ beschränkten Bereich nutzbar ist (Abbott, 1988: 102).

9.2.3 Karriereanker und Identitäten im Karriereverlauf

In Scheins Worten sind Karriereanker das Resultat *"from an interaction between the person with his needs and talents, and the work environment with its opportunities and constraints"* (Schein, 1971: 52). Diese Passung zwischen Motiven und Strukturen resultiert aus dem Suchprozess während der Versuchsphase. Dieser Suchprozess folgt mehr oder weniger einer Trial-und -Error-Logik und kann für gewisse Akteure recht kurz sein. Andere erleben keine solche unmittelbare Passung. Der Suchprozess kann länger dauern und erfordert zuweilen eine Querung struktureller oder identitärer Grenzen und impliziert unterwegs eine Transformation der ursprünglichen Karriereambitionen.

Schein konzeptualisiert Karriereanker als ein einziges dominantes Karriere-remotiv und vernachlässigt dabei die Beziehungen, die sich zwischen mehreren möglichen Karriereankern spannen und den biographischen Wandel dieser Beziehungen im Laufe der Zeit (Schein, 1971). Die qualitativen Daten zeigen, dass bei den Ingenieuren und Betriebswirtschaftern meist mehrere Karriereanker und Motive wirksam sind: *Streben nach hierarchischem Aufstieg, Streben nach fachlicher Kompetenz und Streben nach Autonomie.* Normalerweise dominiert zwar einer dieser Anker während eines spezifischen Karrieremoments. Im Verlaufe der Karriere allerdings wechseln die Dominanzphasen, die dominanten Karriereanker lösen sich ab. Typischerweise wird das zu Beginn beherrschende Streben nach vertikalem Aufstieg mit der Zeit durch fachliches Streben oder Streben nach Autonomie abgelöst - je nach Karrieretyp zu einem früheren oder späteren Moment. Während diese Ablösung bei den technisch-industriellen Ingenieuren relativ früh erfolgt, findet sie in Finanz-Banking-Karrieren eher später statt.

Die Karriereanker und die Art des Strebens entwickeln sich im Laufe der Karriere entlang den wahrgenommenen Opportunitätsstrukturen. Keiner der Befragten hegte über eine längere Zeit Aufstiegsaspirationen die fundamental seinen strukturellen Chancen entgegenstanden. Streben und Strukturen sind mehr oder weniger eng aneinander gebunden, können aber zwischenzeitlich leicht auseinander driften. Besonders in Übergangsphasen ist es möglich, dass die Rücknahme des Strebens nicht den schnell schwindenden objektiven Chancen folgt. Das illustrativste Beispiel dafür sind die Mitglieder der Finanz-Banking-Karriere, die in der Mitte der Aufstiegsphase immer noch hoffen generalistisch zu bleiben und weiterzukommen, in der Logik der Firma aber schon als "Spezialisten" behandelt werden und nur noch limitierte Chancen haben weiter vertikal aufzusteigen. Dieser Veröhnungsprozess kann recht schwierig und langwierig sein - die subjektive Akzeptanz hinkt öfters hinter der strukturellen Reduktion der Chancen her.

Karriereanker und ihr biographischer Wandel sind zentral um Karrieren zu verstehen. Ihre Entwicklung demonstriert, dass die Karriere nicht als ein struktureller und rationaler Auswahlprozess von Individuen gesehen werden kann, die substantiell identische und konstant bleibende Ambitionen haben aufzusteigen. Das Streben nach Aufstieg ist weder eine rationale anthropologische Konstante, noch ist es im Verlaufe der Biographie stabil. Wenn die Karrieren von Ingenieuren langsamer und insgesamt weniger erfolgreich sind als jene von Betriebswirtschaftern, so ist dies nicht ausschließlich mit fehlenden Opportunitätsstrukturen und Ressourcen zu erklären. Es ist auch eine Frage der Natur des Strebens und der Vereinbarkeit dieses Strebens mit tiefer liegenden Konzeptionen von Fortschritt, die sich im Laufe der Biographie kaum verändern.

9.2.4 Critical Junctures und Selbstverstärkungsprozesse

Die These einer non-linearen Karriereentfaltung impliziert, dass sich Karrieren über Akkumulationsprozesse oder Gabelungsmechanismen entwickeln. Diese können mit Konzepten wie "Critical Junctures" und "Selbstverstärkungsprozessen" (siehe: Merton, 1968; 1988; Dannefer, 1987; 2003) beleuchtet werden. Diesen Konzepten ist die Idee gemeinsam, dass, wenn eine Institution oder ein Akteur sich in einer bestimmten Situation befindet oder über bestimmte Ressourcen verfügt, ihm dies sukzessiv Vorteile gegenüber jenen verschafft, die sich noch nicht in dieser Situation befinden oder nicht über diese Ressourcen gebieten (Merton, 1988: 66). Während Critical Junctures auf Passagen verweisen (unabhängig von ihrer zeitlichen Dauer), so wirken Selbstverstärkungsprozesse expliziter in der Dauer. Nicht die Passage, sondern die Dauer des Aufenthalts in einer gewissen Phase bestimmt, ob gewisse Ressourcen akkumuliert werden können oder nicht.

Die Differenzierung von Karrieren ist das Resultat von strukturellen und mentalen "critical junctures" (Mahoney, 2000). Mahoney erklärt, dass *"these junctures are 'critical' because once a particular option is selected, it becomes difficult to return to the initial point when multiple alternatives were still available"* (Mahoney, 2000: 513). Wenn zum Beispiel ein Ingenieur einmal in manageriale oder kaufmännische Funktionen gewechselt hat, wird es für ihn schwierig in den rein technischen Bereich zurück zu kehren. Dies kann dadurch bedingt sein, dass eine längere Abwesenheit vom technischen Bereich dazu führt, dass eine Person den "Kontakt" mit den neuesten technologischen Entwicklungen verliert und es deshalb mühevoll wird zurück zu kehren. Oder es kann auch identitäre Gründe haben: ein Wechsel vom technischen zum kaufmännischen Bereich bringt, dies zeigen die Interviews, tiefer gehende identitäre Entscheidungen mit sich, die eine Rückkehr des Akteurs zur vorherigen Identität unwahrscheinlich machen. Man kann deshalb schwerlich entscheiden ob Critical Junctures strukturell oder mental sind - in den meisten Fällen handelt es sich um eine Kombination von beidem. Die Akteure erleben gewisse Passagen als unumkehrbar und verstärken mit dieser Sichtweise schon vorhandene strukturelle Barrieren.

Die qualitativen Interviews hoben zwei Typen von Critical Junctures als besonders zentral hervor: die Passage zwischen technischen und managerialen Funktionen bei Ingenieuren und den Übergang von generalistischen zu spezialisierten Funktionen bei Betriebswirtschaftern. Die beiden Passagen funktionieren unterschiedlich, wohl auch weil sie im Spiel um den vertikalen Aufstieg anders positioniert sind: Im Falle der Ingenieure, muss der technische Bereich hinter sich gelassen werden um hierarchisch Aufsteigen zu können. Die Critical Juncture wirkt hier eher als eine abstrakte Drohung denn als reelle strukturelle Barriere. Ingenieure haben die Tendenz zu denken, dass der Eintritt in manageriale Funktionen ihnen eine Rückkehr in technische Aufgaben unmöglich macht. Sie scheuen deshalb vor managerialen Rollen als einem "unnötigen Risiko" zurück. Die Ingenieure in industriellen Managementkarrieren müssen ihre technische Identität ablegen um ihre Träume eines Aufstieges verwirklichen zu können. Im Falle der Betriebswirtschafter, scheint es, dass wenn ein Akteur ein mal zu tief in spezialisierten Aufgaben "versunken" ist, eine Rückkehr zu einem generalistischen Profil nicht mehr möglich ist. Um sich Aufstiegsmöglichkeiten möglichst lange offen zu halten, versuchen diese Karrierekandidaten die Passage durch spezialisierte Profile zu vermeiden.

Diese biographischen Unumkehrbarkeiten sind immer an Selbstverstärkungsprozesse gekoppelt. Selbstverstärkungsprozesse wurden in der Literatur als *"Matthew Effect"* (Merton, 1968; 1988), *"Cumulative Advantages"* (Dannefer,

1987; 2003) oder *"Increasing Returns"* (Pierson, 2000) konzeptualisiert. Merton definiert diese Mechanismen als *"the ways in which initial comparative advantage of trained capacity, structural location, and available resources make for successive increments of advantage such that the gaps between the haves and the have-nots [...] widen"* (Merton, 1988: 606). Entgegen einer exklusiv hierarchischen Verwendung des Konzepts, ist es vorstellbar, dass diese Mechanismen nicht nur die Unterschiede zwischen vertikalen Positionen akzentuieren, sondern beispielsweise auch die Gräben zwischen Spezialisten und Nicht-Spezialisten verbreitern. Wenn eine Person einmal in einem bestimmten Bereich oder einer Funktion engagiert ist, so führt die Struktur dieses Bereiches oder dieser Funktion zu einer vertieften Spezialisierung, die den Akteur im Laufe der Biographie von den Akteuren entfernt, die einen anderen Weg gewählt haben. Wenn Ingenieure einmal einen technologischen Weg eingeschlagen haben, gewöhnen sie sich an Arbeitsmethoden in diesem Bereich, sozialisieren sich beruflich und verstärken allgemein ihre Identität als "technische" Ingenieure und radikalisieren auf diese Weise ihre Spezialisierung. Oft bemerken sie, *"wissen sie, ich bin nun zu lange in diesem Bereich um noch mal zu wechseln".* Diese Aussagen sind das Resultat eines langsamen Familiarisierungsprozesses, eines Prozesses des Einsinkens als logisches Gegenstück zu den Critical Junctures.

Die Resultate weisen darauf hin, dass jene, die einen der erfolgreicheren Karrierepfade einschlagen diejenigen sind, die mittlere oder höhere Managementpositionen früh erreichen. Die am wenigsten erfolgreichen Karrieren sind gleichzeitig auch die langsamsten. Dies deutet auf eine Korrelation zwischen der Geschwindigkeit der Karriere und des Erfolges hin. Ein früher Erfolg wird als Hinweis auf Zukunftspotential gedeutet, das weiter gefördert werden soll. Es ist wahrscheinlich, dass die Verstärkungsprozesse auch auf der vertikalen Dimension im Sinne von kumulativen Vorteilen wirksam sind. Diejenigen, denen Potential zugeschrieben wird werden stärker gefördert, während diejenigen, die schon zu Beginn nicht aufsteigen als Akteure ohne Potential betrachtet und auch weiter nicht befördert werden (Dannefer, 1987). Critical Junctures und Selbstverstärkungsprozesse sind strukturelle und mentale Komponenten und machen den Kern der Karrierendifferenzierung aus.

9.3 Wandel und Krise der Aufstiegskarriere

Theorien des Wandels sollten dem Wandel skeptisch begegnen. In der Schweiz haben längst nicht alle für Frankreich oder die USA beschriebenen Veränderungen stattgefunden und die Veränderungen sind weniger dramatisch. Die Krise der 1990er Jahre hat die Aufstiegskarrieren nicht grundsätzlich verändert. Es drängt sich daher auf nach Gründen zu fragen warum sich die Karriere trotz strukturellem Umbruch nur langsam verändert hat und warum die Betroffenen nicht in großem Ausmaß desillusioniert und gebrochen aus dem Prozess hervorgegangen sind.

9.3.1 Gleiche Karriere anders hergestellt?

Eines der wenigen Indizien eines Wandels betrifft die Entkoppelung von Loyalität und Regelmäßigkeit. Die Karrieren der jüngeren Kohorten sind weniger stark an eine einzelne Firma gebunden - und trotzdem verlaufen ihre Karrieren in ähnlich regelmäßigen Bahnen wie diejenigen älterer Kohorten. Wie ist dies zu erklären? Es drängt sich die Schlussfolgerung auf, dass die Loyalisierungsstrategien der Firmen - die ja erst in den 1930er eingeführt wurden (König et al., 1985) - nicht die einzigen Mechanismen, sind um regelmäßige Aufstiegskarrieren zu produzieren. Ich möchte zwei Hypothesen formulieren die erklären wie die "gleichen" Karrieren heute strukturell anders hergestellt werden können: durch strukturelle Einheiten die die Firmen ablösen einerseits und durch individuelle Strategien andererseits.

Die Großfirma muss nicht die einzige Institution sein, so meine Hypothese, die regelmäßige Aufstiegskarrieren herstellen kann. Können nicht auch ganze Sektoren kollektiv die Rolle übernehmen, die früher einzelne Großfirmen spielten? Homogene Sektoren beispielsweise deren Firmen über ähnliche Organisationsstrukturen, Arbeitsplätze und Lohnschemata verfügen. In einem homogenen Firmenmilieu verläuft der Wechsel zwischen den Firmen reibungslos und ist häufig. Ich rechne auch damit, dass die Revision des BVG in den 1980er Jahren und damit die Flexibilisierung der Altersvorsorge Wechsel zwischen den Firmen in einem homogenen Milieu zusätzlich erleichtert hat. Ein weiterer begünstigender Faktor für solche Wechsel könnte die Verankerung eines Wirtschaftszweigs an einem bestimmten Ort sein. Das internationale Bankenwesen hat sich im Zuge der Finanzialisierung in den 1990er Jahren in wenigen Städten wie New York, London und Frankfurt konzentriert. In der Schweiz sind die international ausgerichteten Grossbanken seit den 1990er Jahren im Finanzplatz Zürich geballt. Die geographische Ballung könnte weiter dazu beitragen, dass die Finanz-Banking Karrieren sich durch eine niedrige Loyalität bei gleichzeitig hoher Regelmässigkeit auszeichnen. Das Bankenmilieu ist relativ homogen, die Lohnstrukturen durch die hohe Kompetitivität vergleichbar und an einem einzigen Ort konzentriert: ideale Voraussetzungen für eine Neuregulierung der Aufstiegskarrieren jenseits von Promotionspolitiken einzelner Unternehmungen.

Mit der zweiten Hypothese behaupte ich, dass, obgleich die Unternehmen heute den Karrierekandidaten nicht mehr in gleich umfassender Weise stützen, das Ideal einer regelmäßigen Karriere fest in den Köpfen der Aufsteiger verankert ist. Diesem Ideal haben die Aufsteiger teilweise während langen Jahren nachgelebt und gerade dadurch erfuhr es Bestätigung und Bestärkung. Darum zählt es zu einem besonders soliden und zähen Teil der biographischen Dispositionen. Wenn die strukturellen Stützen der Regelmäßigkeit unvermittelt zu bröckeln beginnen, so erstaunt es nicht, wenn die Aufsteiger ihren Habitus nicht abrupt anpassen. Sie versuchen zunächst vielmehr die Regelmäßigkeit ihrer Laufbahn aufrecht zu erhalten - trotz widriger Umstände. Ein solches Überleben eines Habitus unter veränderten strukturellen Bedingungen hat Bourdieu den *„Don Quichotte-Effekt"* genannt (Bourdieu, 1980). Nehmen wir die These der alternativen strukturellen Herstellung von Regelmäßigkeit und die These der individuellen Weiterführung vormals struktureller Mechanismen zusammen, so können wir postulieren, dass die heutigen Aufstiegskarrieren zwar denen vor ein paar Jahren durchaus ähneln, dass sie aber anders hergestellt werden. Diese neuen Herstellungsmethoden sind weniger solide als die vorherigen: die Homogenität eines Sektors kann nicht zentral und rational gesteuert werden, sondern ist wohl eher Zufallsprodukt bestimmter Marktkonstellationen, die sich jederzeit wieder verschieben können. Und die Ersetzung struktureller Mechanismen durch individuelle Strategien kann sich, so ist zu vermuten, auch nur für eine begrenzte Zeit halten.

9.3.2 Abgefederte Desillusionierungen

Die strukturellen Veränderungen haben bei den Ingenieuren und Betriebswirtschaftern nicht zu einer massenhaften Desillusionierung oder Verbitterung geführt. Nicht, dass die Krise ohne Spuren an ihnen abgeperlt ist. Zwischen struktureller Krise und individueller Desillusionierung walten indes vermittelnde Elemente. Drei solche Elemente konnte ich herausarbeiten: eine differenzierte Betroffenheit der Elemente des Habitus, die Ideologie des individuellen Leistungsstrebens und individuelle Abfederungsstrategien.

Der biographische Habitus Aufsteigewilliger ist nicht monolithisch, sondern setzt sich aus mehreren Schichten zusammen. Nicht alle diese Schichten sind für die Definition des Selbst gleich wichtig bzw. biographisch gleich stabil. Im Kapitel zu den biographischen Deutungsmustern stellte sich heraus, dass sich das hierarchische Streben gemäß einem typischen biographischen Muster verändert oder abschwächt. Die Fortschrittsvorstellungen dagegen sind viel stabiler und verändern sich kaum im biographischen Verlauf. Die Verunmöglichung gewisser in den Deutungsmustern eingeschriebener Ideale und Wünsche hat darum nicht in jedem Fall gleich schwerwiegende Desillusionierungen zur Folge. Verhindern Umstrukturierungen die Realisation des hierarchischen Strebens, so kann es für Akteure in einem gewissen Alter durchaus eine Strategie sein, dieses Streben den neuen Bedingungen anzupassen. Da eine solche Anpassung sowieso Teil der biographischen Transformation des Strebens ist, führt die Anpassung meist nicht zu psychologisch schwerwiegenden Enttäuschungen. Werden allerdings tiefere und biographisch unbeweglichere Elemente des Habitus tangiert, so führt dies für die Betroffenen zu größerer Unzufriedenheit und teilweise auch Verbitterung. Für die Ingenieure denen es verunmöglicht wird gemäß einem technischen Fortschrittsmodell zu arbeiten, ist dies schlimm. Dieses Deutungsmuster ist bei ihnen biographisch stabil verankert und kann nicht einfach so verändert oder ersetzt werden. Dies umso mehr, als dieses Fortschrittsverständnis auch an der Wurzel der gesellschaftlichen Legitimierung des Ingenieurberufs liegt: der Schaffung von sozialem Fortschritt durch technologische Innovation. Können sie dieses Modell nicht mehr realisieren, reagieren sie mit Wut und Verbitterung.

Die Absolventen der höheren Fachschule sind Aufsteiger, die ihren Aufstieg praktischen Leistungen verdanken. Den Bildungstitel betrachten sie eher als Bestätigung ihres Könnens denn als einen Nachweis von theoretischem Wissen. Dies manifestiert sich in einer äußerst praktischen und gegenwartsbezogenen Definition von Leistung. Nur das, was in der gegenwärtigen Situation praktisch geleistet wird, zählt für die Legitimierung des Anrechts auf eine gewisse Position. In anderen Worten: diese Aufsteiger denken nicht in Begriffen von "Status" und "Anrecht". Sie verbieten sich aufgrund ihres Titels Anrecht auf eine bestimmte Position zu reklamieren - dieses Anrecht muss stetig mit neuen Leistungen erarbeitet werden. Werden diese Aufsteiger deklassiert oder versetzt, so können sie es sich nicht erlauben ihre Position mit dem Hinweis auf ihren Status oder ihren Titel zu verteidigen. Sie fügen sich relativ schnell in ihr Schicksal und versuchen auf andere Weise zu beweisen, dass sie aufgrund ihrer Leistungen Anrecht auf die Position gehabt hätten.

Dem Skript der Aufstiegskarriere sind Elemente eingeschrieben, die die Aufsteiger nutzen können um nicht nach Wunsch verlaufende Abschnitte ihrer Biographie umzudeuten und so die Auswirkungen der Krise abzufedern. Das sprechendste Beispiel hierfür ist die Umdeutung der so genannten Auskühlphase: die Ingenieure, die gegen Ende ihrer Karriere deklassiert oder outgesourct wurden, deklarierten diesen Schritt als ein ganz normales Zurücktreten wie es in jeder Karriere vorkommt. Ein anderes Beispiel sind jüngere Karrierekandidaten, die nach dem Abschluss der höheren Fachschule Schwierigkeiten haben einen geeigneten Einstiegskanal zu finden und erratisch zwischen verschiedenen Stellen wechseln. Sie stellen diese Phase als einen ganz normalen Suchprozess dar -

mit der Besonderheit, dass er ein bisschen länger dauert als im Normalfall. Dies heißt dass das Skript der Aufstiegskarriere elastisch genug ist. Die „Aufstiegskarriere" umschreibt immer noch ein Bündel von variabler Laufbahnen - nicht jede Abweichung davon führt automatisch zu einer Desillusionierung.

10 Anhang: Porträt der Interviewten Personen

Interviewter #1: Männlich, Ingenieur, *1944, KMU-Karriere, geschieden, 1 Kind. Er kommt aus einem bäuerlichen Hintergrund, machte eine Lehre als Tiefbauzeichner, arbeitete dann in einer kleinen Planungsfirma, wechselte zu einer mittelgroßen Baufirma, wo er zuerst als Bauleiter dann als Chefingenieur tätig war. Zurzeit ist er leitender Ingenieur in einer großen, internationalen Baufirma.

Interviewter #2: Männlich, Betriebswirtschafter, *1969, Stabskarriere im Dienstleistungssektor, verheiratet, zwei Kinder. Seine Eltern sind akademisch gebildet, ihre Ausbildung wurde aber aufgrund ihrer Migration aus einem Osteuropäischen Land in die Schweiz entwertet. Er absolvierte eine Handelsschule und begann gleich anschliessend in der Informatik-Abteilung einer Kantonsverwaltung zu arbeiten. Später wechselte er, dank seines Fachhochschulabschlusses, in die Bundesverwaltung wo er gegenwärtig als IT-Manager arbeitet.

Interviewter #3: Männlich, Ingenieur, *1929, Technisch-Industriellen-Karriere, verheiratet, zwei Kinder. Beschreibt seinen Hintergrund als *"kleinbürgerlich"*. Nach einer Lehre als Maschinenschlosser macht er eine Abendschule um Ingenieur HTL zu werden. Nach dem Abschluss arbeitet er zuerst in drei mittelgroßen Industriefirmen in der Heizungsbranche und wechselt mit 40 Jahren zu einer staatlichen Unternehmung (ca. 50 Angestellte) im Kehrichtsverbrennungsbereich. Dort arbeitete er als Forschungsingenieur.

Interviewter #4: Männlich, Ingenieur, *1957, KMU-Karriere, verheiratet, zwei Kinder. Sein Vater war Buchhalter in einer großen Autogarage und seine Mutter Hausfrau. Er lernte Elektroniker, gefolgt von einer Abendschule als Ingenieur. Nach einem Jahr in der Maschinenindustrie schloss er sich einer mittelgroßen Planungsfirma an und gründete dann sein eigenes Planungsunternehmen. Heute ist er Geschäftsführer einer kleinen Planungsfirma im Baunebengewerbe, das Teil einer schweizweiten Holding kleiner Planungsfirmen ist.

Interviewter #5: Männlich, Ingenieur, *1967, Industrielle Management-Karriere, Single, keine Kinder. Er betont seine *"sehr bescheidene"* Herkunft - der Vater war ein unqualifizierter Arbeiter, die Mutter Hausfrau. Er besuchte eine Lehre als Hochbauzeichner und dann eine technische Abendschule. Danach begann er in einem kleinen Planungsbüro zu arbeiten, wechselte in den Telekom-Sektor, wurde Direktor einer mittelgroßen Firma in diesem Bereich die dann Konkurs machte. Nach einer längeren Phase der Arbeitslosigkeit ist er nun im mittleren Management eines großen, internationalen Detailhändlers.

Interviewter #6: Männlich, Betriebswirtschafter, *1973, Finanz-Karriere, Single, keine Kinder. Beide Eltern sind selbständig: der Vater betreibt eine Garage, die Mutter ist Ladenbesitzerin. Er macht eine kaufmännische Lehre in einer großen Bank, besucht dann die HWV als Betriebswirtschafter. Kurz arbeitet er als Buchhalter in einem Industriebetrieb, dann tritt er in die Finanz-Marketing Abteilung einer mittelgroßen Uhrenfirma ein. Die Uhrenbranche ist ein Sektor, dem er sich auch emotional nahe fühlt.

Interviewter #7: Weiblich, Betriebswirtschafterin, *1974, Stabskarriere im Dienstleistungssektor, Single, keine Kinder. Ihre Eltern sind Angestellte, jedoch ohne universitären Abschluss, wie sie betont. Nach einer kaufmännischen Lehre im Bankensektor ging sie an die HWV und entdeckte dort ihr Talent für das Marketing. Sie suchte dann den Einstieg in den Bereich der Luxusprodukte und arbeitet seither in der Uhren- und Parfumindustrie, zuerst als Marketingassistentin, gegenwärtig als Marketingmanagerin eines großen und internationalen Unternehmens.

Interviewter #8: Männlich, Betriebswirtschafter, *1958, Finanz-Karriere, verheiratet, zwei Kinder. Sein Vater arbeitet für ein großes staatliches Dienstleistungsunternehmen, seine Mutter ist erst Sekretärin, dann Hausfrau. Er absolviert eine kaufmännische Lehre, gefolgt von der höheren Wirtschaftsfachschule. Seine Karriere beginnt in kleinen und mittleren Firmen, als Buchhalter und Manager. Er wird dann Vize-Direktor einer staatlich finanzierten Stiftung und schließlich Direktor einer großen NGO im Umweltbereich. Als er diese NGO verlässt ist er kurz als Manager in einer Tourismusfirma tätig, wird arbeitslos und arbeitet nun für eine kleine Beratungsfirma.

Interviewter #9: Männlich, Ingenieur, *1960, Technisch-Industrielle-Karriere, verheiratet, drei Kinder. Er entstammt einem bäuerlichen Milieu, lernt Landmaschinenmechaniker und geht dann auf die höhere technische Hochschule um Maschineningenieur zu werden. Im Anschluss an die Fachhochschule ist er für eine große Industriefirma tätig und wird dann leitender Ingenieur eines staatlich kontrollierten Elektrizitätswerkes.

Interviewter #10: Männlich, Betriebswirtschafter, *1964, Finanz-Karriere, verheiratet, 3 Kinder. Der Vater arbeitete als Busfahrer und die Mutter als Hausfrau, mit einem Nebenerwerb als Schneiderin. Er absolvierte eine Bankenlehre, arbeitet für ein paar Jahre in derselben Grossbank und geht dann an die höhere Fachschule. Im Anschluss an die Ausbildung schließt er sich als Controller einer großen Catering-Firma an und erklimmt rasch die organisatorischen Stufen bis zur Position des CFO. Nach einer Fusion mit einer anderen Firma verlässt er das Unternehmen und arbeitet als Partner in einer kleinen Private-Equity Firma.

Interviewter #11: Männlich, Betreibswirtschafter, *1958, Stabs-Karriere im Dienstleistungssektor, getrennt, 2 Kinder. Sein Vater ist der Besitzer eines Baugeschäfts, seine Mutter (vor der Familiengründung eine Lehrerin) ist Hausfrau. Nach einer kaufmännischen Lehre in einer mittelgroßen Industriefirma macht er die höhere wirtschaftliche Fachschule. Er beginnt als Assistent in einer Dienstleistungfirma und spezialisiert sich im Personalmanagement. Nach ein paar Jahren macht er sich selbständig und führt seither eine kleine Personalrekrutierungsfirma, zusammen mit einem Partner.

Interviewter #12: Männlich, Ingenieur, *1949, Industrielle Management-Karriere, verheiratet, 2 Kinder. Er wuchs in einem *"bescheidenen Milieu"* auf - der Vater war angestellter Bäcker, die Mutter Hausfrau und Teilzeitschneiderin - und besuchte eine Lehre als Radio-Fernseh-Elektriker. Unmittelbar nach seinem Abschluss an der Fachhochschule trat er in eine große Telekommunikationsfirma ein und arbeitete sich die Karriereleiter empor: er wurde Gruppenleiter, Abteilungsleiter, Divisionsleiter - und dann mit 55 entlassen. Kürzlich hat er sein eigenes Geschäft als Berater für den Telekommunikationssektor gegründet.

Interviewter #13: Männlich, Betriebswirtschafter, *1971, Finanz-Banking-Karriere, verheiratet, keine Kinder. Von einem *"normalen"* Background kommen, der Vater ein Vertreter, die Mutter Hausfrau, macht er eine kaufmännische Lehre. Nach der HWV ist er für eine große Revisionsfirma tätig und wird dann von einer großen Versicherungsfirma rekrutiert, für die er immer noch arbeitet (zwischen IT und Controlling).

Interviewter #14: Männlich, Ingenieur, *1938, Technisch-Industrielle-Karriere, verheiratet, zwei Kinder. Sein Vater war als Mechaniker in einer kleinen Firma angestellt, seine Mutter kümmerte sich um den Haushalt. Seine eigene Geschichte: er besuchte eine Lehre als Feinmechaniker, ging an die höhere technische Fachschule und arbeitete dann als Ingenieur in einer Reihe von mittleren und grösseren Industrieunternehmen. Den längsten Teil seiner Karriere verbrachte er in einer großen Papierfabrik, als Chefingenieur. Seit einigen Jahren ist er pensioniert.

Interviewter #15: Männlich, Betriebswirtschafter, *1963, Finanz-Banking-Karriere, verheiratet, 2 Kinder. Seine Eltern sind Angestellte: der Vater ist Mechaniker, die Mutter Hausfrau, zwischendurch arbeitet sie als Buchhalterin. Er machte eine Banklehre, gefolgt von der höheren Fachschule. Sein eigentliches Berufsleben begann in einer großen, internationalen Logistikfirma, dann als Buchhalter in einer mittelgroßen Firma in der Medienbranche. Schließlich wechselt er in den Bankensektor, wo er schnell vom Controller zum Chief Financial Officier einer wichtigen Einheit einer Schweizer Grossbank aufstieg.

Interviewter #16: Männlich, Ingenieur, *1956, Technisch-Industrielle-Karriere, verheiratet, 2 Kinder. Er gibt an, dass sein Vater Schlosser war und seine Mutter wegen des Krieges keine Lehre machen konnte. Sie wurde dann Hausfrau. Er machte eine Feinmechanikerlehre und daran anschliessend die höhere Fachschule. In der Folge fängt er bei einer großen Firma in der Maschinenindustrie an, wo er schon seine Lehre gemacht hat: Zuerst als einfacher Ingenieur in der Entwicklung, dann als ein Gruppenleiter und Senior-Engineer. Vor kurzem wurde er zurückgestuft.

Interviewter #17: Männlich, Betriebswirtschafter, *1952, Stabskarriere im Dienstleistungssektor, verheiratet, 2 Kinder. Als einer der wenigen kommt er aus gutem Hause. Sein Vater hat einen Universitätsabschluss und ist Direktor eines Gymnasiums, seine Mutter ist Hausfrau. Nach einer Handelsschule und einem Kurzeinsatze in einer internationalen Grossbank beschließt er seine Ausbildung an einer höheren Fachschule zu verbessern. In der Folge tritt er in eine Schweizer Grossbank ein, spezialisiert sich in Human Resources und steigt auf bis er in seiner gegenwärtigen Position als höherer HR-Manager ankommt.

Interviewter #18: Männlich, Ingenieur, *1955, Technisch-Industrielle-Karriere, verheiratet, 2 Kinder. Er beschreibt sein Kindheitsmilieu als *"Arbeiterklasse"* - sein Vater war Maler, seine Mutter Hausfrau. Ohne Vorbilder machte er eine Lehre als Maschinenzeichner und ging dann an eine höhere technische Fachschule. Danach begann er eine Karriere als Ingenieur in der Forschung und Entwicklungs-Abteilung einer großen Textilmaschinenunternehmung. Während seiner ganzen Karriere verbleibt er im Technischen, zuerst als Gruppenleiter, dann als Chefingenieur und Verantwortlicher der Qualitätssicherung, seine aktuelle Position.

Interview #19: Männlich, Ingenieur, *1967, Technisch-Industrielle-Karriere, verheiratet, 3 Kinder. Er entstammt einer Bauernfamilie, wuchs auf dem Land auf. Nach seiner Lehre als Automechaniker arbeitet er einige Jahre in einer Landmaschinenfirma. Dann entscheidet er die höhere Fachschule zu besuchen. Er ist dann in einer R/D-Abteilung einer großen Industriefirma tätig, wird Gruppenleiter und wechselt, als er etwas über 30 ist, zu einer anderen großen (aber in seinen Worten *"familiäreren"*) Unternehmung im Maschinensektor - hauptsächlich um mehr Zeit mit der Familie zu verbringen.

Interview #20: Männlich, Ingenieur, *1952, Industrielle Management-Karriere, verheiratet, keine Kinder. Sein Vater arbeitet für ein nationales Transportunternehmen, seine Mutter ist im kaufmännischen Sektor selbständig. Er wird zuerst Elektriker. Im Alter von 20 Jahren beschließt er auf die höhere technische Fachschule zu gehen. Im Anschluss daran wird er Verkaufsingenieur in einer mittleren Industriefirma, dann in einem großen IT-Unternehmen. Er übernimmt dann eine mittelgroße Firma in der Elektrobranche, die er gegenwärtig führt und besitzt.

Interview #21: Männlich, Betriebswirtschafter, *1969, Finanz-Banking-Karriere, geschieden, keine Kinder. Als Sohn eines Polizisten und einer im Selbständigen Mutter (im Tourismussektor) absolviert er eine kaufmännische Lehre und später die höhere wirtschaftliche Fachschule. Er wählt dann einen Karriereneinstieg in einer großen, internationalen Revisionsfirma, wechselt ins Bankenwesen und arbeitet jetzt in einer großen Privatbank. Ursprünglich vom Controlling her kommend, ist er nun in einem Bereich zwischen Buchhaltung und IT tätig.

Interviewter #22: Männlich, Betriebswirtschafter, *1973, Finanz-Banking-Karriere, verheiratet, 3 Kinder. Sein Vater ist Chauffeur, seine Mutter Krankenschwester und später Hausfrau. Nach einer kaufmännischen Berufslehre arbeitet er einige Jahre weiter in derselben Gemeindeverwaltung als Sachbearbeiter. Er wechselt dann zu einer grösseren Versicherungsgesellschaft, besucht die höhere Fachschule und wird Controller. In de Folge geht er zu einer großen Bank, wo er eine Stabsfunktion im Forschungsbereich innehat.

Interviewter #23: Männlich, Ingenieur, *1963, Industrielle Management-Karriere, verheiratet, 2 Kinder. Er wuchs auf einem Bauernhof auf und macht dann eine Lehre als Elektroniker. Nach der höheren technischen Fachschule zieht es ihn direkt in die in der Baumaterialproduktion tätigen Firma, in der er noch heute arbeitet. Zu Beginn war er normaler Ingenieur, wechselte dann als Projekt-Manager in eine andere Filiale in einem anderen Teil der Schweiz. Als er zurückkam wurde er Chef eines IT-Projekts und dann Mitglied einer Stabsgruppe, die für die Optimierung der Elektronik verantwortlich ist. In den nächsten Monaten möchte er sich selbständig machen und die kleine Dienstleistungsfirma seines Schwiegervaters übernehmen.

Interviewter #24: Männlich, Ingenieur, *1955, Stabkarriere im Dienstleistungssektor, verheiratet, 2 Kinder. Sein Vater arbeitete als Mechaniker und dann als Back-Office Angestellter, seine Mutter wurde nach einer Lehre als Handelsfrau Hausfrau als seine Eltern eine Familie gründeten. Er wählte eine Lehre als Maschinenzeichner und dann eine Weiterbildung als Elektroingenieur an der höheren Fachschule. Er begann sein Berufsleben als Entwickler in einer großen Telekommunikationsfirma, wechselt dann in die Lehrlingsausbildung und schließlich in das Personalmanagement. Nach einer Restrukturierung der Firma schließt er sich einer mittelgroßen Firma im Bereich Facility-Management an, wo er zurzeit verantwortlich für das Personalwesen ist.

Interviewter #25: Männlich, Ingenieur/ Architekt, *1953, KMU-Karriere, verheiratet, 1 Kind. Er ist der Sohn eines selbständigen Händlers und einer Sekretärin (nur noch Teilzeit nach der Geburt des ersten Kindes). Er ist fasziniert von Architektur, macht eine Lehre als Zeichner und dann die höhere Fachschule als Bauingenieur. Er arbeitet dann in zwei kleineren, aber ambitionierten Architekturbüros und gründet, zusammen mit einem Partner, schnell sein eigenes Geschäft. Gegenwärtig führt er immer noch diese Firma mit ca. 10 Angestellten.

Interviewter #26: Männlich, Ingenieur, *1964, KMU-Karriere, lebt mit seiner Partnerin, kein Kind. Als er ungefähr 12 ist gründet sein Vater sein eigenes Geschäft in der Baunebenbranche; seine Mutter ist Hausfrau. Er absolviert eine Lehre als Bauzeichner und geht danach an die höhere technische Fachschule, wo er sich in Klima-Technologie spezialisiert. Nach einem gewissen Zögern, übernimmt er das Geschäft seines Vaters und ist gegenwärtig Chef von etwa 25 Angestellten.

Interviewter #27: Männlich, Ingenieur, *1931, KMU-Karriere, verheiratet, 5 Kinder. Sein Vater war Zimmermann, seine Mutter Hausfrau. Nach einer Lehre als Hochbauzeichner, schließt er die höhere Fachschule als Bauingenieur ab. Er arbeitet zuerst als Ingenieur in mehreren kleinen Planungsbüros und für eine Gemeindeverwaltung. Schließlich akzeptiert er das Angebot eines Cousins in das Familienunternehmen einzutreten und wird Partner eines mittelgroßen Architektur- und Bauunternehmens. Er ist gegenwärtig pensioniert, hat aber immer noch ein Büro in seiner ehemaligen Firma.

Interviewter #28: Männlich, Ingenieur, *1948, Industrielle Management-Karriere, verheiratet, 3 Kinder. Er ist der Sohn eines Chef-Buchhalters (in einem staatlichen Unternehmen) und einer Schneiderin. Er besucht eine Lehre als Maschinenzeichner in einer großen Industriefirma. Nach der höheren Fachschule wird er Direktor einer mittleren Unternehmung im Tourismussektor. Er kehrt dann in die Industrie zurück, zuerst als Verkaufsingenieur und dann als Manager in einer großen Industriefirma. Seine Abteilung muss er dann aber schließen. Deshalb beginnt er als Manager in einer mittelgroßen Firma zu arbeiten und findet schließlich einen Job als Forscher in der chemischen Industrie.

Interviewter #29: Weiblich, Betriebswirtschafter, *1968, Finanz-Karriere, verheiratet, keine Kinder. Sein Vater ist kaufmännischer Angestellter, seine Mutter Hausfrau. Nach der HWV steigt sie in einer großen Firma im Detailhandel schnell auf, indem sie sich auf die Buchhaltung spezialisiert. Sie wechselt dann zu einer mittelgroßen, privaten Erziehungsorganisation, wo sie aktuell für das Controlling zuständig ist.

Interviewter #30: Männlich, Betriebswirtschaft, *1948, Finanz-Karriere, verheiratet, 2 Kinder. Ein bisschen aus der Reihe tanzend ist sein Vater Zahnarzt, seine Mutter Musikerin. Er beginnt das Gymnasium, bricht dann aber ab und geht auf die höhere Fachschule. Danach steigt er in eine große Revisionsfirma ein und wird dann Projektleiter in einer Dienstleistungsfirma im IT-Bereich. Mit ungefähr 40 Jahren macht er sich selbständig und führt seither eine kleine Revisions- und Beratungsfirma.

Referenzen

Abbott, Andrew & Hrycak, Alexandra (1990). Measuring Resemblance in Sequence Data: An Optimal Matching Analysis of Musicians' Career. *American Journal of Sociology*, 96 (1), 144-185.

Abbott, A. (1988). The System of Professions. An Essay on the Divison of Expert Labor. Chicago: University of Chicago Press.

Abbott, Andrew (2001). *Time Matters. On Theory and Method*. Chicago: University of Chicago Press.

Aisenbray, S. (2000). Optimal Matching Analyse. Anwendungen in den Sozialwissenschaften. Opladen: Leske & Budrich.

Althauser, Robert, P. (1989). Internal Labor Markets. Annual Review of Sociology, 15, 143-161.

Arvanitis, Spyro; Sydow, Nora & Wörter, Martin (2004). Die Beschäftigungsentwicklung in der Schweiz 1985 – 2000. Neuchâtel: Office fédéral de la statistique.

Arthur, Michael, B.; Hall, Douglas, T. and Lawrence, Barbara, S. Handbook of Career Theory. Cambridge: Cambridge University Press.

Arthur, M. B. & Rousseau, D. M. (1996). The Boundaryless Careers. A New Employment Principal for New Organizational Era. Oxford: Oxford University Press.

Arthur, Michael, B. (1994). The Boundaryless Career: A New Perspective for Organizational Inquiry. Journal of Organizational Behaviour, 15 (4), 295-306.

Barley, Stephen, R. (1989). Careers, Identities, and Institutions: the Legacy of the Chicago School of Sociology. In: Arthur, Michael, B.; Hall, Douglas, T. and Lawrence, Barbara, S. Handbook of Career Theory. Cambridge: Cambridge University Press.

Baron, James, N. & Bielby, William, T. (1980). Bringing the Firms Back in: Stratification, and the Organization of Work. American Sociological Review, 45 (5), 77-765.

Barrial, François (2006). Evolution du profil sociologique de l'élite managériale Suisse entre 1980 et 2000. Mémoire de licence ès science politique. Lausanne: Université de Lausanne.

Barton, Allen, H. & Lazarsfeld, Paul, F. (1979 [1955]). Eine Funktionen von qualitativer Analyse in der Sozialforschung. In : Hopf, Christel & Weingarten, Elmar (eds.). Qualitaive Sozialforschung. Stuttgart : Klett-Cotta.

Becker, Gary (1964). Human Capital. A Theoretical and Empirical Analysis, with Special Reference to Education. Chicago : The University of Chicago Press.

Becker, Howard, S. (1952). The Career of the Chicago Public Schoolteacher. American Journal of Sociology, 57 (5), 470-477.

Becker, Howard. & Strauss, Anselm, L. (1956). Careers, Personality, and Adult Socialization. American Journal of Sociology, 62, 253-263.

Becker, Howard, S. (1963). Outsiders. Glencoe: Free Press.

Becker, Howard, S., Geer, Blanche; Hughes, Everett, C. & Strauss, Anselm, L. (1961). Boys in White. Chicago: University of Chicago Press.

Berger, Peter, L. & Luckmann, Thomas (1969 [1966]). Die gesellschaftliche Konstruktion der Wirklichkeit. Eine Theorie der Wissenssoziologie. Frankfurt/M: Fischer Taschenbuch Verlag.

Berger, Peter, L; Berger, Brigitte & Kellner, Hansfried (1973). The Homeless Mind: Modernization and Consciousness. New York: Random House.

Bergier, Jean-François (1984). Histoire économique de la Suisse. Lausanne: Payot.

Berner, Boel (1999). Le rêve ouvrier de devenir ingénieur. In: Dubar, Claude & Gadéa, Charles. La promotion sociale en France. Paris: Septurion.

Blair-Loy, Mary (1999). Career Patterns of Executive Women in Finance : An Optimal Matching Analysis. American Journal of Sociology, 104 (5), 1346-1397.

Blau, Peter and Duncan, Otis, D. (1967). The American Occupational Structure. New York, Wiley.

Blumer, Herbert (1954). What is Wrong with Social Theory? American Sociological Review, 19 (1), 3-10.

Boegli, Laurence ; Inversin, Laurent ; Müller, Paul & Teichgräber, Martin (2007). Studien- und Lebensbedingungen an den Schweizer Hochschulen. Hauptbericht der Studie zur Lage der Studierenden 2005. Neuchâtel: Office Féderal de la Statistique.

Bonetti, Michel & de Gaulejac, Vincent (1982). Condamnés à réussir. Sociologie du travail, 4, 403-416.

Boltanski, Luc (1982). Les cadres. Paris: Minuit.

Boltanski, Luc & Chiapello, Eve (1999). Le nouvel esprit du capitalisme. Paris : Gallimard.

Bouffartigue, Paul & Gadea, Charles (2000). Sociologie des cadres. Paris: La découverte.

Bouffartigue, Paul (ed.) (2001a). Cadres : la grande rupture. Paris : La Découverte.

Bouffartige, Paul (2001b). Les cadres : fin d'une figure sociale. Paris : La dispute.

Bourdieu, Pierre (1980). Le sens pratique. Paris: Minuit.

Bourdieu, Pierre (1994). Raisons pratiques. Sur la théorie de l'action. Paris : Seuil.

Bourdieu, Pierre (1979). La distinction. Critique sociale du jugement. Paris: Minuit.

Bourdieu, Pierre (1989). La noblesse d'état. Grandes écoles et esprit de corps. Paris : Minuit.

Bourdieu, Pierre & Passeron, Jean-Claude (1964). Les héritieres. Les étudiants et la culture. Paris: Minuit.

Bruderl, Josef; Preisendorfer, Peter & Ziegler, Rolf (1993). Upward Mobility in Organizations: The Effects of Hierarchy and Opportunity Structure. European Sociological Review, 9 (2), 173-188.

Bühlmann, Felix (2008). The Corrosion of Career? – Occupational Trajectories of Business Economists and Engineers in Switzerland. European Sociological Review, forthcoming.

Bulmer, Martin (1986). The Chicago School of Sociology: Institutionalization, Diversity and the Rise of Sociological Research. Chicago: University of Chicago Press.

Buss-Notter, Andrea (2006). Soziale Folgen ökonomischer Umstrukturierungen. Konstanz: UVK.

Butler, Tim & Savage, Mike (ed.) (1995). Social Change and the Middle Classes. London: Routlegde.

Capelli, Peter (1999). Career Jobs are Dead. California Management Review, 42 (1), 146-167.

Caroll, Glenn, R. & Mayer, Karl Ulrich (1986). Job-Shift Patterns in the Federal Republic of Germany: The Effects of Social Class, Industrial Sector, and Organizational Size. American Sociological Review, 51 (3), 323-341.

Castel, R. (1995). Les métamorphoses de la question sociale : une chronique du salariat. Paris : Gallimard.

Chan, Tak Wing (1995). Optimal Matching Analysis. An Methodological Note on Studying Career Mobility. Work and Occupations, 22 (4), 467-490.

Chandler, Alfred, D. (1990). Scale and Scope. The Dynamics of Industrial Capitalism. Cambridge: Harvard University Press.

Christe, Sabine ; Natchkova, Nora ; Schick, Manon & Schoeni, Céline (2005) *Au foyer de l'inégalité. La division sexuelle du travail en Suisse pendant la crise des années 1930 et la Deuxième Guerre Mondiale.* Lausanne : Editions Antipodes.

Corcuff, Philippe (1995). Les nouvelles sociologies. Paris : Nathan.

Cuin, Henry (1993). Les sociologues et la mobilité sociale. Paris : Presse Universitaire de France.

Dannefer, Dale (1987). Aging as Intracohort Differentiation: Accentuation, the Matthew Effec, and the Life Course. Sociological Forum, 2 (2), 211-236.

Dannefer, Dale (2003). Cumulative Advantage/ Disadvantage and the Life Course: Cross-Fertilizing Age and Social Science Theory. Journal of Gerontology, 58B (6), 323-337.

Dany, Françoise (2001). La carrière des cadres à l'épreuve des dispositifs de gestion. In : Bouffartigue, Paul (ed.). Cadres : la grande rupture. 207 – 219. Paris : La Découverte.

Dany, Françoise & Livian, Yves-Frédéric (1991). Quelles carrières pour les cadres diplômés? Futuribles, 155, 3-16.

Demazière, Didier & Dubar, Claude (2004). Analyser les entretiens biographiques. L'exemple de récits d'insertion. Saint-Nicolas : Presses de l'université de Laval.

De Coninck, Frédéric & Godard, Francis (1990). L'approche biographique à l'épreuve de l'interprétation. Les formes temporelles de la causalité. Revue française de sociologie, 31, 23-53.

De Singly, François (1993). Sociologie de la famille contemporaine. Paris : Armand Colin.

Doeringer, Peter, B. & Piore, Michael, J. (1971). Internal Labour Markets and Manpower Analysis. Heath: Lexington Books.

Ehrenreich, Barbara (2001). Nickel and Dimed. On (Not) Getting by In America. New York: Metropolitan.

Ehrenreich, Barbara (2006). Bait and Switch. The Futile Pursuit of the American Dream. New York: Henry Holt.

Eisinger, P. K. (1973). The Conditions of Protest Behaviour in American Cities. American Political Science Review, 67, 11-18.

Elder, Glen, H. (1995). The Life Course Paradigm: Social Change and Individual Development. In: Moen, Phyllis; Elder, Glen, H. & Lüscher, Kurt (eds.) Examining Lives in Context. Perspectives on the Ecology of Human Development. Washington: American Psychological Association, 101-139.

Erikson, Robert & Goldthorpe, John, H. (1992). The Constant Flux: a Study of Class Mobility in Industrial Societies. Oxford: Clarendon Press.

Fischer, Wolfgang & Kohli, Martin (1987). Biographieforschung. In: Voges, Wolfgang. Methoden der Biographie- und Lebenslaufforschung. Opladen: Leske + Budrich.

Fligstein, Neil (1987). The Intraorganizational Power Struggle: Rise of Finance Personnel to Top Leadership in Large Corporations, 1919-1979, American Sociological Review, 52 (1), 44-58.

Fligstein, Neil (2001). The Architecture of Markets. An Economic Sociology of Twenty-First-Century Capitalist Societies. Princeton: Princeton University Press.

Freidson, Eliot (1970). Professional Dominance. Chicago: Aldine.

FTMH (1999). Sharholder Value. Cinq cas dans l'industrie des machines. Stratégies syndicales contre le démantèlement industriel. Bern : FTMH.

Gauthier, J.-A.; Widmer, E.; Bucher, P. & Notredame, C. (2008a). How much does it cost? Optimization of costs in sequence analysis of social science data. (under review).

Gauthier, J.-A.; Widmer, E.; Bucher, P. & Notredame, C. (2008b). Multichannel Sequence Analysis Applied to Social Science Data. (under review).

Giddens, Antony (1986 [1984]). The Constitution of Society. Outline of the Theory of Structuration. Berkley: University of California Press.

Gilg, Peter & Hablützel, Peter (1983). Une course accélérée vers l'avenir. In: Mesmer, Beatrix (et al.). Nouvelle histoire de la Suisse et des Suisses. Lausanne : Payot. (Tome III).

Gitelman, H. M. (1966). Occupational Mobility within the Firm. Industrial and Labor Relations Review, 20 (1), 50-65.

Glaser, Barney & Strauss, Anselm (1965). Awareness of Dying. Chicago: Aldine.

Glaser, Barney & Strauss, Anselm, L. (1967). The Discovery of Grounded Theory: Strategies for Qualitative Research. Chicago: Aldine.

Glatthard, Alexander (1987). Unternehmenskonzentration in der Schweiz. Stand und Entwicklung von 1929 bis 1983. Bern: Lang.

Goldthorpe, John, H. (1980). Social Mobility and Class Structure in Britain. Oxford: Clarendon Press.

Goldthorpe, John, H. (1985). In: Strasser, Hermann & Goldthorpe, John, H. (eds.). Die Analyse sozialer Ungleichheit. Kontinuität, Erneuerung, Innovation. Opladen: Westdeutscher Verlag.

Goldthorpe, John, H. (1995). The Service Class Revisited. In: Butler, Tim & Savage, Mike (ed.) Social Change and the Middle Classes. London: Routlegde.

Grandjean, Burke, D. (1981). History and Career in a Bureaucratic Labor Market. American Journal of Sociology, 86 (5), 1057-1092.

Grey, Christopher (1994). Career as a Project of the Self and Labour Process Discipline. Sociology, 28 (2), 479-497.

Gunn, Simon & Bell, Rachel (2003 [2002]). Middle Classes: Their Rise and Sprawl. London: Phoenix.

Habenstein, Robert, W. (1955). The History of American Funeral Directing. Milwakee: Bulfin Printers Inc.

Hall, Oswald (1949). The Stages of a Medical Career. American Journal of Sociology, 53 (5), 327-336.

Hartmann, Michael (2002). Der Mythos von den Leistungseliten. Spitzenkarrieren und soziale Herkunft in Wirtschaft, Politik, Justiz und Wissenschaft. Frankfurt: Capmpus.

Heintz, Bettina; Nadai, Eva; Fischer, Regula & Ummel, Hannes (1997). Ungleich unter Gleichen. Studien zur Segregation des geschlechtsspezifischen Arbeitsmarktes. Frankfurt: Campus.

Heinz, Walter, R. (ed.) (1991). Theoretical Advances in Life Course Research. Weinheim: Deutscher Studien Verlag.

Honegger, Claudia; Bühler, Caroline & Schallberger, Peter (2002). Die Zukunft im Alltagsdenken. Szenarien aus der Schweiz. Konstanz: UVK.

Honegger, Claudia & Rychner, Marianne (Hrsg.) (1998). Das Ende der Gemütlichkeit. Strukturelles Unglück und mentales Leid in der Schweiz. Zürich: Limmat Verlag.

Hughes, Everett, Cherrington (1937). Institutional Office and the Person. American Journal of Sociology, 43 (3), 404-413.

Hughes, Everett, Cherrington (1958). Men and their Work. Glencoe: The Free Press.

Joris, Elisabeth (1990). Die Schweizer Hausfrau: Genese eines Mythos. In: Brändli, Sebastian; Gugerli, David; Jaun, Rudolf & Pfister, Ulrich (ed.). Schweiz im Wandel. Studien zur neueren Gesellschaftsgeschichte (Festschrift für Rudolf Braun zum 60. Geburtstag). Basel and Frankfurt: Helbing & Lichtenhahn.

Joye, Dominique and Schuler, Martin (1995). Sozialstruktur der Schweiz. Sozioprofessionelle Kategorien. Bern: Bundesamt für Statistik.

Kalleberg, Arne, L. & Sorensen, Aage, B. (1979). The Sociology of Labor Markets. Annual Review of Sociology, 5, 351-379.

Kelle, Udo (1994). Empirisch begründete Theoriebildung. Zur Logik und Methodologie interpretativer Sozialforschung. Weinheim: Deutscher Studienverlag.

Kelle, Udo & Erzberger, Christian (2001). Die Integration qualitativer und quantitativer Forschungsergebnisse. In: Kluge, Susann & Kelle, Udo (Hrsg.) (2001). Methodeninnovation in der Lebenslaufforschung. Integration qualitativer und quantitativer Verfahren in der Lebenslauf- und Biographieforschung. Weinheim: Juventa Verlag.

Kelle, Udo & Kluge, Susann (1999). Vom Einzelfall zum Typus. Opladen: Leske + Budrich.

Kellerhals, Jean & Widmer, Eric (2005). Familles en Suisse: les nouveaux liens. Lausanne: Presses polytechniques et universitaires romandes (Le savoir Suisse).

Kitschelt, Herbert, P. (1986). Political Opportunity Structrues and Political Protest: Anti-Nuclear Movements in Four Democracies. British Journal of Political Science. 16, 57-85.

Kluge, Susann & Kelle, Udo (Hrsg.) (2001). Methodeninnovation in der Lebenslaufforschung. Integration qualitativer und quantitativer Verfahren in der Lebenslauf- und Biographieforschung. Weinheim: Juventa Verlag.

Kluge, Susann (2001). Strategien zur Integration qualitativer und quantitativer Erhebungs-
und Auswertungsverfahren. Ein methodischer und methodologischer Bericht aus
dem Sonderforschungsbereich 186 „Statuspassagen und Risikolagen im Lebensver-
lauf". In: Kluge, Susann & Kelle, Udo (Hrsg.). Methodeninnovation in der Lebenslaufforschung. Integration qualitativer und quantitativer Verfahren in der Lebens-
lauf- und Biographieforschung. Weinheim: Juventa Verlag.

Kohli, Martin (1985). Die Institutionalisierung des Lebenslaufs: Historische Befunde und
theoretische Argumente. Kölner Zeitschrift für Soziologie und Sozialpsychologie,
37, 1 – 29.

Kohli, Martin (2003). Der institutionalisierte Lebenslauf: ein Blick zurück und nach vorn.
In: Allmendinger, Jutta (Ed.) Enstaatlichung und soziale Sicherheit. Verhandlungen
des 31. Kongresses der DGS in Leipzig 2002, 525-545. Opladen: Leske & Budrich.

König, Mario; Siegrist, Hannes & Vetterli, Rudolf (1981). Zur Sozialgeschichte der Angestellten in der Schweiz. Arbeitssituation, soziale Lage, Verbände und gesellschaft-
liches Verhalten, 1880-1940. In: Kocka, Jürgen (ed.). Angestellte im europäischen
Vergleich. Die Herausbildung angestellter Mittelschichten seit dem späten 19. Jahrhundert. Göttingen: Vandenhoeck & Ruprecht.

König, Mario.; Siegrist, Hannes. & Vetterli, Rudolf. (1985). Warten und Aufrücken. Die
Angestellten in der Schweiz, 1870 – 1950. Zürich: Chronos.

König, Mario (1988). Von der Bürotochter zur kaufmännischen Angestellten. Die Er-
werbsarbeit von Frauen in den kaufmännischen Berufen, 1880-1980. In: Barben,
Marie-Louise & Ryter, Elisabeth. Verflixt und zugenäht. Frauenausbildung-
Frauenerwerbsarbeit 1888-1988. Zürich: Chronos.

König, Mario (1990). Diplome, Experten und Angestellte. Die gebremste Professionalisierung kaufmännischer Berufe in der Schweiz, 1908-1989. In: Brändli, Sebastian;
Gugerli, David; Jaun, Rudolf & Pfister, Ulrich (ed.). Schweiz im Wandel. Studien
zur neueren Gesellschaftsgeschichte (Festschrift für Rudolf Braun zum 60. Geburtstag). Basel and Frankfurt: Helbing & Lichtenhahn.

Larson, Magalie, S. (1977). The Rise of Professionalism. Berkeley : University of California Press.

Lash, Scott & Urry, John (1987). The End of Organized Capitalism. Cambridge: Polity
Press.

Levy, René ; Joye, Dominique ; Guye, Olivier & Kaufmann, Vincent (1997). Tous
égaux ? De la stratification aux représentations. Zürich: Seismo.

Levy, René; Bühlmann, Felix & Widmer, Eric (2007). Dual Earners or Dual-Career-
Couples? Exploring Partner's Trajectories. Zeitschrift für Familienforschung, 19 (3),
263-289.

Lipset, Seymour, M. & Bendix, Reinhard (1952). Social Mobility and Occupational Career Patterns I. Stability of Jobholding. American Journal of Sociology, 57 (4), 366-
374.

Lipset, Seymour, M. & Bendix, Reinhard (1959). Social Mobility in Industrial Societies.
Berkley : University of California Press.

Mach, André (2006). La Suisse entre internationalisation et changements politiques inter-
nes. La législation sur les cartels et les relations industrielles dans les années 1990s.
Zürich/ Chur : Verlag Ruegger.

Mach, André (2007). La redéfinition du block bourgeois au cours des vingt dernières années. In : Zur politischen Ökonomie der Schweiz. Eine Annäherung (Denknetz Jahrbuch 2007). Zürich: Edition 8, 132-140.

Magnin, Chantal (2002). Der Alleinernährer. Eine Rekonstruktion der Ordnung der Geschlechter im Kontext der sozialpolitischen Diskussion von 1945 bis 1960 in der Schweiz. In: Gilomen, Hans-Jörg (ed.). Von der Barmherzigkeit zur Sozialversicherung. Umbrüche und Kontinuitäten vom Spätmittelalter bis zum 20. Jahrhundert. Zürich: Chronos.

Mahoney, James (2000). Path Dependence in Historical Sociology. Theory and Society, 29 (4), 507-548.

Mannheim, Karl (1952). Essays on the Sociology of Knowledge. London: Routledge & Kegan Paul.

Martinez E. (1996). Diplomierte der höheren Fachschulen. Beschäftigungssituation 1995. Neuenburg: Bundesamt für Statistik.

Martinez E. (1999). Diplomierte der höheren Fachschulen. Beschäftigungssituation 1997. Neuenburg: Bundesamt für Statistik.

Mendras, Henri. (1988). La seconde révolution française. Paris : Gallimard.

Merton, Robert, K. (1949). Social Theory and Social Structure. Toward the Codification of Theory and Research. Glencoe: The Free Press.

Merton, Robert, K. (1968). The Matthew Effect in Science. Science, New Series, 159, N°3810, 56-63.

Merton, Robert, K. (1988). The Matthew Effect in Science, II: Cumulative Advantage and the Symbolism of Intellectual Property. Isis, 79 (4), 606-623.

Meyer, Thomas. & Ryter, Elisbeth. (1993). Ingenieurinnen und Ingenieure in der Schweiz : Ausbildung und Arbeitsmarkt. Bern : Bundesamt für Statistik.

Miles, Andrew & Savage, Mike (2004). Constructing the Modern Career, 1840-1940. In: Mitch, David; Brown, John & Van Leeuwen, Marco, H.D. (ed.) Origins of the Modern Career. Aldershot: Ashgate, 79-100.

Miles, Andrew & Vincent, David (1993). Building European Society. Occupational Change and Social Mobility in Europe, 1840-1940. Manchester: Manchester University Press.

Mills, Charles.-Wright. (1956 [1951]). White Collar. The American Middle Classes. New York : Oxford University Press.

Nadai, Eva & Maeder, Christoph, (2006). The Promises and Ravages of Performance. Enforcing the Entrepreneurial Self in Welfare and Economy. Olten, Kreuzlingen: FH Nordwestschweiz & PH Thurgau.

Offe, Claus (1970). Leistungsprinzip und industrielle Arbeit. Mechanismen der Statusverteilung in der Arbeitsorganisation der industriellen "Leistungsgesellschaft". Frankfurt/M: Europäische Verlagsanstalt.

Osterman, Paul (ed.) (1996). Broken Ladders. Managerial Careers in the New Economy. Oxford: Oxford University Press.

Oevermann, Ulrich (2002). Klinische Soziologie auf der Basis der Methodologie der objektiven Hermeneutik – Manifest der objektiv hermeneutischen Sozialforschung. www.ihsk.de (consulted: September 2007).

Onwuegbuzie, A. J., & Leech, N. L. (2005). On Becoming a Pragmatic Reseracher: The Importance of Combining Quantitative and Qualitative Research Methodologies. International Journal of Social Research Methodology, 8, 375-387.

Parkin, Frank (ed.) (1974). The Social Analysis of Class Structure. London : Tavistock.

Parsons, Talcott & Bales, Robert (1955). Family, Socialization and Interaction Process. Glencoe : Free Press.

Passeron, Jean-Claude (1990). Biographies, flux, itinéraires, trajectoires. Revue française de sociologie, 31 (1), 1990, 3-22.

Pierson, Paul (2000). Increasing Returns, Path Dependence, and the Study of Politics. American Political Science Review, 94 (2), 251-267.

Power, Michael (1997). The Audit Society. Rituals of Verifiction. Oxford: Oxford University Press.

Raymond, Henri (1982). Les Samouraïs de la raison. Enquête sur la vie et les valeurs chez les cadres supérieurs de l'industrie. Sociologie du travail, 4, 378-402.

Reissman, Leonard (1956). Life Careers, Power and the Professions: The Retired Army General. American Sociological Review, 21 (2), 215-221.

Rosenbaum, James, E. (1979). Organizational Career Mobility: Promotion Chances in a Corporation During Periods of Growth and Contraction. American Journal of Sociology, 85 (1), 21-48.

Rosenbaum, James, E. (1984). Career Mobility in a Corporate Hierarchy. London, Adademic Press.

Ryder, Norman, B. (1965). The Cohort as a Concept in the Study of Social Change. American Sociological Review, 30 (6), 843-861.

Savage, Michael (1993). Career Mobility and Class Formation: British Banking Workers and the Lower Middle Classes. In: Miles, Andrew & Vincent, David. Building European Society. Occupational Change and Social Mobility in Europe, 1840-1940. Manchester: Manchester University Press, 196-215.

Schein, Edgar, H. (1971). The Individual, the Organization, and the Career: A Conceptual Scheme. Journal of Applied Behavioral Science, 7 (4), 401-426.

Schein, Edgar (1977). Career Anchors and Career Paths: A Panel Study of Management School Graduates. In: Van Maanen, John (ed.) Organizational Careers: Some New Perspectives, 49-64. London: John Wiley & Sons.

Schelsky, Helmut (1975). Die Arbeit tun die anderen. Klassenkampf und Priesterherrschaft der Intellektuellen. Opladen: Westdeutscher Verlag.

Schmeiser, Martin (2006). Von der "äusseren" zur "inneren" Institutionalisierung des Lebenslaufs. Eine Strukturgeschichte. BIOS, 19 (1), 51-92,

Schmeiser, Martin (2000). Intergenerationeller sozialer Abstieg in Schweizer Akademikerfamilien: eine Fallanalyse. Schweizer Zeitschrift für Soziologie, 26 (3), 667-686.

Schneider, Markus (2007). Klassenwechsel. Aufsteigen und Reichwerden in der Schweiz: Wie Kinder es weiterbringen als ihre Eltern. Basel: Echtzeit Verlag.

Schnyder, Gerhard.; Lüpold, Martin; Mach, André & David, Thomas (2005). The Rise and Decline of the Swiss Company Network during the 20th Century. Lausanne: Institut d'Etudes Politiques et Internationales (Travaux de science politique N° 22).

Schütze, Fritz (1981). Prozessstrukturen des Lebenslaufs. In: Matthes, A.; Pfeifenberger, M.; Stoserg, M. (eds.). Biographie in handlungswissenschaftlicher Perspektive, 67-156, Nürnberg: Forschungsvereinigung.

Schütze, Fritz (1983). Biographieforschung und narratives Interview. Neue Praxis, 13, 283-293.

Schwingel, Markus (1995). Bourdieu zur Einführung. Hamburg: Junius.

Sennett, Richard (1998). The Corrosion of Character. The Personal Consequences of Work in the New Capitalism. New York: Norton.

Siegenthaler, Hansjörg (1987). Die Schweiz 1850-1914. In: Fischer, Wolfram (et al.). Handbuch der Europäischen Wirtschafts- und Sozialgeschichte. Stuttgart: Klett-Cotta.

Siegenthaler, Hansjörg (1987). Die Schweiz 1914-1984. In: Fischer, Wolfram (et al.). Handbuch der Europäischen Wirtschafts- und Sozialgeschichte. Stuttgart: Klett-Cotta.

Sorokin, Pitirim (1927). Social Mobility. New York: Harper & Brothers.

Spilerman, Seymour (1977). Careers, Labor Market Structure, and Socioeconomic Achievement, American Journal of Sociology, 83 (3), 551-593.

Stinchcombe, Arthur, L. (1968). Constructing Social Theories. New York: Harcourt, Brace & World.

Stovel, Katherine ; Savage, Mike & Bearman, Peter (1996). Ascription into Achievement: Models of Career Systems at Lloyd Bank, 1890-1970. American Journal of Sociology, 102, 358-399.

Stovel, Kathrine (2001). Local Sequential Patterns: The structure of Lynching in the Deep South, 1882-1930. Social Forces, 79 (3), 843-880.

Strauss, Anselm, L. & Corbin, Juliet (1990). Basics of Qualitative Research. Grounded Theory Procedures and Techniques. London: Sage.

Streckeisen, Peter (2008). Die zwei Gesichter der Qualifikation. Konstanz: UVK.

Sutter, Gaby (2005). Berufstätige Mütter. Subtiler Wandel der Geschlechterordnung in der Schweiz (1945-1970). Zürich: Chronos.

Tashakkori, Abbas & Teddlie, Charles (1998). Mixed Methods. Combining Qualitative and Quantitative Approaches. London: Sage.

Tashakkori, Abbas & Teddlie, Charles (eds) (2003). Handbook of Mixed Methods in Social and Behavioral Research (pp. 209-240). London: Sage Publications.

Thomas, William, Isaac and Znaniecki, Florian. "Introduction," in Part IV: Life Record of an Immigrant . The Polish Peasant in Europe and America II, New York: Dover Publications (1958 [1918]): 1831-1914.

Union de Banques Suisses (1987). L'économie Suisse 1946-1986. Chiffres, faits, analyses. Zürich : Union de Banques Suisses.

Van Maanen, John (ed.) (1977). Organizational Careers: Some New Perspectives. London: John Wiley & Sons.

Vester, Michael (et al.) (2001). Soziale Milieus im gesellschaftlichen Strukturwandel : Zwischen Integration und Ausgrenzung. Frankfurt a/M: Suhrkamp.

Weber, Max (1972 [1921]). Wirtschaft und Gesellschaft. Grundrisse der verstehenden Soziologie. Tübingen, Mohr Siebeck.

Wecker, Regina (1988). Von der Langlebigkeit der „Sonderkategorie Frau" auf dem Arbeitsmarkt. Frauenerwerbstätigkeit 1880-1980. In: Barben, Marie-Louise & Ryter, Elisabeth. *Verflixt und zugenäht. Frauenausbildung-Frauenerwerbsarbeit 1888-1988*. Zürich: Chronos.

Wecker, Regina; Sutter, Gaby & Studer, Brigitte (2001). *Die „schutzbedürftige Frau". Zur Konstruktion von Geschlecht durch Mutterschaftsversicherung, Nachtarbeitsverbot und Sonderschutzgesetzgebung*. Zürich: Chronos.

Whyte, William, H. (1963 [1956]). *The Organization Man*. Harmondsworth: Pelican.

Widmer, Eric; Levy, René; Pollien, Alexandre; Hammer, Raphael & Gauthier, Jacques-Antoine (2003). Entre Standardisation, individualisation et sexuation : une analyse des trajectoires personnelles en Suisse. *Revue Suisse de Sociologie*, 29 (1), 35 – 67.

Widmer Eric ; Kellerhals Jean ; Levy René ; Ernst Stähli Michèle et Hammer Raphaël (2003) *Couples contemporains – Cohésion, régulation et conflits. Une enquête sociologique*. Zürich : Seismo.

Widmer, Frédéric (2007). *Restructurations industrielles et élites dirigeantes*. Lausanne : Université de Lausanne.

Wilensky, Harold, L. (1961). Orderly Careers and Social Participation: The Impact of Work History on Social Integration in the Middle Mass. *American Sociological Review*, 26 (4), 521-539.

Williams, Karel & Froud, Julie (2001). Financialisation and the Coupon Pool. *Gestão & Produção*, 8 (3), 271-288.

Witzel, Andreas (1989). Das problemzentrierte Interview. In: Jüttemann, Gerd (ed.). *Qualitative Forschung in der Psychologie. Grundfragen, Verfahrensweisen, Anwendungsfelder*. 227-256. Heidelberg: Ansanger.

Wohlrab-Sahr, Monika (1995). Erfolgreiche Biographie – Biographie als Leistung. In: Fischer, Wolfgang. *Biographien in Deutschland. Soziologische Rekonstruktionen gelebter Gesellschaftsgeschichte*. Opladen: Westdeutscher Verlag, 232-249.

Ziegler, Béatrice (1996). „Kampf dem Doppelverdienertum!" Die Bewegung gegen die Qualifizierung weiblicher Erwerbsarbeit in der Zwischenkriegszeit der Schweiz. In: Pfister, Ulrich; Studer, Brigitte & Tanner, Jakob (Ed.) *Arbeit im Wandel. Organisation und Herrschaft vom Mittelalter bis zur Gegenwart* (Schweizerische Gesellschaft für Wirtschafts- und Sozialgeschichte 14). 85-104. Zürich: Chronos.